장애아동을 위한 **2판**

미술교육

Art education for
students with disabilities

| 강혜경 · 김미선 · 김수진 · 김은숙 · 김정연 · 박은혜 · 이명희 · 임장현 공저 |

학지사

Apolog

2판 머리말

우리는 장애학생들이 교육을 통해서 삶에 대해서 이야기하고 즐기기를 바란다. 미술은 이러한 교육성과에 가장 적합한 것 중 하나다. 장애아동을 위한 미술교육은 그들이 주변에 관심을 갖고, 자신을 둘러싸고 있는 세계에 대해서 한층 더 이해하고 소통하여, 삶 가운데서 미적 가치를 향유할 수 있도록 하기 위함이다. 저자들이 교육 현장에 머물면서 실제적인 활동들을 모아 이 책의 초판을 집필하였다. 10여 년의 세월이 지났다는 사실을 믿을 수 없을 만큼 오랜 시간이 지났지만 현장의 가치는 여전히 빛난다는 생각으로 다소의 부담스러움에도 불구하고 게으름을 피우고 있었다. 그러나 장애인들에 대한 특수교육법이 제정되고, 교육과정이 수시 개정체제로 바뀌면서 교육의 방향성에 전환이 있었다. 이러한 변화는 저자들로 하여금 더 이상 여유롭게 머물 수 없음을 인식하도록 하여 개정 작업을 하게 만들었다.

개정에 있어서 주안점은 초판 발행 후 특수교육에서의 중요한 변화들을 반영하고 이 책을 수업 교재로 사용하면서 느꼈던 부족한 부분을 보완하는 것이었다. 또한 법적, 학문적 변화에 맞도록 적절한 용어를 사용하기 위해 지적장애, 지체장애 등과 같이 장애유형에 대한 명칭과 관련내용을 수정하였다. 그리고 각 장별로 기본교육과정 및 누리교육과정에 관련된 내용을 추가하고, 교수 방법적 측면에 있어서도 보다 구체적인 예시를 제공하며, 미술교육 관련 이론적 기초를 보강하였다. 다소 아쉬운 점은 이번 개정 작업이 전면적인 내용의 수정보다는 1판을 보완하는 데 중점을 두어 미술교육에 있어서 시각문화의 사회적 가치에 대한 부분을 충분히 반영하지 못함이다. 최근 우리는 이미지의 홍수 속에서 살아가고 있으며, 이를 제대로 알고, 이미지로 소통하는 것이 삶에서 중요한 부분이 되었다. 이러한 부분은 다음 개정을 준비하게 만드는 요인으로서 저자들을 좀 더 부지런히 움직이게 하는 원동력으로 작용하게 될 것이다.

개정의 시기가 현장의 요구에 뒤쳐졌음에도 불구하고 본 책에서 시각장애, 지체장애와 같이 장애유형별 특성을 고려한 미술활동을 다양하게 제시하고, 통합 환경에서의 미술교육, 그리고 미술치료와 미술교육에 대한 비교 설명을 포함한 점 등은 장애아동을 위한 미술교육 교재로서의 특성과 의미를 충분히 가지고 있다고 생각된다. 장애아동을 위한 미술교육의 중요성은 거듭 강조해도 넘치지 않는다. 미술교육은 장애아동의 많은 교육적 목표들을 통합적으로 충족시킬 수 있는 의미 있는 교육활동이다. 저자들은 이 책에서 소개된 미술교육활동이 특수교육현장에서 재미있고 효과적이며 보다 다채롭고 창의적으로 활용되기를 바란다. 또한 이 책을 사용하는 모든 분들에게 유용한 자료가 되기를 간절히 희망하면서 따뜻한 관심을 부탁드린다. 이 책이 나오기까지 바쁜 편집 일정 속에서도 꼼꼼히 도와주신 학지사의 편집부 직원분들께 감사드린다.

2015년 5월
저자 일동

　특수아동을 위한 미술교육 과목을 여러 해 가르치면서 장애아동들에게 미술이라는 과목이 매우 중요하다는 사실이 해를 거듭할수록 마음에 깊이 다가왔다. 언어 능력이 부족하여 자신의 감정을 충분히 표현하기 어렵고, 교과 중심의 학습에서 성공해 본 경험이 적은 장애아동들은 미술교육 시간에 다양한 재료와 표현방법을 익히고 사용하는 자유로운 활동 안에서 인지적·신체적·사회-정서적으로 다양한 긍정적인 경험을 쌓아갈 수 있다. 또한 장애아동의 특성에 따라 미술교육 시간을 다른 교과와의 통합교과 시간으로 운영하여 장애아동의 인지적 학습 효과를 높이거나, 작업치료적인 접근을 함께 하여서 불편한 손의 사용 능력을 향상시킬 수도 있고, 심리치료적인 요소를 접목하여 위축되거나 비사회적인 행동을 감소시키는 효과를 끌어낼 수도 있다.

　그런데 이렇게 중요한 미술교육 시간이 교육 현장의 일부에서는 주요 교과에 밀려서 새로운 시도보다는 반복적인 활동만 하거나, 다른 교과로 대치되는 경우도 있으며, 장애아동이 통합된 교육환경에서는 일반아동들이 하는 미술교육 활동에서 소외되어 함께 참여하지 못하고 방관자가 되거나, 옆에서 모두 해 주는 수동적인 참여자가 되어버리는 경우가 있다. 이런 경우들은 대개 교사들이 장애아동을 위한 미술교육의 중요성에 대해 잘 인식하지 못하고 있거나, 인식하고 있어도 실제로 적용 방법을 잘 모르고 있기 때문인 경우가 많다. 장애아동을 위한 미술교육에 대해 이러한 정보를 전해 줄 수 있는 책을 찾다 보니 정작 이렇게 중요하고 교육적 의미가 큰 장애아동의 미술교육에 대해 교사들이 참고할 만한 책이 그리 많지 않다는 것을 알게 되었다. 나 자신부터도 과목을 가르칠 때 유아교육과 초등교육에서의 미술교육 관련 문헌을 참조하며 수업을 진행하는 일이 많았기 때문에 장애아동을 가르치는 교사들을 위한 미술교육에 관한 책의 필요성을 절실히 느끼게 되었다.

장애아동을 위한 미술교육을 책으로 내고자 하는 용기를 가질 수 있었던 것은 수업 시간에 특강을 해 주신 훌륭한 공동 저자 선생님들과의 만남 덕분이다. 특수교육 현장에서 뛰어난 창의력과 아동에 대한 사랑을 가지고 다양한 미술교육을 시행하는 선생님들과의 교류를 통해 이러한 장애아동을 위한 미술교육 활동의 실제적 접근방법들을 책으로 묶어서 펴내면 많은 교사와 예비 교사들에게 도움이 될 것이라는 확신이 생기게 되었다.

이 책에서는 유아 및 초등학교 연령의 장애아동들을 대상으로 적용할 수 있는 미술교육 활동을 중점적으로 다루었다. 유아를 대상으로 하는 미술교육 내용이더라도 장애가 심한 아동을 위한 활동은 일반아동의 미술활동에 비해 수준이 낮은 것도 있는데, 이는 인지 및 신체능력이 일반아동에 비해 낮은 장애아동도 성취감을 맛볼 수 있는 활동을 제시하고자 하였기 때문이며, 각 교육환경에 있는 중도의 장애아동들에게 다양하게 응용하여 사용할 수 있을 것으로 생각된다.

이 책은 3부로 이루어져 있다. 제1부에서는 장애아동을 위한 미술교육의 기초를 미술교육의 중요성 및 의의와 미술교육 교수방법으로 나누어서 정리하였으며, 제2부에서는 정신지체(강혜경 선생님), 정서장애(김미선 선생님), 시각장애(김은숙 선생님), 지체부자유아동(김정연 선생님)에 대한 미술교육의 이론과 실제 활동을 제시하였다. 제7장에서는 김수진 선생님께서 통합 유치원 및 어린이집 환경에서의 미술교육에 대해 관련 이론 및 실제 교육활동 지도방법에 대해 별도로 설명하였는데 최근 장애아동의 통합이 증가하고 있는 현실에서 통합된 장애아동을 가르치는 교사들이 적절히 활용하면 좋을 것이다.

제3부에서는 장애아동을 위한 미술치료에 대하여 이명희 선생님께서 간단한 이론적 기초와 실제 사례를 제시하여 미술교육과의 차이점 및 유사점을 파악할 수 있도록 하였다. 청각장애를 가진 아동들은 미술교육에 있어서 교사와의 의사소통문제만 유의하면 지도상의 어려움이 적은 편이기 때문에 이 책에서는 별도의 장으로 포함시키지 않았다. 물론 장애유형별로 확실히 구분되는 미술활동이 따로 있는 것이 아니며 또 그렇게 생각하는 것이 반드시 바람직한 것도 아니지만, 각 장애유형에 따른 독특한 특성에 대한 설명과 미술교육에서의 유의사항들을 소개함으로써 이 책을 읽는 교사 및 부모님들이 지도하는 대상 장애아동의 특성에 맞는 미술교육 활동을 손쉽게 찾을 수 있고, 필요에 따라 응용할 수 있도록 하고자 하였다.

　이 책이 나오기까지 함께 수고한 공동 저자 선생님들과 책을 세심하게 편집하고 출판해 주신 학지사 사장님과 이세희 선생님에게도 감사한 마음을 전한다.

2004년 8월

대표 저자 이화여대 특수교육과 박은혜

제1부 장애아동을 위한 미술교육의 기초

제2부 장애아동을 위한 미술교육의 실제

제3부 장애아동을 위한 미술치료의 기초

Part I

장애아동을 위한 미술교육의 기초

첫째 마당

장애아동을 위한 미술교육의 의의

제1절 들어가는 말

　미술과는 미적 감수성과 직관으로 대상을 이해하고 시각적 조형물이 가진 아름다움을 느끼며 누릴 수 있는 심미적 태도와 표현력, 상상력, 창의성, 비판적 사고력을 길러 주는 교과다. 미술과에서 육성하고자 하는 전인적 인간은 미술의 다양한 체험, 표현, 감상 활동을 통하여 창의적으로 나타내며 미술 문화를 이해하고 계승, 발전시킬 수 있는 사람이다. 미술과는 생활 속에서 미적 감수성과 미의식의 체험 기회를 확대함으로써 문화적 가치와 정보, 환경, 생명 등 사회 현상에 관심을 가지고 적극적으로 참여하는 태도를 갖게 한다. 또한 다양한 동기 유발을 통해 표현 의지를 북돋아 주고 주제, 표현 방법, 조형 요소와 원리 등에 관한 체계적인 탐색과 자기 주도적인 표현활동으로 느낌과 생각을 창의적으로 나타내게 한다(교육과학기술부, 2012).

　장애아동의 미술교육에서는 '체험' '표현' '감상'을 위한 기초 능력을 키우는 것을 강조하고 있다. 즉, '체험'은 학습자의 수준을 고려하여 주변의 사물이나 자연의 대상, 자연 현상, 시각 문화 환경에 대한 탐색, 탐구, 이해, 판단 등의 학습 활동을 전개한다. '표현'은 주제, 조형 요소와 원리, 표현 방법을 경험함으로써 자신의 느낌과 생각을 주도적으로 나타낼 수 있도록 한다. '감상'은 미술 문화의 이해, 비평, 향수에 필요한 기초적인 능력과 사회와 소통하는 시각적 문해력, 그리고 미술 문화 활동에 참여하는 적극적인 태도를 기르는 데 주안점을 둔다(교육과학기술부, 2012).

　장애아동을 위한 교육에서 미술교육이 하나의 독립된 교과로서 간주되기 시작한 것은 그리 오랜 역사를 가지고 있지 않다. Lowenfeld가 1957년 "미술교육 치료"(art education therapy)라는 용어를 사용하면서 미술교육의 치료적 측면에 대해 논의하기 시작하였으며, 장애아동을 포함하여 모든 아동의 창의적 잠재력을 미술교육의 학문적, 치료적 접근을 통합하여 이루고자 하였다. 그러나 그 당시에는 장애아동에 대한 미술교육이 사람들의 관심 밖이었다. 이후 미국에서 1975년에 특수교육법(PL 94-142)을 제정하고 나서 장애아동들이 공교육 체계 안으로 들어오기 시작하자, 미술시간에 함께 있는 장애아동의 교육과 Lowenfeld의 개념에 대한 관심이 증가했다(Henley, 1992).

　국내에서도 미술교육 시간은 특수학급 아동들이 가장 많이 통합되는 교과 시간이기도 하며(방명애, 백운국, 2000), 인지적 능력이 부족한 많은 유아 및 학령기의 장애아동들이 가장 좋아하고 성취감을 경험할 수 있는 중요한 학습활동 중 하나다. 이와 같이 많은 장애아동의 교육에서 중요한 위치를 차지하고 있는 미술교육에 대해 이 책에서는 장애 특성별로 적용 가능한 다양한 미술교육 활동들을 소개하고, 교수방법적 측면을 설명하여, 통합교육이나 특수학급, 특수학교 현장에서 장애아동을 교육하는 교사 또는 부모님들에게 도움이 되는 자료를 제공하고자 한다. 이 장에서는 장애아동에게 미술교육이 가지는 의미와 중요성에 대해 살펴보고, 이 책의 구성과 방향에 대하여 설명하였다.

제2절 장애아동을 위한 미술교육의 의미

장애아동에 대해 특수교육대상자로 규정한 우리나라의 「장애인 등에 대한 특수교육법」에는 시각장애, 청각장애, 정신지체, 지체장애, 정서 · 행동장애, 자폐성장애, 의사소통장애, 학습장애, 건강장애, 발달지체, 그 밖에 대통령령으로 정하는 장애를 지닌 자의 10영역으로 나누어 정의하고 있다. 미국의 장애인교육법(IDEA: Individuals with Disabilities Education Act 2004)은 좀 더 세분화된 분류에 따라 자폐, 농-맹, 농, 정서장애, 청각장애, 정신지체, 중복장애, 지체장애, 기타 건강상의 장애, 특정 학습장애, 말 또는 언어장애, 외상성 뇌손상, 시각장애로 규정하고 있다. 국내의 경우 2007년 특수교육법 제정 시 처음으로 발달지체라는 범주를 특수교육대상자의 선정기준에 포함시켜 장애 진단 확정이 어려운 영유아가 특정 장애로 진단되지 않고도 필요한 교육을 받을 수 있도록 하고 있다.

장애아동을 위한 미술교육이 가지는 의미는 크게 두 가지로 생각해 볼 수 있다. 첫째는 또래의 일반아동들에게 미술교육이 가지는 의미와 같은 맥락에서 보는 의미다. 즉, 일반아동이나 초등학생들과 마찬가지로 장애아동들도 다양한 미술활동을 통하여 신체적 · 정서적 · 인지적 발달을 도모하고, 자기표현, 창의력 및 행복감과 자신감을 증진시키게 된다. 특히 언어의 발달이 늦는 경우가 많은 장애아동들은 언어 이외의 다양한 미술교육 매체를 통하여 자기의 감정을 표현할 수 있으며, 이러한 자기표현이 장애아동의 교육 전반에 중요한 요소가 되기도 한다.

이와 같은 일반적인 미술교육의 의미와 함께 장애아동을 위한 미술교육에서 언급되어야 하는 또 하나의 의미는 미술교육의 치료적 역할에 대한 이해다. 장애로 인해 생길 수 있는 정서적 갈등이나 어려움을 미술을 통해 어느 정도 해결할 수 있다는 점이다.
Henley(1992)은 그의 책에서 한 청각장애아동이 그린 자기 모습에서 한쪽 손이 찌그러진
것을 발견한 경우를 예로 들었다. 알고 보니 그 학생은 친구를 때린 후 손을 제대로 그리
지 못한 것이었으며, 때린 이유는 졸업과 직장 등에 대한 불안과 고민이 이유였던 것으
로 드러났다. 이 경우는 미술을 통해 아동의 정서적 문제가 겉으로 드러나게 된 경우다.
최근 국내에서도 장애아동을 대상으로 미술치료의 효과를 보고하는 연구들이 꾸준히 이
뤄지고 있다. 난화기 단계의 지적장애아동에게 발달적 미술치료를 실시하여 미술표현
향상을 보여 주기도 하고(오미자, 최은영, 공마리아, 2009), 성폭력 피해를 입은 지적장애
학생에게 미술치료를 실시하여 심리적 안정 결과를 치료 전후로 비교하여 치료의 효과
를 보여 주었다(최금란, 김갑숙, 2004).

　　이렇게 미술교육을 통해 장애아동의 정서적 문제가 노출되기도 하고, 정서적 순화의
과정을 거쳐 치료적 효과를 가져오기도 한다. 단, 이 경우의 치료 효과는 정서적 문제에
대한 것을 말하며, 원래의 장애 자체(예: 지적장애, 뇌성마비)가 치료되는 것은 아니다. 따

단계	회기 및 그림		자기표현의 변화
전기	3회기	4회기	조절된 난화기의 표현인 원형의 폐곡선을 반복하여 나타냈다.
	8회기	19회기	사물의 세부적인 묘사의 증가로 지적인 표현의 향상을 가져왔다. 비행기에 날개, 창문을 표현함(8회기), 꽃의 꽃잎, 나무의 줄기를 표현함(19회기)
후기	12회기	24회기	단순히 사물만 표현하던 것에서 자신의 경험한 것을 표현함으로 정서적인 표현이 향상되었다. 무섭고 싫은 감정의 표현을 입술의 모양을 과장되게 그려서 나타내고 있다. 배를 타는 모습(12회기), 목욕해요(24회기)
	25회기	26회기	모방에 의존하지 않고 자신의 경험을 바탕으로 한 주제가 있는 그림을 자유롭고 대담하게 표현하여 창조적인 표현의 향상을 가져왔다. 과장된 표현과 사건의 묘사를 즐겼다. 대문(25회기), 샤워기(26회기)

미술치료를 통한 지적장애아동의 표현발달의 예

(출처: 오미자, 최은영, 공마리아(2009). 정신지체아동의 자기표현을 위한 발달적 미술치료 사례연구. 예술심리치료연구, 5(1), 91-108)

그림 17. 사전 K–HTP	그림 18. 사후 K–HTP
위치: 용지의 상단에 위치하며, 나무 윗부분이 절단됨	용지의 윗부분으로 표현되어 있으나 구성이 짜임새가 있음
내용: 집, 나무, 사람만 그려짐	집, 사람, 나무 외에 구름과 꽃이 나타나 내용이 풍부해짐
사람: 톱니바퀴 모양의 손과 발	
집: 출입문이 없음	표정이 밝아졌으며, 발의 톱니바퀴가 없어짐 손잡이와 굴뚝에 연기가 나타남
그림에 대한 설명: 사람을 나쁜 아저씨로 표현	자신에게 잘 대해 주던 초등학교 친구로 표현

성폭력 피해를 입은 지적장애아동의 미술치료 전후 K–HTP(Kinetic–House, Tree, Person) 그림 결과 비교
(출처: 최금란, 김갑숙(2004). 성폭력피해를 입은 정신지체아의 위기극복을 위한 미술치료 사례연구. 미술치료연구, 11(1), 101–122)

라서 특별한 정서적 문제가 없는 대부분의 장애아동들은 별도의 미술치료보다는 미술교육 활동에 적극 참여하는 것으로 충분히 미술 부분에서 필요한 중재를 받는 것이다. 위의 청각장애 아동은 지속적인 상담과 다양한 미술활동 중재를 통해 자신의 감정과 자아의식을 많이 승화시킬 수 있었다고 보고되었다.

 제3절   장애아동을 위한 미술교육의 중요성 및 의의

이 책에서 장애아동에 대한 미술교육을 이야기하면서 가장 중요한 것은 미술교육이 일반아동에게 미치는 교육적 효과와 중요성은 근본적으로 장애아동에게도 동일하게 적용된다는 점이다. 즉, 장애아동이기 때문에 무언가 반드시 다르게 해야만 잘하는 것이 아니라, 가능한 같은 나이 또래의 일반아동이 필요로 하는 다양한 미술교육 활동에 참여할 수 있도록 함으로써 인지적·정서적·신체적 교육 효과를 최대한 누릴 수 있도록 해

야 한다. 일반적인 교실 수업보다 주의집중력이나 언어능력이 부족해도 잘할 수 있는 교과인 미술교육 활동을 교사가 개별 장애아동에 맞게 잘 계획하고 실행하면, 미술교육 시간을 통해 일반아동들보다 훨씬 교육효과를 극대화할 수 있다. 특히 미술교육을 유아교육에서 말하는 프로젝트 수업과 같이 통합교과적으로 운영하면 좋다.

구체적으로 장애아동에게 미술교육이 갖는 의의를 살펴보면 다음과 같다.

1. 미술표현의 발달

로웬펠드의 발달단계에 따르면 평면미술은 연령에 따라 1~4세 난화기, 4~7세 전도식기, 7~9세 도식기, 9~11세 여명기, 11~13세 의사실기, 13세 이후 사춘기의 단계로 발달을 보인다. 장애아동들은 정상 발달 패턴을 가지고 발달의 속도가 느리지만 개별 학생의 개인차, 관심의 정도, 과제 지속성과 즐거움이 다를 수 있다. 일반적으로 로웬펠드 발달 단계에서 난화기, 전도식기, 도식기 단계에 머무르는 경우가 많다.

난화기는 자기표현이 시작되는 첫 단계로 손의 근육 운동과 그 결과로 생긴 선들을 발견하고 즐기는 단계다. 초기에 통제력이 없이 자유롭게 그리는 착화(scribble) 단계에서 아동은 능동적인 근육지각 경험을 통해 그리고 싶은 욕구를 표출하게 된다. 조절된 난화기에 이르러서는 자신의 동작과 종이 위의 흔적들 사이에 연관성을 발견하고 근육 운동 지각으로 경험했던 것을 시각적으로 경험할 수 있게 되는 단계다. 이 단계에서는 수평, 수직 혹은 원으로 반복해서 다양한 선들을 그릴 수 있게 된다. 점차 후기로 갈수록 그림에 이름을 붙이는 난화기 단계로 발전하게 된다. 단순히 움직임을 뜻하던 난화가 주변 대상과 관련성을 갖게 되어 무의식적인 근육 운동 지각적 사고에서 의식적인 상상적 사고로 변하는 단계다.

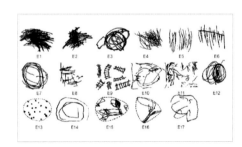

난화기 단계의 다양한 그림 형태

전도식기는 무의식적 표현 과정으로부터 점차 의식적인 표현 과정으로 옮겨지는 상징적 도식의 기초단계다. 이 단계의 아동은 실물을 똑같이 재현하는 것이 아니라 흡사한 모습이나 실물의 특징을 뽑아내어 상징적인 특징을 나타낸다. 묘사적 표현의 첫 상징으로 원과 선을 이용해 사람을 표현하기도 한다.

전도식기 단계의 다양한 그림 형태

도식기는 형태개념이 습득되고 사물의 특징을 객관화하려고 노력하는 단계로 도식적, 상징적 표현이 가능해진다. 도식이란 의도적인 경험으로 변화시키지 못할 정도로 반복해서 상징적으로 표현되는 것을 의미하며, 아동과 환경과의 의식적인 관련성의 표시로 기저선이 나타난다. 도식기의 아동은 느끼는 감정대로 표현하며 원근 등이 무시되고 자신의 정적 표현 방식에 의해 일정한 표현 도식을 형성하게 된다.

  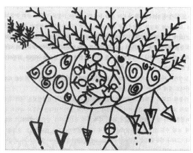

도식기 단계의 다양한 그림 형태

미술교육은 다양한 경험과 자극을 통하여 장애아동이 난화기 단계에서 시작해 점차 의식적 표현과 상징이 가능해지도록 하며, 자신을 둘러싼 세계와 환경, 내적인 감정과 느낌을 작품으로 나타낼 수 있도록 촉진하는 좋은 매개체의 역할을 한다.

2. 신체적 발달 촉진

미술교육 활동은 다양한 미술도구의 사용능력을 필요로 한다. 크레파스 쥐기, 찰흙 주무르기, 가위질하기 등과 같이 미술도구를 사용하는 능력은 대부분 장애아동에게 부족한 조작능력과 소근육 운동능력과 눈과 손의 협응력을 증진시키는 매우 좋은 기회를 제공한다. 일반아동과 마찬가지로 장애아동들도 처음에는 필기도구를 가지고 마음대로 끄적거리다가 점차 모양을 만들어 내는 유사한 움직임을 자연스럽게 배우게 된다. 근육운동을 통해 아동은 일차적인 만족을 얻게 되고 점차 시각적 결과를 통해 심미적인 만족을

신체적 발달 촉진을 위한 활동 예

소근육 발달: 종이 찢기, 부드러운 솜 뜯기, 가위로 오리기
대근육 발달: 큰 종이에 선 긋기, 롤러로 그리기, 찰흙 던지기 등
미술재료 조작 능력: 풀사용, 물감사용, 파스텔로 문지르기

한지 찢어서 카드 표현하기

크레파스로 문질러 표현하기

사인펜으로 점 연결하여 표현하기

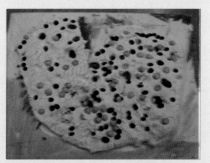

점토에 콩을 박아 표현하기

얻게 된다. 연필, 크레용, 수성펜, 붓 등 다양한 그리기 도구의 필기감은 대소근육 힘과 움직임의 방향 조절, 협응력 향상에 도움을 준다.

별도의 작업치료(치료교육 분야 중 하나)를 통해 이러한 소근육 운동기능 증진을 도모하기도 하지만, 미술교육 활동은 장애아동에게 자연스러운 교수활동 내에서 이러한 신체적 발달을 도모할 수 있는 좋은 맥락을 제공한다. 또한 분리된 특수학교뿐 아니라 통합교육 환경에서도 이와 같이 미술교육이 신체적 발달에 미치는 긍정적 영향은 마찬가지다.

3. 정서적 안정감, 행복감, 자신감, 성취감

일반아동들도 미술교육 활동을 통하여 감정을 정화하고 성취감을 느끼며 즐거움과 자신감을 가지게 된다(양경희, 1998). 아동은 자신의 즐거움, 행복, 자신감, 두려움, 좌절감, 환상, 분노 등의 감정을 미술활동을 통해서 건설적으로 표현하게 된다. 미술활동을 하면서 자신의 부정적인 감정을 해소해 나갈 수 있고, 긴장이 완화되고, 타인의 의견이나 감정을 존중하는 태도를 기를 수 있다(이미옥, 2014). 장애아동들은 자라면서 어린 시기부터 잦은 실패 경험과 좌절을 겪는 경우가 많기 때문에 어떤 일을 잘해 냈다는 성취감이나 기쁨을 가질 기회가 부족하다. 어떤 아동들은 이로 인해 일찍부터 학습된 무기력(learned helplessness)에 젖어 의욕을 상실하기도 한다. 이들에게 자신의 능력에 맞는 다양한 미술교육 활동에 참여하고 작품을 완성하도록 함으로써 정서적 안정과 행복감을 느끼도록 할 수 있으며, 자신감을 가지도록 하여 긍정적인 자아개념 형성에도 매우 큰 도움을 줄 수 있다.

미술교육 활동은 다른 교과학습에 비해 융통성과 다양성이 많이 허용되는 활동이기 때문이다. 이때 가장 중요한 것은 장애아동의 개별적인 특성과 능력을 잘 파악하여 지나치게 쉽거나 어렵지 않도록, 적절한 미술교육 활동을 제공하고 지도해야 한다는 점이다. 이를 위해서는 미술교육 활동을 잘 수정해 줄 수 있는 교사의 능력이 매우 중요하다. 또한 작품 자체의 완성도 중요하지만, 과정에서의 아동의 노력에 대한 인정과 칭찬을 해주는 것도 중요하며, 아동이 성공감을 느낄 수 있도록 미술교육 내용을 미리 조절해 주는 배려도 필요하다. 물론 지나치게 쉽게 완성할 수 있도록 모두 옆에서 도와준다면 교육의 의의가 줄어들 것이므로, 적절한 수준의 도움의 양을 결정하는 것이 중요하다.

4. 의사소통 능력과 언어발달

미술교육 활동은 언어능력이 부족한 장애아동에게 자신의 느낌을 표현할 수 있는 통로를 제공하며, 자신의 작품에 대해 설명해 봄으로써 언어표현능력을 신장하는 기회를 제공한다. 아동은 다양한 경험을 한정된 언어로 표현하기보다는 그림으로 표현하여 자신의 사고를 반영할 수 있다. 또한 미술교육 활동에서 사용하는 재료나 기법 등을 나타내는 어휘를 배우는 기회도 된다. 언어치료실과 같이 별도의 분리된 공간에서 인위적으로 학습하는 언어나 의사소통보다 자연스러운 미술교육 상황에서 장애아동에게 자신을 표현할 수 있는 기회를 많이 주고, 아동의 표현을 칭찬하며 확장해 주는 것이 좋다. 이와 함께 아동이 자신이 그린 그림을 다른 사람에게 소개하거나 감상하는 시간을 가져 의사소통의 동기를 높여 줄 수 있다.

많은 유아교육자들은 아동 미술이 읽기 지도의 한 수단이라고 밝혀 왔다. 어린이 묘화의 주된 형태나 세부에 이름을 써 넣음으로써 어린이들은 이미 그들과 매우 친숙해진 대상들의 단어를 배우게 된다(서울대미술교육연구회, 1996). 미술교육자들은 아동의 그리기 성취 수준이 그들이 속한 사회만큼이나 제각기 다른 데도 불구하고 모든 아동들의 그림이 매우 유사하다는 점에 주목해 왔다. 이는 아동이 하나의 대상을 그릴 때 말로 생생하게 그림을 설명하지 않아도 많은 것을 알고 있다는 것을 전제한 심리학자들의 의견을 뒷받침한다. 예를 들어, 종이 윗부분에 하늘색과 아래에 기저선을 그리는 어린이들은 규칙적인 배열에 대한 열망과 또 다른 것과의 관계 속에서 대상을 보는 능력을 나타낸다. 이

아동의 그림에 나타난 언어표현의 예

단계에 있는 어린이들은 읽기를 위한 준비가 되어 있으며 그 그림에 알맞은 단어를 골라 쓰는 것은 새로운 것을 배우는 강한 동기를 어린이들에게 부여해 준다. 그림 속의 특정 대상에 명칭을 붙일 때 아동은 부모, 집, 나무 등과 같은 구체적인 개념을 나타내는 단어와 문장 표현을 읽기 시작한다.

5. 인지 발달

장애아동을 위한 미술교육 활동은 다른 교과의 내용과 연계하는 프로젝트식 수업 또는 통합교과적 수업으로 많이 이루어진다. 장애아동은 한 가지 개념을 학습하기 위해서도 일반아동보다 많은 반복을 필요로 하며, 일반화 능력이 부족한 경향이 있기 때문에 다른 교과에서 배운 인지적 내용들을 미술교육 활동에 접목하여 교수하면 그러한 점을 보완할 수 있다. 따라서 미술교육 고유의 탐구적 태도, 논리적 사고 능력 및 문제해결 능력 배양과 같은 인지 발달적 측면(양경희, 1998)과 이러한 통합교과적 수업으로 인한 인지발달적 측면이 장애아동 미술교육의 중요한 하나의 의의가 되는 것이다. 미술활동을 하면서 아동은 색의 개념, 크기, 형태 등과 같은 요소들과 함께 위, 아래, 옆, 뒤, 왼쪽, 오른쪽과 같은 공간개념도 습득하게 된다. 아울러 분류개념, 서열화개념, 시간개념이 발달하며 부분과 전체의 관계, 원인과 결과에 대한 이해력과 문제해결능력이 증진된다(이미옥, 2014). 수 세기, 일대일 대응하기, 기초 어휘 개념 익히기 등의 인지과제에 그림 자료를 활용한 교수자료가 효과적으로 활용되기도 한다.

6. 사회성 발달

장애아동에게 최근 가장 중요하게 여겨지는 교육영역 중 하나가 사회성 부분이다. 장애아동은 일반아동보다 사회성 부분이 부족한 경우가 많은 반면 교과중심의 다른 학습시간에는 사회성 기술을 교수할 기회가 비교적 적기 때문에, 자연스럽게 이러한 사회성 기술교수 기회를 많이 만들 수 있는 미술교육이 매우 중요한 교육활동이 된다. 재료를 친구들과 나누어 쓰고, 공동작업을 하며, 규칙을 지키는 등의 경험을 통하여 타인과의 사회적 경험을 하고 다른 사람의 관점을 이해하는 능력을 기르게 되는데 이러한 능력은 장애아동의 교육에서 매우 중요한 부분이다. 미술교육의 장점은 이러한 사회적 경험을 자연스럽게 유도할 수 있으며, 아동들도 미술시간에는 동기 유발이 잘 되어 있어서 어느 정도의 갈등 상황도 잘 이겨 내고 사회적 기술을 습득할 수 있다는 점이다.

7. 창의성 발달

전통적으로 미술교육은 아동들의 창의성을 계발하는 데 공헌하는 것으로 알려져 왔다. 사고의 유창성, 융통성, 독창성, 정교성의 4요인으로 설명되기도 하는 창의성은 미술교육 활동에서 다양한 재료와 도구를 사용하여 자신의 생각, 욕구, 상상력을 남과 다르게 자유롭게 표현해 봄으로써 신장될 수 있다(양경희, 1998). Lowenfeld는 미술을 통한 인간교육을 강조하면서 미술교육에서 가장 중요한 것은 미술에 의해 창의성을 계발하는 것이라고 하였다. 그는 창조활동 그 자체가 보다 나은 행동을 위한 새로운 통찰력과 지식을 제공해 줄 수 있으며 아동과 주위 환경과의 관계 속에서 아동의 경험을 미술활동에 끊임없이 투영하는 과정을 통해 창의성을 계발할 수 있다고 보았다(서울교대미술교육연구회, 2012). 흔히 인지능력이 부족한 장애아동들의 경우에는 창의성 계발이 매우 실현성이 없는 교육목표로 여겨지기 쉬우나, 장애아동에게도 창의성 계발은 똑같이 중요한 미술교육의 의의다. 장애아동에게 있어 창의성이라 함은 작품의 완성도에 의한 평가가 아니라 작품의 과정 자체가 창의성을 보장하는 것이어야 한다는 관점에서 이루어져야 하며, 미술을 인지 및 근육발달의 보조역할로만 볼 것이 아니라 처음부터 끝까지 미술은 창의적 상상력을 즐겁게 실현할 수 있는 것이어야 한다고 한기정(1997)은 제안하였다.

제4절　미술치료와 미술교육

1. 개념

미술치료는 교육, 재활, 정신치료 등 다양한 분야에서 널리 사용되고 있으며, 어떤 영역에서 활용되고 있든 간에 공통된 의미는 시각예술이라는 수단을 이용하여 인격의 통합 혹은 재통합을 위한 시도라고 할 수 있다(이미옥, 2014). 장애아동이나 장애아동 가족의 다양한 심리적이고 정서적인 문제들에 대해 미술치료적 접근을 통해 해결하고자 하는 경우가 많다. 미술교육은 전통적으로 미술관련 기술의 습득(예: 그리기, 색칠하기 등)이나 미술활동을 통한 창조성 및 인성 함양을 촉진하고자 하는 방향으로 이루어졌다. 반면 미술치료는 기술 숙달보다는 이미지의 자유로운 연상을 통해 직관적이고 정서적인 문제를 해결하는 데 중점을 두고 있다(Henley, 1992). 심리치료 및 심리분석적 방법이 미술치료의 근본을 이루고 있다고 볼 수 있다. 즉, 미술교육과 미술치료의 유사점은 미술을 통해 내면의 문제를 풀어 보자는 데서 찾을 수 있는 반면, 차이점은 미술치료는 좀 더 적극적인 치료사의 해석과 일대일 환경에서의 심리역동적 분석방법의 사용이 중요한 요인이지만 미술교육은 미술경험을 통해 자기인식, 자신감, 자존감의 향상 등이 중요하며, 미술을 진단 목적으로 사용하지는 않는다는 점 등을 들 수 있다(Henley, 1992).

Kramer(1971)는 임상적이고 심리분석적 영역인 치료(therapy)와 교육적이며 몸과 마음을 가볍게 향상시키는 과정들로서의 치료적(therapeutic)이라는 용어를 구분하여 사용하였다. 집중적인 전문가의 미술치료를 필요로 하는 장애아동은 그 수가 많지 않으나, 대부분의 장애아동들에게는 미술활동의 치료적 혜택을 인식하고 이를 사용하는(치료적) 미술교육이 유용하며, 이는 진지하고 지지적으로 학생의 문제에 대해 반응하고, 미술활동을 통해 인지적 · 사회적 · 심리적 · 미적 발달을 도모하는 것이라고 말하였다.

2. 대상

[그림 1-1]에서는 미술교육과 미술치료의 대상이 되는 아동들을 알기 쉽게 나타내고 있다. 왼쪽의 원은 장애아동 집단을 말하며, 오른쪽의 원은 미술치료의 대상이 되는 아동을 말한다. 따라서 (a)에 해당하는 아동들은 미술치료가 필요 없는 장애아동(예: 특별한 정서적 문제가 없는 뇌성마비아동)들이며, (b)는 미술치료가 필요한 장애아동(예: 정서 · 행동장애아동), (c)는 장애를 가지지 않았지만 미술치료의 대상이 되는 아동(예: 부모의 이혼으로 일시적 정서적 어려움을 겪는 아동)을 말한다. 물론 (c)에 해당하는 성인도 있겠지만 여기서는 아동으로 한정하여 비교하였다. 즉, 이와 같이 살펴보면 모든 장애아동이 집중적이고 전문적인 미술치료가 필요한 것은 아니며, 대부분의 장애아동은 이 책에서 제시하고 있는 미술교육 활동을 통해서 일반아동들과 같은 미술교육의 다양한 교육적 효과를 얻는 것이 중요하다고 볼 수 있다.

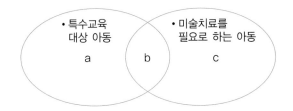

a) 특수교육 대상아동이면서 미술치료를 필요로 하지 않는 아동
b) 특수교육 대상아동이면서 미술치료를 필요로 하는 아동
c) 특수교육 대상아동이 아니면서 미술치료를 필요로 하는 아동

[그림 1-1] 미술교육과 미술치료 대상에 관한 그림

3. 장애아동 미술교육의 치료적 의미

미술활동에 참여하는 것은 많은 장애아동에게 치료적인 효과를 가져온다. 미술활동의 이러한 치료적 가능성은 미술활동이 가지는 창의적이고 표현적인 측면 때문이다 (Hurwitz & Day, 2001). Langer(1967)는 이에 대해 미술이 "인간의 감정을 객관화하는 것" 이기 때문에 말로 나타낼 수 없는 것들을 더욱 정확하게 표현할 수 있다고 하였다. 미술 치료사들은 최대한 자유롭게 이러한 감정을 미술을 통해 표현하도록 하고, 일단 객관적 으로 형상화된 미술작품을 보면서 함께 대화하며 미술작품에 드러난 감정의 의미를 해석하고 정신적 건강을 회복시키는 데 주력한다. 즉, 미술을 통해 내면의 감정이 표현될 수 있다는 것과 일단 표현되면 함께 대화할 수 있는 초점이 만들어진다는 데 미술을 통한 치료적 의미를 찾을 수 있다.

Hurwitz와 Day(2001)에 따르면 교실에서의 미술교육의 치료적 효과는 특히 의사소통 능력이 덜 발달한 학생에게서 더 많이 나타날 수 있다. 강한 감정과 제한된 표현능력을 가진 경우에는 누구라도 미술적 표현활동이 유익할 수 있다는 것이다. 지적장애를 가진 아동 또는 큰 정신적 타격을 받은 아동의 경우, 미술은 그들이 필요로 하는 표현의 기회를 줄 수 있다. 민감한 교사들은 그들의 미술작품을 통해 그들의 내면적 정신세계에 대한 통찰을 할 수 있다. 그러나 전문적으로 훈련받은 미술치료사가 아닌 교사들은 섣불리 미술치료사의 역할을 감당하려고 해서는 안 되며, 미술치료의 필요성이 느껴지는 아동 은 바로 치료사와 상의하는 것이 바람직하다. 특수아동들 중 이런 경우는 위의 그림에서 (b)에 해당되는 아동들이다.

위와 같이 일대일의 집중적인 심리적 분석과 대화가 필요한 경우 외에도, (a)에 해당

되는 많은 장애아동들도 미술교육 활동을 통해 위에서 제시된 다양한 사회성 및 의사소통 능력의 증진, 신체적, 인지적 발달을 이룰 수 있다. 심리적인 문제 상황까지는 아니더라도 많은 장애아동들이 가지는 행동문제(예: 공격적인 행동, 규칙을 따르지 않는 것 등)나 의사소통의 문제(예: 말을 시작하려고 하지 않음), 사회성의 문제(예: 친구 사이에서의 부적절한 행동) 등은 미술교육 활동에서의 적절한 지도를 통해 많은 향상을 가져올 수 있는 부분이며, 이는 교사가 조금만 유의하여 미술교육 활동을 계획하고 실행해 가면 성취할 수 있는 부분이다. 보다 상세한 미술치료의 배경 및 실제 사례에 대해서는 제8장에서 설명하였다.

제5절 이 책의 구성

장애아동의 미술교육이라고 하면 그 범위가 매우 넓다. 그러나 이 책에서 모든 부분을 다 다루기는 어려우므로 몇 가지로 집필의 범위를 한정하여 보다 충실한 내용을 만들고자 하였다. 이 책에서 다루는 범위와 집필 의도에 대해 간단히 설명하면 다음과 같다.

1. 아동의 연령대

유아 및 초등학교 연령의 장애아동들을 대상으로 적용할 수 있는 미술교육 활동을 중점적으로 다루었다. 아동을 대상으로 하는 미술교육 내용이더라도 장애가 심한 아동을 위한 활동은 일반아동의 미술활동에 비해 수준이 낮은 것도 있는데, 이는 인지 및 신체 능력이 일반아동에 비해 낮은 장애아동도 성취감을 맛볼 수 있는 활동을 제시하고자 하였기 때문이며, 각 교육환경에 있는 중도의 장애아동들에게 다양하게 응용하여 사용할 수 있을 것으로 생각된다. 또한 유아 및 초등학교 연령대의 장애아동들은 각자의 개별적인 능력의 차이가 심하기 때문에 이 책에 제시된 여러 미술교육 활동을 군이 학교급에 구애됨 없이 자유롭게 활용할 수 있을 것이다.

2. 아동의 장애 유형

지적장애, 시각장애, 지체장애, 정서·행동장애 아동들에 대해 각 장애 유형별 특성과 이를 고려한 미술교육 활동을 제3장부터 제6장까지 설명하였다. 청각장애를 가진 아동들은 미술교육에 있어서 교사와의 의사소통문제만 유의하면 지도상의 어려움이 적은 편이기 때문에 이 책에서는 별도의 장으로 포함시키지 않았다. 물론 장애유형별로 확실히 구분되는 미술활동이 따로 있는 것이 아니며 또 그렇게 생각하는 것이 바람직하지도 않지만, 각 장애 유형에 따른 독특한 특성에 대한 설명과 미술교육에서의 유의사항들을 소개함으로써 이 책을 읽는 교사 및 부모님들이 지도하는 대상 장애아동의 특성에 맞는 미술교육 활동을 손쉽게 찾을 수 있고, 필요에 따라 응용할 수 있도록 하고자 하였다.

3. 교육 배치

장애아동들이 교육받는 환경은 크게 장애아동을 위한 특수학교의 경우와 일반교육기관에 통합된 경우로 나뉜다. 이 책에서는 제3장에서 제6장까지의 장애유형별 소개에서는 특수교육 교육과정을 중심으로 하여 미술교육활동들을 선정하여 설명하였으며, 제7장에서는 통합 유치원 및 어린이집 환경에서의 미술교육에 대해 관련 이론 및 실제 교육활동 지도방법에 대해 설명하였다. 그러나 제7장에서의 통합 환경에서의 미술교육 지도 원리들은 모두 다른 장에서의 미술교육 활동에도 적용될 수 있는 것이므로, 지도하는 교사가 적절히 활용하면 좋을 것이다.

4. 미술교육 활동의 선정 및 응용

이 책에 소개된 미술활동들은 모두 다년간의 장애아동 미술지도 경험이 있는 특수교사들에 의해 교육 현장에서의 적용 가능성을 가장 중시하여 선정되고 집필되었다. 모든 미술교육 활동들은 실제로 장애아동들을 대상으로 성공적으로 활용되었던 것들이며, 대상학생들의 수준에 따라 각 교육 활동마다 기본교육과정에서의 미술과 일반유치원 교육과정에서의 표현생활 등과 같이 미술교육 관련 부분을 제시하여 체계적인 교육계획 수립에 도움이 되고자 하였다. 또한 다른 교과영역과의 연계성에 대해서도 활동별로 명시하여 미술활동을 통합교과적으로 운영하고자 할 때 참고자료가 되도록 하였다.

　이 책에 소개된 미술교육 활동은 일반아동들에게는 보편적인 것이 아니지만 장애아동의 필요에 맞게 고안된 것(예: 제4장 19번 활동 '통나무집')도 있고, 일반아동들이 많이 하는 미술교육 활동을 장애아동의 특성에 맞게 수정한 것(예: 제6장 14번 활동 '주제가 있는 종이 접기')도 있다. 이와 같이 수정된 미술교육 활동들은 이 책에 제시된 것 이외에도 다양하게 교사 자신이 가르치는 학생의 특성에 맞게 응용하여 개발할 수 있기 때문에, 이 책을 통해 미술교육 활동 수정의 기본원리들을 익히고 적용하면 좋을 것으로 생각된다.

참·고·문·헌

교육과학기술부(2012). 2012 특수교육 교육과정. 교육과학기술부.

교육과학기술부(2013). 특수교육 기본 교육과정 미술 교사용 지도서. 교육과학기술부.

오미자, 최은영, 공마리아(2009). 정신지체아동의 자기표현을 위한 발달적 미술치료 사례연구. 예술심리치료연구, 5(1), 91-108.

이미옥(2014). 아동미술교육(개정판). 서울: 양서원.

이소현, 박은혜(2011). 특수아동교육: 일반학급 교사를 위한 통합교육 지침서(3판). 서울: 학지사.

양경희(1998). 열린교육을 위한 창의적인 작업활동. 서울: 학지사.

최금란, 김갑숙(2004). 성폭력피해를 입은 정신지체아의 위기극복을 위하 미술치료 사례연구. 미술치료연구, 11(1), 101-122.

한기정(1997). 아동미술과 특수아동미술. 서울: 교육과학사.

서울교대미술교육연구회(2012). 미술교육학(3판). 서울: 교육과학사.

Henley, D. R. (1992). *Exceptional children: Exceptional art*. Worcester, MA: Davis Publications.

Koster, J. B. (2001). *Growing artists: Teaching arts to young children* (2nd ed.). Albany, NY: Delmar.

Hurwitz, A., & Day, M. (2001). *Children and their art: Methods for the elementary school* (7th ed.). Orlando, FL: Harcourt College Publisher.

Uhlin, D., & DeChiara, E. (1984). *Art for exceptional children* (3rd ed.). Dubuque, IA: William.

장애아동을 위한 미술교육 교수방법

앞 장에서 설명한 바와 같이 기본적으로 일반아동들에게 적합한 훌륭한 교수방법은 장애아동들에게도 똑같이 적용된다. 예를 들면, 아동에게 맞는 활동목표의 선정과 그에 맞는 교수활동 계획하기, 동기 부여의 중요성 등은 장애아동에게도 똑같이 매우 중요한 교수방법의 하나다. 따라서 다음에 설명하는 교수방법상의 고려점은 가능한 일반적인 미술교육방법에서 많이 다루어진 내용들을 피하고 장애아동들에게 독특하게 강조되는 부분들을 중심으로 정리하였다. 즉, 일반적인 좋은 미술교수방법의 기초 위에 다음과 같은 점들이 첨가된다면 장애아동의 미술교육이 보다 효과적으로 이루어질 것이다. 제3장부터 시작되는 구체적인 교육활동별 장마다 좀 더 구체화된 교수전략 및 유의점들을 설명하였으므로 이 장에서는 개괄적이면서도 중요한 사항들을 소개하고자 한다.

 ## 제1절 미술교육 프로그램의 계획과 실행

1. 미술교육 프로그램의 구성 요소

미술교육 프로그램은 교육의 목표, 교육환경, 교수 제공, 교수활동의 네 가지 부분으로 이루어진다. 이러한 구성요소들을 잘 고려하여 계획할 때 최대한 효과적인 미술교육이 될 수 있다. 첫째로, 미술교육 목표란 왜 특정 미술교육 활동을 선택했는가를 말해 주는 것이며 아동에게 미술교육 활동을 통해 형성해 주고자 하는 행동의 변화를 의미한다. 한두 번의 미술활동만으로 목표가 달성되는 것은 아니지만, 개별 아동에 맞는 장기적인 목표와 단기적인 목표를 설정하는 것은 미술교육이 즉흥적으로 이루어지는 것을 막고 교육의 효과를 높이는 데 중요하다. 둘째로, 교육환경이란 아동이 미술작품을 만들 때 주변에 있는 모든 것을 말한다. 미술을 하는 장소, 미술재료들이 정돈되어 있는 정도, 가구의 크기 및 배치 등이 포함된다. 교육환경이 잘 구조화되고 제공될수록 아동이 학습과 미술교육 활동에 더 집중할 수 있다. 셋째로, 교수 실행이 중요하다. 이는 어떻게 활동이 제시되고, 재료가 선택, 준비되며, 교사가 무슨 말과 행동을 하고 아동의 필요와 행동에 어떻게 반응하는가 하는 것들이 포함된다. 즉, 어떤 활동을 제시하는가에 못지않게 어떻게 제시하는가도 매우 중요하다. 넷째로는, 교수활동 자체다. 미술교육 활동은 교사들이 교육목표를 성취하기 위해 사용하는 도구이며, 교육의 내용(개념, 도구, 재료, 테크닉 등)을 제공한다. 교사는 아동의 성장을 가장 잘 촉진할 수 있는 미술교육 활동을 선택해서, 제한된 미술교육 시간을 효과적으로 사용할 수 있어야 한다.

2. 계획하기

미술교육 시간을 효율적으로 진행하여 아동에게 교육 효과를 극대화하기 위해서는 충분한 계획을 세우는 것이 필요하다. 단순히 아무 활동이나 즉흥적으로 하며 시간을 보내는 활동으로 미술을 생각한다면 매우 잘못된 것이며, 귀한 시간을 낭비하는 것이 될 것이다. 장애아동을 위한 좋은 미술교육 프로그램을 계획하는 일반적인 원리들을 살펴보면 다음과 같다.

1) 아동을 잘 알아야 한다

장애아동은 개인적 차이와 요구, 흥미가 매우 다르다. 즉, 개인 차이가 심하다. 따라서 교사는 아동의 발달수준(인지, 지각능력, 운동능력, 사회성, 의사소통능력, 행동 특성, 학습 스타일 등)에 대해 정확히 파악하고 있어야 한다. 또한 계획하는 미술교육 활동이 아동의 흥미와 능력에 맞고, 동시에 생활연령에도 적합한 것이 될 수 있도록 해야 한다. 사람 그리기, 미술 도구 사용 능력 등을 평가해 봄으로써 아동의 미술발달 수준을 체크할 수 있다.

2) 미술활동 미리 수행해 보기

미술교육 활동을 계획할 때 교사가 머리로만 생각하기보다 대상 아동을 생각하면서 실제로 먼저 해 보는 것이 구체적인 교수 계획을 수립하는 데 도움이 된다. 미리 해 봄으로써 아동에게 가르치기 위한 작은 행동 단위로 나누는 것이나, 하위 기술(예: 자르기, 붙이기) 분석을 하기가 쉽다. 또한 안전 문제라든지, 소요 시간, 난이도 등에 대한 예측도 할 수 있게 된다.

3) 보조의 정도 결정

장애아동의 특성과 계획하는 활동의 유형에 따라 교사가 얼마나 도움을 주어야 하는가 하는 정도가 달라진다. 따라서 수업을 시작하기 전에 아동별로 필요한 교사의 도움의 정도를 파악하고 계획함으로써 일관성 있고 체계적인 도움을 제공할 수 있다. 교사가 제 공하는 도움(촉진)의 종류에는 신체적 촉진, 시범 보이기, 언어적 촉진 등이 있으며, 이 러한 도움을 체계적으로 제공하는 방법에는 실패를 최소화하기 위하여 도움의 양이 많은 것부터(예: 신체적 촉진) 시작하여 점차로 줄여 가는 최대촉진법과 불필요하게 도움을 많이 주는 것을 막기 위하여 적은 양의 도움부터(예: 언어적 촉진) 시작하여 아동이 어려워하면 도움의 양을 늘려 가는 최소촉진법의 두 가지 방법 중 아동과 활동 특성에 맞는 방법을 선택하여 사용한다. 수업을 진행할 때 실제로 이렇게 도움을 단계적으로 제공하는 것이 비현실적으로 생각될 수도 있으나, 가장 중요한 교수방법 중 하나이므로 반드시 고려해야 한다.

4) 활동 수정 방법 결정

장애아동이 자신의 노력으로 성취할 수 있는 정도의 미술교육 활동을 선택하되, 필요에 따라 활동의 내용이나 재료 수행 방법을 아동의 능력에 맞게 수정해야 한다. 예를 들어, 붓이나 연필을 잘 쥐지 못하는 뇌성마비아동의 경우 굵은 손잡이를 만들어 주어서 잡기를 쉽게 해 줄 수 있고, 종이가 밀리지 않도록 책상에 고정시켜 주는 것이 도움이 되기도 한다. 또 미술 수업 전체의 시간을 줄여서 주의집중을 오래 하지 못하는 아동에게 맞도록 조정하기도 하며, 나무 대신 스티로폼을 이용하여 액자를 만드는 것과 같이 재료를 바꾸어 줄 수도 있다. 활동 수정이 필요한지, 필요하다면 어떤 수정을 할 것인지에 대해 사전에 계획을 세워야 한다.

5) 통합 미술교육 시간 관련 고려사항

장애아동이 특수학급이나 특수학교가 아닌 통합학급에서 미술교육을 받게 되면 미리 여러 가지를 계획해야 한다. 첫째, 장애아동의 개별화교육계획(IEP)에 설정된 목표와 해당학급의 미술교육 활동을 비교분석하여 교사가 장애아동에게 미술교육 시간에 어떤 개별적인 교육목표를 가지고 지도할 것인가를 결정한다. 이러한 단계가 없으면 단지 통합시간에 조용히 앉아 있는 것만으로 통합교육이 잘 이루어졌다고 오해할 수 있으며, 아동에게는 별다른 교육적 유익이 돌아가지 않을 수 있기 때문이다. 둘째, 장애아동의 입장에서는 통합되는 시간에 긴장하게 되기 쉽고, 미술교육시간이 다른 교과시간에 비해 활동적인 시간이므로 자칫 산만하거나 공격적인 행동을 보일 수도 있다. 따라서 장애아동이 잘 적응할 수 있도록 행동관리 부분에 대한 계획도 미리 세워 두면 좋다. 셋째, 장애아동이 통합되기 전에 일반학급 아동들에게 통합될 장애아동에 대한 소개와 어떻게 미술시간에 도와줄 수 있는지 등에 대해 미리 알려주는 시간을 가지면 좋다. 미술시간에는 대개 신체적 보조가 많이 필요하기 때문에 또래 친구들이 좋은 보조교사가 될 수 있다.

이 외에도 계획된 미술교육 활동이 실패할 경우를 대비해서 예비 활동을 준비해 놓는 것도 좋다. 아동에 따라서는 짧고 한 단계만으로도 금방 결과를 볼 수 있는 것(예: 손 찍기)부터 시작하는 것이 필요한 경우도 있다.

3. 개별화 교육계획 작성을 위한 진단

미술교육 활동을 계획하기 위해 살펴볼 영역에는 동기, 행동, 기술 습득, 미적 표현, 감정 부분을 들 수 있다(Henley, 1992). 다음은 Henley가 제시한 각 영역별 진단방법에 대한 설명이다.

1) 동기

아동이 참여하고자 하는 마음이 없으면 교육 효과를 얻기가 어려우며, 미술교육 활동에 대한 저항이나 위축 또는 딴청을 부리는 등의 행동을 보일 수도 있다. 따라서 아동의 동기 부여 정도에 대해 교사가 파악하여 지도해야 한다. 〈표 2-1〉과 같은 체크리스트를 이용하여 간단히 알아볼 수 있고 표에 있는 표현들을 사용하여 교육계획이나 평가를 할

표 2-1 동기 부여의 정도에 대한 질문

아동의 이름:	날짜:
아동이 기꺼이 활동에 참여하려고 하는가?	(열정적, 협력적, 순종적, 흥미를 보임, 반대함, 위축됨, 저항함, 저항하지만 결국 따라함 등 그 외 _____)
아동이 활동의 각 단계를 스스로 시작하는가?	(스스로 개시함, 구어적 촉진이 필요함, 신체적 시범을 보여야 함, 관심을 많이 보여 주어야 함 등)
과제에 집중하는 정도는 어떠한가?	(혼자 몰두함, 잘 집중함, 지시에 따르옴, 주의산만함, 주의산만하지만 과제를 계속 수행함, 집착적임, 다시 지시를 해야 함 (_____분에 _____번 정도)
얼마 동안 미술재료나 기법, 주제를 바꾸지 않고도 흥미를 유지할 수 있는가?	120, 90, 60, 40, 20, 15, 10, 5(분)

수도 있다. 또한 동기의 정도를 점수화하고, 이를 지속적으로 측정하여 그래프로 만들어서 매주마다의 아동의 변화를 알아볼 수도 있다. 점수화를 할 때에는 5-매우 좋아함, 4-활동에 협력함, 3-수동적으로 따라옴, 2-가만히 있음, 1-저항함 등으로 만들어 볼 수 있다.

2) 행동

아동의 행동은 미술교육 수업에 많은 영향을 미친다. 아동 자신의 수업뿐 아니라 다른 학생들에게도 영향을 줄 수 있다. 평상시에 잘 따르던 아동이라도 미술수업 시간에 스트레스를 받는 경우가 생기면 다른 행동을 나타낼 수도 있다. 〈표 2-2〉와 같은 점검표를 통해 아동의 행동을 모니터할 수 있다.

표 2-2	행동을 알아보는 질문

아동의 이름:	날짜:

수업 시작 및 지시하는 시간의 행동
재료를 나누어 주는 시간의 행동
재료를 나누어 쓸 때의 행동
다른 사람에게 방해하지 않고
자신의 작업 영역에 머물러 있는 행동
사회적 상호작용할 때의 행동
감상/비평할 때의 행동
수업 후 정리할 때의 행동

〈번호 코드〉
7: 적절함: 독립적임
6: 적절함: 단서를 주면 독립적으로 함
5: 적절함: 감독과 구조화를 필요로 함
4: 수업을 방해함: 가끔 발생하며, 지시를 하면 협력함
3: 수업을 방해함: 따로 앉혀야 함
2 수업을 방해함: 자극이 적은 장소로 10, 15, 20분 혹은 남은 수업시간에 가 있어야 함
1: 수업을 방해함: 10, 15, 20, 30분 혹은 나머지 수업시간에 타임아웃이 필요함

그 외의 의견:

3) 기술 습득

미술교육과 관련된 기술 습득은 객관적인 영역이므로, 대부분 교사들은 수업목표에 맞는 기술목록 및 점검표를 만들어 아동의 수행을 체크한다. 해당 활동별로 과제 분석을

실시하여 점검표를 만드는 경우가 많다. 이때 아동의 준비 수준이나 사회성 면에서 필요한 부분도 확인하고 고려해야 한다. 아동의 현재 수행 수준에서 출발하여 각 미술교육 활동마다 아동에게 적합한 목표를 세분화하여 개발하면 기술 습득을 평가하는 기준이 될 수 있다.

그 외에도 미적 감상/표현, 아동의 정서적 상태 등도 진단 및 평가의 한 영역이 될 수 있다(Henley, 1992).

4. 수업 진행

미술의 본질적인 특성이자 장점은 즐거움을 느낄 수 있는 활동이라는 것이다. 새로운 것과 아름다운 것을 창조하고 표현하면서 즐거움을 느끼고 그런 과정 속에서 여러 가지를 또한 배우게 된다. 좋은 수업이란 아마도 이러한 본질적인 기쁨을 유지하도록 하면서 해당 수업의 교육목표를 성취하도록 지도하는 것이라고 생각한다.

1) 적절한 칭찬과 강화

교사의 언어 사용은 매우 중요하다. 무심코 교사가 아동에게 한 말로 인해 미술에 대해 자신감을 잃게 하거나 또는 큰 격려를 받을 수도 있다. 교사가 미술교육 시간에 하는 칭찬과 그 이외의 언어 사용에 대해 간단히 살펴보고자 한다.

지나친 칭찬의 문제점 ┊ 아동들의 미술활동을 격려하기 위해 교사가 무조건적이고 잘못된 칭찬을 하는 실수를 범할 때가 많다. "참 잘했구나."와 같은 칭찬을 거의 모든 작품에 대해 해 주게 되면 아동에게는 칭찬의 의미가 없어지게 되기 때문이다. 교사가 으레 하는 말 정도로 생각하게 되기 쉽고, 아무 거나 해도 칭찬한다고 생각할 수도 있다. 또한 가치판단적인 단어를 사용하는 것도 별로 바람직하지 않다(Koster, 2001). 아동이 상처받지 않도록 하기 위해 "그거 참 예쁘구나." "대단한데……." 등과 같은 칭찬을 잘하지 못한 작품에도 하게 되기 쉽고, 또 공평하게 하기 위해 학급의 모든 학생에게 하다 보면 결국 또 칭찬의 의미가 없어지게 되기 때문이다. 위축된 장애아동의 경우에는 칭찬하는 교사에게 너무 의존적이 되기도 한다. 예를 들어, 모든 일에 교사의 승인을 받으려고 "나 잘해요?" "이렇게 하는 거예요?"와 같은 질문을 계속 하기도 한다.

물론 장애아동들은 일반아동에 비해 더 많은 격려와 칭찬이 필요하다. 따라서 적절한 칭찬과 강화를 해 주는 것은 자신감이 약한 장애아동들에게 매우 중요한 교수방법이다. 그렇다면 보다 적절한 칭찬을 해 주기 위해서는 다음과 같이 보다 구체적이고 긍정적인 교사의 피드백을 주는 것이 바람직하다(Koster, 2001). 긍정적인 피드백은 아동에게 구체적으로 무엇을 잘했는지 말해 주는 것이다. 예를 들어, "잘 그렸구나."라고 하는 대신 "붓을 물통 가장자리에 닦으니까 물감이 안 떨어지는구나."라고 하는 것이다. 이런 구체적인 피드백을 주기 위해서는 교사가 어떤 미술 기술과 행동이 대상 아동에게 적절하고 능력에 맞는 일인지를 잘 알고 있어야 한다. 이런 긍정적인 피드백은 아동에게 자신감을 주며, 교사가 아동의 작은 행동에도 관심을 가지고 있음을 알게 해 준다.

긍정적 피드백을 주는 한 방법은 묘사적(descriptive) 표현을 사용하는 것이다. 묘사적 표현은 아동에게 자신의 행동에 대해 알게 하고, 교사는 한 활동에서도 각 아동에게 다른 코멘트를 할 수 있다. 예를 들어, 미술재료를 다루는 방법에 대해서 ("찰흙으로 긴 뱀을 만들고 있구나"), 다른 아동과 잘 협력하는 것에 대해서 ("풀을 짝과 나누어 쓰고 있구나"), 아동이 기울이는 노력에 대해서 ("공룡 프로젝트를 하느라고 지은이와 아주 오랫동안 하고 있구나") 말해 줄 수 있다. 이러한 묘사적 표현은 또한 미술적인 결정을 내리는 것에 대해서도 사용할 수 있다. 아동이 미술시간에 문제를 해결해 가는 단계에 대해 말해 줌으로써 아동이 자신의 행동을 인식하게 해 주는 것이다. 예를 들어, "오늘 콜라주에 쓰려고 세 가지 색깔 종이를 골랐구나."와 같이 "~를 선택했구나." "~를 찾았구나." 등과 같은 표현을 사용할 수 있다. 또한 아동의 작품에 나타난 선, 형태, 색깔, 질감, 대비, 패턴 등과 같은 미술적 개념에 대해 묘사해 줌으로써 언어적 강화뿐 아니라 어휘 발달에도 도움을 줄 수 있다.

2) 동기 유발

어려서부터 반복된 실패를 많이 경험하는 장애아동들은 미술시간에도 선뜻 동기 유발이 잘 안 될 수가 있다. 따라서 우선적으로 장애아동과의 라포를 형성하고 동기 부여가 될 수 있는 학습 분위기를 조성하는 것이 중요하다. 교사의 솔직함, 자신감, 민감함 등은 아동의 신뢰를 받기 위한 자질들이다. 라포 형성은 개별적인 과정이므로 아동마다 라포를 형성하는 데 걸리는 시간도 다르고, 방법도 달라질 수 있다. 자폐적 성향이 있는 아동은 시일이 오래 걸릴 수 있으므로 교사가 조급하게 생각하지 않는 것이 좋고, 교사와 같이 있는 것 자체를 받아들이도록 하는 것부터 시작해야 한다.

라포가 형성되면 학습 분위기 조성에 유의해야 한다. 미술시간에 결과인 작품 평가에

치중하면 아동들은 실험적인 시도나 창의적 노력을 하지 않게 되는데, 특히 장애아동은 실패의 경험 때문에 시도를 하지 않게 되기 쉽다. 따라서 자기표현과 기술 습득을 위한 과정으로서 이것저것을 시도해 보고 다시 해도 좋다는 것을 알 수 있도록 해 준다(예: 찰흙 놀이). 또한 아동이 잘 안 되고 어려워할 때, "자 이렇게 해 봐, 쉽지? 이거 쉬운 거야." 등과 같이 말하면, 격려하고자 하는 교사의 의도와 달리 잘 안 될 경우에 아동을 좌절하게 할 수 있고, 성취했더라도 쉬운 것이라고 들었기 때문에 성취감이 감소될 수 있다. 과정이 어렵다는 것을 말해 주고, 교사가 충분히 도와줄 것임을 말하거나, 결과보다 과정이 중요하다는 것을 강조하는 것이 더 바람직하다. 대부분의 장애아동에게 미술시간은 다양한 자극을 제공하는 시간이므로, 편안한 마음을 가지고 자신감을 쌓아 갈 수 있어야 한다.

　라포 형성과 학습 분위기 조성과 같은 기본적인 동기 부여의 방법 이외에도 다음과 같은 방법들을 사용할 수 있다.

　준거의 틀을 확장시킴 | 어느 한 가지에만 집착하는 아동의 경우 너무 요구적이지 않으면서도 흥미를 일으키는 자극적인 환경을 제공함으로써 아동의 사고의 범위를 넓혀 가도록 돕는다. 예를 들어, 새의 그림만 계속 그리는 자폐아동의 경우 대화를 통해 그 이외의 사물에 대한 흥미를 유도하거나, 허공만 응시하며 무엇을 그려야 할지 모르는 아동에게 지속적인 대화를 통해 아동이 일상생활에서 흥미 있어 하는 것을 찾아서 그리도록 하고, 점차로 그림의 대상을 넓혀 가도록 하는 경우가 해당된다. 앞의 두 번째 아동의 경우 처음에는 잔디 깎기를 좋아하여 잔디와 기계만 그리고 기계에 집착을 보이다가 나중에는 그림에 사람을 포함시키기 시작하였다(Henley, 1992). Henley(1992)는 또 정서 · 행동장애와 선택적 함묵증이 있는 아동의 사례를 들어, 처음부터 그림 그리기를 요구하지 않고, 처음에는 교사 옆의 좀 떨어진 자리에 앉아 있도록 권유하고, 얼마 후에 다른 아동들에게 동물에 대해 이야기하여, 해당 아동도 들을 수 있도록 한 후, 그림을 그려 보도록 종이를 주어서, 아동이 직접적으로 너무 요구를 당한다고 느끼지 않게 자연스럽게 흥미를 불러일으키도록 해야 한다고 하였다.

　자아상 개발 | 자신의 신체상에 대한 미술교육 활동을 하는 것은 아동의 동기 부여뿐 아니라, 개념 발달에도 좋다. 먼저 가벼운 신체 움직임(예: 목 돌리기, 손가락 흔들기 등)을 이용한 준비운동을 통해 주의집중 및 긴장 완화를 하도록 하고, 각 신체 부위에 대한 관

심도 가지도록 한다. 장애아동 중 신체에 이상이 있는 경우에는 해당 부분을 그림에서
무시하는 경향이 있으므로, 모델을 보고 그리게 하는 것도 한 방법이다. 또한 거울을 사
용하여 자신을 보고 그리도록 할 수도 있는데, 이는 행동 문제가 있는 경우에는 아주 긍
정적일 수도 있으나 매우 강한 자극에 속하므로 신체장애아동이나 자폐아동의 경우에는
아동의 특성에 따라 사용에 유의해야 한다. 아동 자신이 나오는 비디오테이프를 이용하
는 것도 동기 부여에 좋다.

보조물 사용 │ 아동이 점차로 실제적이고 성숙한 스타일을 시도하고자 할 때 풍부한
자극, 환경을 조성해 주는 것이 좋다. 이때 다양한 사물들을 보조물로 이용할 수 있는데,
대상 아동의 연령과 능력에 맞는 것을 선택하도록 한다. 또한 미적인 면도 겸하고 있어
서 너무 정형적인 물체가 되지 않도록 한다. 예를 들어, 말을 제시해 줄 때도 다양한 형
태와 포즈의 말을 보여 주면 말을 그리는 것에 대한 흥미도 생기고 틀에 박힌 말 그림을
보여 주는 것에서도 탈피할 수 있다. 보조물을 사용할 때에는 보고 그리는 모델의 의미
가 아니라 동기 부여의 측면이며, 아이디어 유도를 위한 것이기 때문에 "말이 어디로 갈
까?, 누가 탔나?" 등 대화와 질문을 통해 사고를 확장시키도록 한다.

기존의 미술품 사용 │ 아동의 사고의 틀을 확장해 주는 방법 중 하나로 기존의 미술품
을 사용할 수 있다. 이때 화가, 그림의 유형, 미술의 형태(조소, 그림 등) 등을 아동의 필
요에 맞게 선택해 주어야 한다. 기존의 미술품을 똑같이 모방하는 것이 목적이 아니라
동기 부여의 방법으로 사용하는 것을 말한다.

이야기, 신화 │ 아동을 위한 이야기나 신화 또는 아동 스스로의 이야기와 그림책을 만
드는 것 같은 미술교육 활동도 장애아동의 동기 부여를 위해 사용될 수 있다. 여러 가지
음악을 듣고 그리기도 좋은 활동이다.

미술재료를 이용함 │ 미술재료도 동기 부여를 위해 활용될 수 있다. 아동의 발달 수준,
신체능력, 정서적 스트레스 등을 고려하여 무슨 재료가 적절한가를 결정한다. 재료와 아
동 간의 매치가 잘 되어야 아동이 흥미를 가지고 미술활동에 임할 수 있고, 잘 맞지 않는
재료를 사용하도록 했을 경우에는 불필요한 실패나 좌절감을 가져올 수도 있다. 따라서
교사는 수채물감, 포스터컬러, 파스텔, 크레파스 등 다양한 미술재료의 특성을 파악하

> **활동 예 1) 해리 포터 이야기를 들려주고 호그와트 비밀지도 만들기**
>
> 눈에 보이지 않지만 교실 어딘가 존재하는 비밀통로에 대해 상상하면서 자유롭게 지도를 완성해 보도록 한다.
>
>

고 활용하도록 해야 한다.

〈표 2-3〉은 Guay(1993)가 장애아동의 미술교육을 계획하고 실행할 때 교사가 스스로 점검해 보아야 할 점들을 제시한 것이다. 세로축에 제시된 장애아동의 특성에 따라 가로축에 제시된 영역들이 어떤 식으로 점검될 수 있는지 정리되어 있다.

표 2-3   미술교육 교수-학습 환경을 위한 교사 자기 점검 항목

교사의 점검 영역 〳 학생의 장애 특성	교수-학습 환경				
	다음과 같은 점들에서 장애아동을 어떻게 도울 수 있을 것인가?	학급의 또래들이 다음과 같은 것들을 잘하도록 어떻게 지도할 것인가?	다음과 같은 환경을 어떻게 조성할 것인가?	다음과 같은 교육 내용/교안을 어떻게 구성할 것인가?	미술교사로서 나는 다음과 같은 점들을 준수했는가?
인지/학업적 문제가 있는 경우	• 스스로 창의적인 문제해결방법을 찾을 수 있도록 • 효과적인 학습 전략을 사용할 수 있도록 • 성공을 경험할 수 있도록	• 장애학생과 협력적인 그룹으로 활동할 수 있도록 • 미술과정 시범을 보여 줄 수 있도록 • 장애아동과의 사소통할 수 있도록	• 다양한 개념의 예를 보여 줄 수 있는 전시가 되도록 • 일상생활에서의 미술을 보여 줄 수 있는 전시가 되도록 • 상호작용을 촉진하는 전시가 될 수 있도록	• 다양한 감각을 사용할 수 있도록 • 다양한 재료를 사용하여 표현할 수 있도록 • 대안적인 방법을 제시할 수 있도록 • 융통성 있고 수정 가능하도록	• 긍정적으로 장애아동을 지원했는가? • 장애아동의 필요를 부모와 교사에게 잘 전달했는가? • 장애아동의 강점과 과제의 요구 정도에 대해 조사했는가?
행동문제가 있는 경우	• 자기 행동을 모니터링할 수 있도록	• 차이를 존중할 수 있도록	• 통합 참여를 촉진할 수 있도록	• 학생의 흥미를 반영하도록	• 장애아동과 행동지도에 대해 더 배웠는가?

	• 또래의 행동 모델을 따를 수 있도록 • 생각이나 감정을 나눌 수 있도록 • 규칙을 이해하고 따를 수 있도록	• 적절한 행동의 모델이 되도록 • 협력적으로 행동하도록 • 장애아동의 부적절한 행동을 무시할 수 있도록 • 학급 규칙을 따르도록	• 산만함을 줄일 수 있도록 • 잘 구조화되어서 쉽게 찾을 수 있도록 • 비경쟁적이고 협력적일 수 있도록	• 발달적으로, 창의성면에서 적절하도록 • 할 수 있을 만한 단위로 구조화되어 있도록 • 좌절감을 일으키지 않을 재료를 사용하도록	• 과제가 완성되는 한도에서 충분히 선택의 기회를 주었는가? • 비경쟁적이고 협력적인 환경을 만들었는가?
동기 및 주의집중의 문제가 있는 경우	• 개인적인 목표를 세울 수 있도록 • 과제수행행동을 체계적으로 점검할 수 있도록	• 자신의 작업에 주의를 집중하도록 • 적절한 때 자신의 생각을 나눌 수 있도록	• 장애아동의 미술작품을 존중하도록 • 최대한 학습할 수 있도록 개별화되도록	• 동기를 유발할 수 있는 게임을 포함하도록 • 비디오, 영화, 시각적 자료, 미술작품 등을 포함하도록	• 긍정적인 진단체계를 만들었는가? • 피드백을 신속히 주었는가? • 효율적인 학습이 되도록 내용을 조직하였는가?
신체적, 협응의 문제가 있는 경우	• 일과(routine)에 참여할 수 있도록 • 자신을 위해 재료를 수정할 수 있도록 • 부분 참여할 수 있도록 • 친구에게 도움을 청할 수 있도록	• 필요할 때 도움을 줄 수 있도록 • 긍정적으로 의사소통할 수 있도록	• 양질의 도구를 제공하도록 • 미술재료, 개수대, 정리함 등에 잘 접근할 수 있도록 • 자유롭게 이동할 수 있도록	• 다양한 재료를 사용하도록 • 수정된 도구를 사용하여 성취할 수 있도록 • 대근육을 사용하는 경험을 할 수 있도록	• 도구를 적절히 창의적으로 잘 수정하였는가? • 장애아동의 기술과 교육과정의 요구에 대해 잘 조사하였는가? • 접근성을 잘 분석하였는가?
감각의 문제가 있는 경우	• 자신의 공간을 관리할 수 있도록 • 도움이 필요할 때 말할 수 있도록 • 가능하면 자신을 위해 필요한 수정을 할 수 있도록	• 요청할 때 도움을 줄 수 있도록 • 장애아동과 의사소통할 수 있도록	• 시각과 청각을 최대화할 수 있도록 • 선호감각과 비선호감각을 조절할 수 있도록	• 잔존감각이나 좋은 감각을 사용할 수 있도록	• 의사소통을 끌어냈는가? • 장애아동의 감각적 장점을 잘 이용했는가? • 촉각/시각을 사용한 모델을 제시했는가?

5. 발표 및 감상, 진열하기

미술작품을 완성한 후에는 각자의 작품을 다른 아동들이나 교사에게 설명하고, 다른 아동의 작품을 감상하고 의견을 나누는 시간을 갖는 것이 좋다. 자신의 작품에 대하여 말로 표현하고 질문에 대답하는 과정을 통해 다른 사람과의 의사소통을 연습할 수 있고 자신감을 키울 수 있으며, 교사나 또래의 피드백을 통해 의사소통능력을 발달시킬 수 있다. 또한 다른 학생의 미술작품을 감상하고, 설명에 주의집중하여 듣는 훈련을 통해 주의집중력 향상 및 타인에 대한 배려, 듣기 이해력 증진, 차례 지켜 말하기 등과 같이 다양한 교육적 효과도 얻을 수 있다. 대부분의 장애 학생들이 자신의 생각을 남에게 잘 전달하고 대화를 나누는 능력에 지체가 있으므로 이렇게 교육활동 속에 삽입된 의사소통지도 기회를 잘 활용하는 것이 중요하다.

아동들의 미술작품을 잘 전시하는 것도 중요한데, 그 이유는 전시할 만한 미적 가치가 있기도 하며, 또한 교육의 연장이 되기도 하기 때문이다. 대부분 유사한 주제의 미술작품들을 모아서 전시하게 되는데, 이는 보는 사람에게 해당 주제 대한 인식을 높일 수 있는 유용한 전시가 된다. 또한 아동들은 자신의 작품이 전시된 교실이나 학교 복도를 보면서 학교에 대한 긍정적인 태도를 키울 수 있다. 그뿐만 아니라 아동 미술작품의 전시는 자칫 메마르기 쉬운 학교 환경을 장식하는 측면도 있다.

미술작품을 전시할 때는 너무 혼잡하게 밀집시켜서 전시하지 않도록 하며, 적절한 배경이나 틀을 사용하여 작품이 잘 드러날 수 있도록 하고, 제목을 달아 준다. 너무 교실의 여러 공간에 주렁주렁 전시하면 산만해지거나 교실의 기능성을 저해하게 되기도 하므로, 유의하고(예: 창문에 너무 많이 붙여 놓아서 어두워지게 되는 경우), 너무 오래 전시하지 않고 2~3주에 한 번씩은 바꾸어 주도록 한다. 전시된 작품들은 수시로 교사가 다른 수업시간에도 통합적으로 수업 주제에 맞게 활용할 수도 있다(Hurwitz & Day, 2001).

제2절 장애유형별 미술지도 방법

미술지도 시 장애 전반에 대한 이해와 유형별 특성에 대한 차별화된 지원방법이 필요하다. 먼저 전반적인 장애아동의 미술표현 활동 특징을 살펴보면 다음과 같다.

(1) 성장의 속도는 느리지만 정상적인 발달 패턴을 보여 준다.

(2) 그리기나 만들기에서 단조롭고 원시적인 형태를 갖춘다.

(3) 주제에 고착적이고 반복적인 형태의 표현을 자주 한다.

(4) 공간의 전체적인 특성에 주목하기 어렵다.

(5) 촉각적인 형태의 경험에 치우치는 경향이 있다.

　　　－ 표현 공간에 있어서 자기 실체를 기준으로 한다.

　　　－ 입체적 표현에서 분해되고 통일성 없는 부분적인 방법을 사용한다.

　　　－ 그림에서 공간의 깊이감이 결여되어 있다.

　　　－ 특정 경험을 감정적으로 과장, 누락, 왜곡하기도 한다.

　　　－ 색채를 감정적으로 사용하기도 한다.

　　　－ 감각적인 의식을 표현하기도 한다.

이에 따라 교사는 형태나 공간에 대해 예민하게 지도하고, 자아나 환경에 대한 지적 개념을 확장할 수 있도록 지도하는 것이 필요하다. 아울러 사회적인 접촉을 넓히고 의사 소통의 어려움을 극복할 수 있도록 미술교육 맥락을 활용하며, 작품을 아동의 심상 표현 으로 내면적 정서를 이해하는 도구로 활용할 수 있다. 미술수업 활동을 계획할 때는 대 상학생을 생각하면서 미리 수행해 보아 과제 분석이나 안전문제, 소요시간, 난이도 등을 점검하여 수업의 실제에서 보다 효과적인 지도가 이루어지는 것도 필요하다.

이와 같은 보편적인 지도방법 외에 지적장애, 정서·행동장애, 시각장애 등 장애유형 별 독특한 특성에 따라 미술교육을 할 때의 목표 및 유의점, 지도 방법이 약간씩 달라진 다. 세부적인 사항은 뒤의 각 장애 영역별 장에서 설명되며, 여기에서는 간단하게 중요 한 점들을 제시하였다.

1. 정서·행동장애

정서·행동장애아동을 위한 좋은 학습 환경을 구성하기 위해서는 다음과 같은 사항 들이 중요하다.

1) 학급 운영/관리

정서·행동장애아동의 특성을 고려하여 수용적이면서도 잘 구조화되어 있고 통제되는 학급이 되도록 운영해야 한다. 아동의 좌절이나 혼돈을 최소화하도록 환경을 구성하는 것이 좋다. 그렇지 않으면 아동의 감정이 폭발하는 텐트럼을 보이기 쉽기 때문이다. 재료를 충분히 준비하여 부족하지 않도록 하고 쉽게 찾아 사용할 수 있도록 이름을 붙여 정리해 놓는 것도 한 가지 방법이다. 또한 미술시간의 학급의 규칙을 수업 시작 또는 학기 초에 확실하게 가르치고 이행하도록 하는 것도 학급운영의 좋은 방법이다. 예를 들면, 준비물 준비 → 작업 → 정리하기와 같은 일련의 과정에 대한 것이나, 쉬는 시간의 제한이나 나누어 쓰기에 관한 규정 등이다. 규칙이 정해지면 받아들이고 따르도록 하는 것도 정서·행동장애아동에게는 중요한 교육활동이 된다. 또한 미술시간에 규칙을 잘 준수하였을 때 아동의 관심사와 흥미를 고려하여 여러 가지 활동 중에서 좋아하는 활동을 선택하는 강화를 제공하여 학습효과를 지속할 수 있다.

활동 강화판 제시

2) 행동수정 방법의 적절한 사용

수정 방법을 미술 수업 시간에 적용하여 아동의 적절한 행동을 강화하고, 부적절한 행동을 감소시키는 것은 미술 학습을 위한 기초가 된다. 다른 장애아동이나 일반아동에게도 이러한 행동수정 방법은 좋은 교수방법이 될 수 있으나, 특히 행동 문제가 심한 정서·행동장애아동을 가르칠 때는 교사가 반드시 숙지하고 있어야 한다. 주요한 개념으로는 바람직한 행동을 증가시키는 강화를 제공하는 방법으로서 어떤 자극을 제공하는 정적 강화와 싫어하는 것을 없애 주는 부적 강화, 또한 토큰의 사용, 문제행동의 선행사

건과 후속사건을 체계적으로 분석하는 기능적 행동 분석 방법 등이 있다(이소현, 박은혜, 2011).

3) 적절한 제한 설정

아동이 미리 합의된 것에 대해서는 받아들이는 것을 배울 수 있도록 하기 위해 어느 정도의 제한을 두고 이를 지키는 것을 연습하도록 한다. 이때 아동이 직접 이러한 제한을 설정하는 단계에 참여하게 하면 이를 지키는 것을 더 잘 이행하게 할 수 있다. 예를 들어, 미술시간의 길이(예: 시간이 끝났는데도 계속 하고 싶어 할 수 있음), 선택할 수 있는 재료 등에 대해 아동이 원한다고 무조건 들어주기보다 적절한 수준으로 제한하고 이에 대해 아동이 참을성과 수용성을 길러 가도록 하는 것이다.

4) 적절한 활동의 선택

초기에는 한 시간 내에 혹은 그 전에라도 마칠 수 있는 미술활동을 선택하여 성취감과 성공감을 느낄 수 있도록 하는 것이 좋다. 활동에 드는 시간뿐 아니라 활동의 복잡성 면에서도 필요한 단계의 수나 활동 자체의 성격에 있어서 적절한 것을 선택하도록 한다. 예를 들어, 콜라주는 여러 단계로 되어 있지만 수채화보다 덜 복잡하게 느낄 수 있다. 또한 지루하게 느끼지 않고 연습할 수 있도록 하기 위해 재료의 변화를 주기도 한다. 즉, 아동의 수준에 맞는 적절한 난이도와 생활연령에 적합하도록 노력해야 한다.

5) 교사의 자질

정서장애아동의 미술교육을 담당하는 교사는 이해성, 민감성, 융통성, 인내심 등 다양한 능력이 필요하다. 아동의 거부나 반항에 대한 포용력과 참을성이 요구되는 반면, 아동의 필요를 파악하여 문제행동이나 감정의 폭발이 나타나기 전에 조기 중재를 하는 것도 매우 중요한 능력이다. 예를 들어, 아동이 하고 있는 미술활동에 흥미를 잃거나 좌절감이 쌓이고 있을 때 빨리 이를 파악하고 대처한다면 문제를 예방할 수 있을 것이다.

◆ 미술재료 및 활동의 선택

미술재료는 수채물감이나 핑거페인트 등 액체성 재료와 찰흙, 나무 등의 고체성 재료가 있다. 재료에 대한 통제력을 잃으면 불안해지는 아동은 액체성 재료를 싫어하는 경향이 있다. 그런 경우에는 초기에는 물감을 이용하지 않고 연필이나 사인펜, 크레파스 등 사용하기 쉬운 재료를 제공하는 것이 더 낫다. 또한 고체성 재료 중 찰흙을 사용하거나 사포에 분필로 그리기 등 촉각적 느낌이 강한 재료의 경우 아동이 산만하거나 과잉행동 등을 하게 되기도 하므로, 처음 시도 때 유의해서 관찰하고 계속 사용할지 여부를 결정하는 것이 좋다.

불안하거나 위축된 정서장애아동의 경우에는 어떤 미술활동을 제공해 주느냐에 따라 활동에의 참여 여부가 달라질 수도 있다. 예를 들어, 백지에 그림을 그리라고 하면 무엇을 해야 할지를 모르거나, 겁이 나서 시작을 하지 못할 수도 있다. 이런 경우에는 시각적 단서를 이용하여 시작하는 것을 도와줄 수 있다. 예를 들면, 머리만 그려 놓음으로써 시각적 연상을 유도하고, 두려움을 감소시켜 줄 수 있다. 콜라주 같은 활동도 어느 정도 실패에 대한 두려움을 감소시킨다.

2. 지적장애

지적장애가 있는 아동은 일반적으로 새 재료에 익숙해지는 데 시간이 많이 걸리고, 작은 것도 모두 세세히 설명하여 주고 시범을 보이는 등 많은 격려와 지도가 필요하다. 작은 단계로 나누어 지도하거나 쉬운 것에서 어려운 것으로 점진적으로 변화시켜 가는 것이 좋다. 충분한 반복과 연습시간을 주고, 아는 기술이나 개념에 덧붙여 배워 가도록 하는 것이 좋다.

중등도 지적장애아동의 경우 미술관련 기술이나 지식이 유치원 수준에 머무는 경우가 많으므로 감각 지각, 대소근육 운동, 기본적 미술기술(예: 미술자료의 적절한 사용법 등)에 강조를 두어 지도한다. 미술 시간에 새롭게 제시되는 단어는 구체적인 활동을 통해 학습하도록 하며, 이미 익힌 단어에 대한 반복학습이 중요하다. 중등도 지적장애아동의 경우 미술매체에 대한 선택의 폭을 너무 넓게 제공할 때, 아동들이 좌절감을 경험할 수 있으므로 크레파스 색을 제한하는 것과 같이 선택의 여지를 제한하는 것도 필요하다. 단, 대상 아동의 연령이 많을 경우에는, 재료나 활동의 선택, 교사의 태도나 지시 등에서 생활연령에 비해 너무 어린 아동을 대하듯이 하는 일이 없도록 유의해야 한다.

전체적으로 미술교육 활동시간을 짧게 잡아서 아동이 지루해하거나 주의가 산만해지

〈그림그리기〉

사인펜	크레파스	색연필	종이
연필	지우개	색종이	보드마커

그림 그리는 활동 시 필요한 재료를 선택하게 한다

〈만들기〉

플레이도우	테이프	딱풀	가위
종이접기	스티커	구슬	종이

만들기 활동 시 필요한 재료를 선택하게 한다

지 않도록 하는 것이 좋으며, 재료의 특징(예: 모양, 색깔 질감 등)이나 재료 사용법에 익숙해질 수 있도록 충분한 시간을 주도록 한다. 한 번에 한 가지씩 가르치고 아동이 선택할 수 있는 폭을 주어서 아동의 자신감을 키워 주는 것이 좋다.

어느 정도 형태의 표상능력이 있으면 자신의 몸에 대해 알고 그리도록 시도하는 것도 좋다. 간단한 동기유발이 미술교육에 영향을 크게 줄 수 있으므로, 고통스러웠던 체험, 즐거웠던 경험(치과, 감기, 손 다친 것 등) 등을 통해 동기 부여의 기회로 삼을 수도 있다.

장애의 정도가 매우 심한 지적장애아동의 경우에는 미술교육의 목적이 재료의 조작을 통해 감각, 지각 및 운동능력을 향상시키는 것이 되기도 한다. 이들은 계속 난화기(scribbling) 단계에 머무를 수도 있으며, 교사의 시범 보이기와 직접 신체적으로 도와주는 보조가 많이 필요하다. 찰흙을 사용하는 경우 그냥 두드리거나 탐색하는 것에서 나아가 입체성을 가지도록 만드는 단계까지 교수하는 것을 목표로 하거나 또는 작업에 아동의 의도가 들어가도록 지도하는 것 자체에서 의미를 찾을 수도 있다.

● 찰흙놀이 활동 예

– 탐색활동

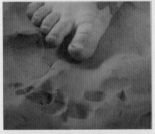 

찰흙이랑 대화하기
촉각 – 부드러워, 말랑말랑, 차가워?   시각 – 똥 같아. 똥색이야
후각 – 흙냄새, 아무 냄새도 안나?   청각 – 툭툭, 탁탁, 쿵쿵?

– 활동 및 조작 단계
- 아동과 눈맞춤하며 재료 나누어 주기
- 쟁반에 물과 찰흙을 주고 섞기 (손가락으로 시작하여 손 전체 사용)
- 아동의 손동작을 언어화해 주기 (주물럭 주물럭, 꾸욱 꾸욱 등)

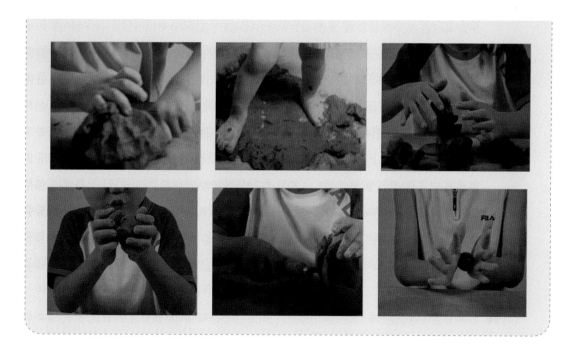

　　교사는 미술교육을 계획하는 데 있어 아동의 정신연령(M.A)과 생활연령(C.A)을 고려하여 적절한 활동을 계획하는 것이 필요하며 미술교육을 통해 아동들의 사회적 기술이 형성되도록 촉진하는 것이 필요하다. 또한 미술교육시간 동안 준비물 챙기기, 선생님에게 귀 기울이기, 작업시간, 청소하기, 작품에 대해 서로 이야기하기, 손 씻고 정리하기 등과 같이 일관성 있는 수업규칙을 형성하도록 하며, 기본적인 기술을 교수하기 위해 과제 분석과 행동수정 방법을 사용할 수 있다. 이때 언어적으로만 전달을 하면 진행 과정을 잊기 쉬우므로 가능한 체계적인 활동을 순서도나 시각적 스케줄과 같이 그림자료로 제시하는 것이 좋다. 순서도나 시각적 스케줄은 보조 칠판이나 활동 영역 게시판 등을 이용해 수업 중 언제라도 아동이 안내를 보고 순서를 확인할 수 있도록 돕는 것이 좋다.

손 씻어요	씻어요	비누칠해요	닦기	닦아요

미술 정리활동 지도: 그림을 활용한 시각적 스케줄

3. 지체장애

지체장애아동은 그 정도와 유형이 매우 다양하다. 선천적이고 팔과 다리가 모두 마비되어 움직이지 못하는 경우도 있는 반면, 교통사고로 인해 후천적으로 다리를 못 쓰게되는 경우도 있다. 전자의 경우에 해당하는 뇌성마비아동들은 인지적 장애를 함께 가지고 있는 경우가 많기 때문에 미술교육 활동을 계획할 때 신체적인 난이도뿐 아니라 인지적인 면도 함께 고려해야 한다. 후천적으로 신체의 장애를 가지게 될 경우에는 대부분의 장애가 쉽게 눈에 보이고, 아동이 자신의 장애를 받아들이지 못해서 문제가 있을수 있다.

1) 지체장애아동의 미술 표현

지체장애아동은 자신의 신체상(body image)에 문제를 보이는 경우가 많으며, 그러한 신체상의 표현을 통해 아동의 정서적 상태를 알 수 있다(Uhlin & DeChiara, 1984). 자신의 신체 중 기능이나 감각에 문제가 있는 신체 부분을 왜곡해서 표현하는 경향이 있으며, 이때 실제로 장애가 얼마나 있는가 하는 것과 함께 아동 자신이 본인의 장애를 수용 또는 거부하는 것도 그림에 영향을 준다고 한다. 예를 들면, 사고로 인해 왼쪽 다리의 감각을 잃은 아동이 자신의 신체에 대한 그림에서 왼쪽 다리를 빼고 그리거나 약간 다르게 표현하는 경우를 들 수 있다.

장애아동의 미술교육에 관심을 가졌던 Lowenfeld(1947)가 이러한 지체장애 학생들의 신체표현을 인식한 초기 인물이다. 일반아동들도 어느 정도의 과장이나 왜곡된 신체표현을 한다는 점을 생각하면, 이러한 과장이나 왜곡 등이 일관되게 나타날 때 지체장애로 인한 왜곡된 신체표현이라고 볼 수 있다. 이러한 지체장애아동의 자신의 신체상그리기(self-portrait) 연구에서 중요한 또 한 가지는 이들이 자신이 아닌 일반적인 사람을 그릴 때는 약 94%가 정상적인 그림을 그리는 반면, 자기 자신의 신체를 그리는 그림에서는 자신의 장애를 왜곡, 생략, 대치 등을 통해 드러내는 경우가 약 72%에 이른다는점이다.

2) 미술 프로그램 방법

지체장애아동들은 장애의 정도도 다양하고, 신체적인 장애의 종류도 매우 다양하기 때문에 매우 개별화된 미술교육 프로그램이 필요하다. 예를 들면, 미술교육에서 중요한,

두 손을 사용하는 상지 사용 능력이라든가, 시지각 능력 등에 있어서 개인차가 심하기 때문에 획일적인 접근을 하기가 어렵다.

지체장애아동을 지도할 때 가장 유의할 점은 독립심과 자신감을 주도록 한다는 것이다. 신체적인 장애로 인해 어렸을 때부터 다른 사람의 도움을 많이 받아 온 지체장애아동들은 학습된 무기력(learned helplessness)을 가지고 있을 가능성이 많고, 스스로 하고자 하는 의욕이나 자신감이 부족하기가 쉽다. 따라서 많은 도움 없이도 스스로 할 수 있는 각종 보조도구 및 전략을 사용함으로써 미술교육 활동을 통해 아동이 성취감을 느끼고, 독립심과 자신감을 가지도록 하는 것이 매우 중요하다.

제6장에서 지체장애아동들을 위한 미술교육에 대해 보다 구체적으로 설명되겠지만, 지체장애아동을 위한 미술교육 활동을 계획할 때 유의할 점들을 간략히 적어 보면 다음과 같다.

- 감각 지각 능력을 자극하도록 한다.
- 미술도구나 재료를 사용하는 조작능력을 증진시키도록 한다.
- 시각적, 촉각적, 근육감각적 경험을 통해 신체 인식을 증진시키도록 한다.
- 손을 사용할 수 있는 아동의 경우, 눈-손 협응, 손가락, 손의 근력 향상을 도울 수 있도록 한다.
- 다양한 미술재료 및 활동을 아동이 참여할 수 있는 방법으로 소개한다.
- 미술도구를 사용할 수 있는 대안적 방법을 고안한다.
- 시각적인 미술을 통해 자신의 느낌, 생각, 경험을 표현할 수 있는 능력을 기른다.

지체장애아동을 위한 미술교육 방법에서는 아동의 능력에 맞도록 적절하게 활동을 수정해 주는 것이 매우 중요하다. 미술활동에 접근하는 관점이 특정한 테크닉을 가르치고자 하는 것보다는 어떤 개념을 가르치고자 하는가 하는 점이 더 중시되어야 한다. 미술활동별로 수정하는 예를 들어 보면 다음과 같다. 첫째, 그리기(drawing) 활동에서는 연필, 크레파스 등과 같이 쉽게 잡을 수 있는 재료를 주고, 붓과 같이 손잡이가 가는 경우에는 손으로 잡는 부분에 스티로폼 등을 붙여서 굵게 해 주어 잡기 쉽도록 할 수 있다. 매직이나 사인펜은 누르는 힘이 약해도 쉽게 그려지므로 손의 힘이 약한 아동에게 성취감을 주는 재료가 될 수 있다. 그 외에도 입으로 물고 그리거나, 머리띠나 헬멧에 붙여서 사용하기도 한다. 종이는 양면테이프 등으로 책상에 고정시키면 좋고 충분히 큰 것을 사

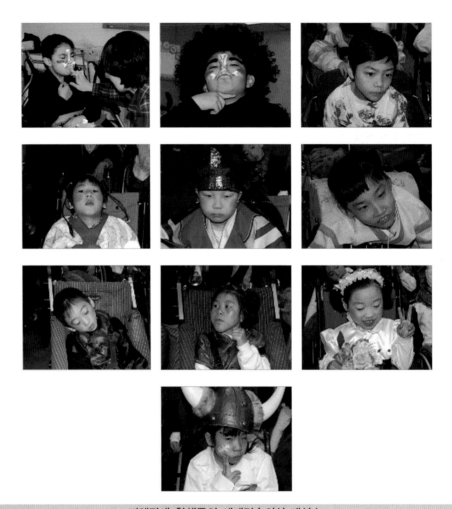

지체장애 학생들의 세계민속의상 패션쇼

용하도록 한다. 최근에는 장애아동용 스위치나 마우스를 이용한 컴퓨터 그리기 프로그
램을 지체장애아동의 미술교육에 이용하기도 한다. 둘째, 물감으로 그리기(painting)의
경우, 물감통이나 팔레트를 고정시키거나 무겁게 하여 잘못 건드려도 넘어지지 않도록
하면 좋다. 움직임이 자유롭지 않은 뇌성마비아동들은 의도하지 않은 움직임으로 쳐서
넘어뜨리기 쉽기 때문이다. 셋째, 오리기, 붙이기, 찢기 등과 같이 지체장애아동이 혼자
손쉽게 하기 어려운 작업은 또래와 함께 공동작업으로 하게 할 수 있다. 또는 미리 풀을
바탕종이에 칠해 놓고 아동이 그냥 붙이기만 하면 되도록 할 수도 있고, 종이를 미리 찢
거나 오려 놓을 수도 있다. 항상 교사가 미리 활동을 해 보고 어떤 기술과 운동능력이 필
요한지 분석하는 것이 필수적이다. 이와 함께 지체장애아동이 자신의 신체에 대해 긍정
적인 인식을 가질 수 있도록 자신의 신체를 미술의 소재로 하여 바디페인팅 등을 활용한

역할극 활동에 참여할 수 있다. 아래는 지체장애 학생들이 다양한 나라의 민속 의상과 분장을 하고 그 나라의 민속 음악에 맞춰 활동에 참여한 예다.

지체장애아동을 위한 미술교육을 할 때에는 환경도 중요하다. 활동 공간이 충분히 넓어야 하는데, 이는 휠체어나 목발로 움직일 수 있는 공간이 필요하기 때문이기도 하고, 상지의 동작이 자유롭지 못하기 때문에 더 넓은 공간이 필요하기 때문이기도 하다. 또한 박물관 등을 견학하고자 할 때에는 미리 가고자 하는 곳의 장애인용 편의시설(예: 경사로, 엘리베이터, 장애인용 화장실 등)을 점검하여 건축물적 접근성(architectural accessibility)이 충분한지 확인하도록 한다.

 # 제3절 미술활동 지도 시의 고려점

지금까지 설명한 장애아동 미술교육의 전반적 교수방법 이외에 간략히 몇 가지를 더 강조하고자 한다. 다음에 나오는 내용은 장애아동에게 미술교육을 실시할 때 교사들이 반드시 고려하고 점검해야 할 사항들을 간단히 정리한 것이다.

1. 미술교육과 타 교과와의 연계

대부분의 장애아동들은 학습 속도가 느리기 때문에 수업 시간을 효율적으로 운영하여 학습효과를 높이는 것이 중요하다. 또한 미술교육의 특성상 다른 교과와의 연계적인 학습이 가능하고 바람직하기 때문에 교육 계획을 세울 때부터 아동의 특성 및 미술교육 활동의 특성에 맞도록 다른 교과 영역과 연계하여 학습을 지도할 수 있도록 하는 것이 좋다.

2. 개별화된 미술교육 목표

장애아동 교육의 가장 중요한 핵심은 아동의 개별적인 특성에 맞도록 교육을 실시한다는 "개별화 교육"의 개념이다. 주요 교과가 아닌 예체능활동에 해당되는 미술은 자칫 이러한 개별화 교육의 틀을 따르지 않아도 된다고 생각하기 쉬우나, 미술교육 역시 각

장애아동의 특성과 능력에 맞도록 개별화된 수업이 이루어져야 하며, 이를 위해서는 개별화된 미술교육 목표를 가지고 있어야 한다. 개별적인 미술교육 목표를 가지고 있을 때 미술교육 활동이 산발적이 되지 않으며, 다른 교과 영역과의 연계적인 계획을 세울 때도 어느 정도의 기준이 될 수 있다.

3. 통합된 미술교육 시간의 내실화

장애아동의 통합교육이 우리나라에서도 점차로 확산되는 가운데, 통합교육은 주로 예체능 교과, 특히 미술시간에 많이 이루어진다고 보고되었다(방명애, 백운국, 2000). 통합된 미술교육시간을 담당하고 있는 교사들에게 장애아동의 통합된 미술교육시간에 대한 지원 및 인식을 조사한 이은미(2002)의 연구에 의하면 대부분의 미술 담당교사는 장애아동으로 인해 어려움을 겪고 있으며, 장애아동을 위한 미술교수전략에 대한 지식이 부족한 것으로 나타났고, 통합학급교사, 특수학급교사로의 지원이 필요한 것으로 나타났다. 따라서 통합 미술시간의 질적 향상을 위해 미술교사, 특수학급교사, 통합학급교사가 서로 협력해야 할 필요가 있으며, 단순한 물리적 통합 수준 이상의 내실 있는 미술 통합시간이 되도록 하기 위한 노력이 필요하다.

4. 장애아동의 능력에 대한 제한적인 사고 탈피

장애아동에 대한 이해가 깊지 않은 교사들 중에는 아동의 능력을 과소평가하여 미술교육 활동을 선정할 때에도 매우 제한적인 활동만 제공하는 경우가 가끔 있다. 그러나 장애아동들도 다양한 미술교육 활동을 접할 필요가 있으며, 앞에서 설명한 것처럼 교사의 창의적인 노력과 교수방법적 수정을 통해 일반적으로 생각하는 것보다 많은 미술교육 활동에 능동적으로 참여할 수 있다. 따라서 장애아동이기 때문에 제한하는 사고보다는 무엇이 필요한지에 기초하여 가능한 많은 미술교육 활동에 참여할 수 있도록 노력해야 한다.

5. 미술활동의 난이도 조절

모든 아동이 그렇듯이, 장애아동들도 지나치게 과제가 어렵거나 쉬우면 과제에 대한 홍미를 잃거나, 완성한 후에도 성취감을 느끼지 못할 수 있다. 아동 스스로의 어느 정도의 노력과 적당한 수준의 교사/또래의 도움이 있으면, 완성할 수 있는 수준으로 미술교육 활동의 난이도 및 복잡성을 조절해 주는 것이 바람직하다. 이렇게 개별적으로 요구되는 활동의 조절을 교실의 집단 수업 환경에서 해 주어야 한다는 것이 교사로서 가지는 어려움이며, 또한 적절한 수준을 결정하기 위해서는 아동에 대한 파악이 잘 되어 있어야 한다는 점이 중요하다.

6. 친구와의 상호작용 장려: 사회성 기술 교수의 기회

미술교육과 연계하여 가르칠 수 있는 여러 영역 중 장애아동에게 아주 중요한 부분이 사회성 부분이다. 따라서 미술교육 시간에 또래 친구들과의 상호작용을 자연스럽게, 적절하게 연습할 수 있도록 기회를 많이 만들어 주고, 필요하다면 신체적·언어적 도움을 주어서 자연스러운 실제 상황 안에서 사회적 기술을 습득, 연습할 수 있도록 해 주는 것이 매우 중요하다. 친구와 대화하기, 도움 요청하기, 도움받은 후 고맙다고 말하기, 재료 나누어 쓰기 등 여러 가지 행동이 여기에 포함될 수 있다.

참·고·문·헌

교육과학기술부(2013). 특수교육 기본 교육과정 미술 교사용 지도서. 교육과학기술부.
방명애, 백운국(2000). 특수학급 아동의 교육적 통합을 위한 교수전략의 사용과 지원의 효과에 대한 교사의 인식. 특수교육연구, 7, 89-112.
이소현, 박은혜(2011). 특수아동교육: 일반학급 교사를 위한 통합교육 지침서(3판). 서울: 학지사.
이은미(2002). 장애아동 미술통합수업 담당교사의 지원 요구: 서울시 공립초등학교를 중심으로. 이화여자대학교 석사학위 청구논문.
한국보완대체의사소통 중재 프로토콜(2014). 보완대체의사소통 기기 중재 서비스 개발연구보고서 부록. 보건복지부.

Guay, D. (1993). Cross-site analysis of teaching practices: Visual art education with students experiencing disabilities. *Studies in Art Education, 34*(4), 61.
Henley, D. R. (1992). *Exceptional children: Exceptional art.* Worcester, MA: Davis

Publications.

Koster, J. B. (2001). *Growing artists: Teaching arts to young children* (2nd ed.). Albany, NY: Delmar.

Hurwitz, A., & Day, M. (2001). *Children and their art: Methods for the elementary school* (7th ed.). Orlando, FL: Harcourt College Publisher.

Uhlin, D., & DeChiara, E. (1984). *Art for exceptional children* (3rd ed.). Dubuque, IA: William.

Part Ⅱ

장애아동을 위한 미술교육의 실제

지적장애아동을 위한 미술활동 지도

제1절 들어가는 말

　모든 인간은 본능적으로 자신을 표현하려는 욕구를 가지고 있으며, 이러한 자기 표현의 욕구는 미술활동에 있어서도 마찬가지이며 연령과 개인의 성향에 따라 매우 다양할 수 있다. 지적장애아동은 지적인 기능과 기술, 적응행동 측면에서 제한을 가진 아동들이지만 교육적 접근에서의 특별한 고려점을 제외하면 비장애아동들과 똑같은 욕구와 보편성을 지닌 아동들이다.

　이들에게 미술교과는 특히 다른 교과에 비해 유용성이 높다. 국어나 수학 등의 도구교과에 비해 인지적 격차가 적기 때문에 탐색하고 경험한 것을 비언어적인 방법으로 표현할 수 있다는 장점이 있고, 그러한 활동을 통해 자신감을 가질 수 있다는 것도 소득이라 할 수 있다. 또한 여러 가지 자료와 활동을 경험함으로써 스스로에 대한 긍정적인 감정을 가지고 조절할 수 있는 여유를 가질 수 있다.

　미술은 교과통합적인 접근이 가능하므로 다양한 활동을 통해 여러 가지 학습의 목표를 달성하는 기회를 가질 수 있다. 활동에 필요한 여러 가지 재료를 탐색하고 자료를 함께 나누는 활동을 통해 주변 환경이나 친구에 대한 관심을 기를 수 있으며, 다른 사람이나 친구의 작품을 감상하기, 자신의 작품을 알고 표현하기, 협동하여 완성하기 등을 통해서도 사회성과 의사소통능력을 발달시킬 수 있다. 또한 미술활동이 기본적인 감각과 지각과정을 통해 수용되는 정보에 기초한 활동이므로 지각 및 변별력을 기르고, 대소근육활동을 통해서는 신체발달과 눈·손 협응 등의 섬세한 운동기능을 기를 수 있다는 장점을 가진 교과다.

　이 장에서는 미술활동을 통해 지적장애아동들이 성공감을 경험하여 자신감을 기르고 긍정적인 자아개념을 가질 수 있다는 것이 무엇보다 중요함을 강조하고 이를 위한 활동들을 소개하고자 하였다. 지적장애아동을 바르게 이해하는 데 있어서는 그들의 아동으로서의 보편성과 장애를 가진 아동으로서의 특수성을 동시에 가진 존재라는 것을 파악할 필요가 있다. 그러므로 그들이 미술활동 자체를 충분히 즐길 수 있도록 하기 위해서는 다음과 같은 점이 필요하다.

　첫째, 정확한 수행수준에 따른 목표를 설정하고 다양한 활동과 그에 필요한 재료 및 용구의 사용에 있어서의 개방성과 융통성을 갖는 것이 필요하다.

둘째, 미술활동의 과정과 결과에 대한 정확하면서도 긍정적인 피드백이 필요하다.

셋째, 지적장애아동들 중에서도 개개 아동의 특성이 또한 다르므로 그에 따른 활동의 수정과 변화가 요구되며 지루하지 않은 다양한 접근을 하되 일관성 있게 지도되어야 한다.

제2절 지적장애아동의 특성

지적장애는 기본적으로 그 시대의 사회에서 규정하는 사회적 구성(social construct) 개념이기 때문에 시대의 변화에 따라 다양하게 변화되어 온 것이 사실이다. 흔히 지능이 좀 낮다고 간단히 생각할 수 있는 지적장애아동들의 집단들은 매우 다양한 그리고 아직도 알려져 있지 않은 많은 원인으로 인해 여러 가지 양상을 띠는 이질적인 집단이다. 그러므로 이들에 대한 교육적 처치도 각각의 개인적 특성에 따라 매우 다양하지만 여기에서는 지적장애아동의 신체적·정서적·행동적인 문제보다는 주로 인지능력과 학업성취적인 측면에서의 특성을 중점으로 그들의 교육과 연관지어 기술하고자 한다.

지적장애를 규정하는 데 있어서는 가장 중요한 점은 유의하게 평균 이하인 지적 기능과 적응행동상의 장애가 동시에 존재하는 것 이러한 두 가지가 모두 발달기간인 18세 이전에 일어날 경우를 말한다는 점이다(이소현, 박은혜, 2011). 지능은 많은 인지 기술들의 복합체이고 지능검사점수는 가변적인 것이지만 특수교육의 현장에서는 심리측정학적 관점에서 개발된 표준화된 지능검사를 이용하여 지적장애를 일차적으로 진단하고 있다.

「장애인 등에 대한 특수교육법」(2008)에서는 지적장애를 지칭하는 '정신지체를 지닌 특수교육대상자'를 "지적 기능과 적응행동상의 어려움이 함께 존재하여 교육적 성취에 어려움이 있는 사람"으로 규정하고 있다.

지적장애는 원인이나 분류에 따라 다양한 특성이 있을 수 있지만 지적장애아동이라고 해서 그들의 특수성만을 생각해서는 안 된다. 이들도 대부분 일반아동들과 똑같은 기본적 생리적, 사회·정서적 요구를 가지고 있는 동시에 여러 면에서 지적장애아동들 간에도 많은 개인차가 있으므로 지적장애아동의 교육에 있어서 교육대상자의 보편성과 특수성을 이해하는 것이 가장 중요하고도 선결되어야 할 과제다.

1. 주의집중력

대부분의 지적장애아동들이 정도의 차이는 있지만 주의력과 기억력의 결함을 가지고 있다. 특히 적절한 곳에 주의를 기울이지 못하거나 주의집중 시간이 짧아서 학습에 곤란을 겪는 경우가 많다. 이러한 주의집중이 어려운 특성 때문에 미술활동을 포함한 모든 학습활동은 다음의 사항에 유의해야 한다.

1. 특별히 학생의 지적 수준에 적절하고 흥미를 유발할 수 있는 것이어야 한다.
2. 특수교육은 개별화된 교육이 되어야 하는 만큼 학생의 개개인의 장단점과 그들의 학습양식을 파악하고 그에 따른 적절한 목표와 활동이 제시되어야 한다.
3. 활동은 추상적이거나 큰 단위로 제시하기보다는 구체적인 활동으로 또한 성취가 가능한 세분화된 단계로 나누어 제시하였을 때 효과적일 것이다.
4. 아동을 둘러싼 일상적인 생활의 경험과 연결된 구체적이고 감각적 환경을 중심으로 지도해야 한다.
5. 자신의 수행에 대해 자주 그리고 구체적인 피드백이 제공될 때 효과적이다.

2. 기억력

기억은 습득한 정보를 유지하거나 회상하는 능력을 말하는 것으로 지적장애아동들도 일단 습득한 장기기억에 있어서는 문제가 없다고 하나 일반아동처럼 기억을 이용하여 새로운 지식을 습득하는 데는 어려움이 있다. 특히 학습에 필요한 단기기억의 결함은 학습에 있어 특별한 지원이나 고려를 필요로 한다. 이를 위해 지적장애아동의 교육에 있어서는 '기억을 돕기 위한 다양한 지원 자료'를 사용할 필요가 있다.

1. 미술활동의 순서를 제시함에 있어서 언어적으로만 전달을 하면 진행의 과정을 잊기 쉬우므로 가능한 한 체계적인 활동 순서를 시각적으로 제시하는 것이 좋다. 그것은 활동순서도와 같은 일반적인 것이 될 수도 있지만 문자습득 이전의 아동들이라면 구체물이나 그림과 설명이 혼합되어 있는 간략한 순서도의 제시도 유용할 것이다.
2. 관련된 음악이나 노래, 주변생활이나 경험과 관련된 짧은 이야기 등도 함께 제시하

면서 이해를 돕도록 하여 호기심과 동기를 자극하여 가능한 한 인상에 남는 수업이 될 수 있도록 하는 것이 중요하다.

3. 기억력 향상을 위해 무엇보다도 자주 사용하고 있으며 또한 효과적인 방법 중의 하나는 반복적인 연습기회의 제공이다. 그러나 자칫 반복학습이라 하면 같은 과제를 같은 방법으로 반복한다고 생각하는 우를 범할 수도 있는데 이러한 생각이 지적장애아동으로 하여금 더욱 학습에의 흥미를 잃게 만드는 원인이 될 수도 있다는 점을 명심해야 한다.

예를 들어, 그리기의 기초기능을 기르기 위해 종합장 한 권 가득 계속 줄긋기만을 시킨다고 한다면 일반아동이라고 해도 이런 활동을 통해 미술에의 흥미를 느끼기는 어렵다는 것이다. 한 가지 기능을 기르기 위한 것이라 해도 다양한 활동과 접근방법을 통해 아동에게는 항상 새롭고 흥미로운 자료를 제시할 때 미술활동 본연의 목표를 달성할 수 있을 것이다.

이러한 노력이 지적장애아동의 미술교육에 있어 출발점이 되어야 할 것이다.

3. 지각

일반적으로 지적장애아동의 경우 감각기관에는 손상이 없는 경우가 많지만 지각한 것으로부터 의미를 찾는 데는 어려움을 가질 수 있으므로 학습을 위해서는 가능한 한 다감각적인 접근이 필요하다. 시각·청각·미각·후각·촉각의 오감을 사용하는 것이 좋으며 추상적인 과제보다는 실제적이고 구체적인 경험과 관련짓는 활동이 필요하다. 같은 맥락에서 지적장애아동에게는 실물을 이용한 자료가 호응도가 높은 편이며 특히 미술활동의 경우에는 제작과정의 설명과 함께 완성된 작품을 제시하여 결과를 예측할 수 있게 해 주는 것이 동기유발에 도움이 된다. 또한 한 가지 활동을 하는 데 있어서도 그들의 이해를 도울 수 있는 실물자료와 실물과 가까운 사진, 그림, 동영상 등의 보조자료를 이용하는 것이 좋다.

예를 들어, 털실로 '라면 꾸미기'를 한다고 하면 라면이나 우동 광고 동영상을 이용함으로써 주의집중과 함께 동기유발을 할 수 있다. 아동들이 선호하는 캐릭터나 유행어 등을 미술활동과 연결시킨다면 시각적, 청각적 발상을 하게 할 뿐 아니라 동기유발에도 효과적일 것이다. 실제 광고 중인 라면 용기나 인기 있는 스낵의 포장지를 이용할 수도 있으며 뜨거운 김이 나는 동영상, 배경음악 등도 인터넷에서 얻을 수 있을 것이다. 이러한 활동은 미술교과뿐 아니라 자연스럽게 포장지에 있는 문자(신라면)나 숫자(1000원) 학습과도 연결하여 확장시킬 수 있다.

4. 학습된 무기력

지적장애아동을 설명하는 데 있어 빠뜨릴 수 없는 것이 학습된 무기력이다.

이론적으로는 처음부터 아동의 능력에 맞는 교육을 시켰다면 무기력한 상황을 줄일 수 있었겠지만 지적장애아동의 경우는 일반아동에 비해 실패의 경험을 더 많이 할 수도 있고 상대적으로 성공경험이 적은 것이 사실이다. 그러므로 시간이 걸리고 힘들어도 스스로 할 수 있는 적절한 양과 수준의 과제 제시가 필요하다. 미술교육을 통해 특히 맛보도록 해야 하는 것이 성공의 경험이다.

미술교과는 다른 교과에 비해 인지적 요구가 덜하며 이로 인해 상대적으로 스트레스가 덜할 수 있기 때문에 성공의 경험을 주기에 용이한 과목이다. 또한 미적인 감상은 주관적이므로 완성한다는 자체로 성공감을 느낄 수 있기 때문에 지적장애아동으로 하여금 성취감과 긍정적인 자아감을 기를 수 있다.

또한 한 가지 기술을 익히기 위한 과제라고 해도 다양하게 변화와 반복을 줌으로써 즐겁게 학습을 할 수 있다. 그러므로 지적장애아동의 교육에 있어서 중요한 것은 성공감을 줄 수 있는 교사와 교재가 준비되어야 한다는 것이다. 당연히 교사나 교재에 맞추는 교육이 아니라 학생에게 맞추는 교육이 되어야 한다.

예를 들어, 점 찍기를 할 수 있는 아동이 스스로 성취감을 느끼며 완수할 수 있는 과제는 무엇일까? 지적장애아동이기에 그 수준에서 머물러 있어도 된다는 것이 아니라 적어도 출발점에서는 성공감을 느낄 수 있는 과제를 주어야 한다는 것이다. 이런 경우 다양한 색깔과 모양의 종이를 이용하여 점을 찍으면 완성이 되는 과제를 준비할 수 있다. 도토리 껍질 부분이나 과일 배 모양의 종이에 점을 마음대로 찍어 완성될 수 있는 활동을 준비한다. 참깨 크래커나 딸기의 검정 씨를 마음대로 찍으면 완성되어 표현할 수 있도록 교재를 수정할 수 있다. 미술교과에서뿐 아니라 이러한 성공감을 바탕으로 하였을 때 즐겁고 바람직한 학습자 중심의 교육이 이루어질 수 있을 것이다.

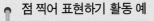

점 찍어 표현하기 활동 예

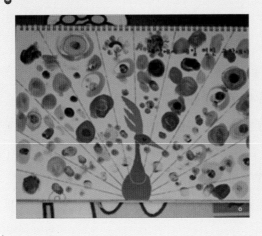

제3절 **지적장애아동의 미술활동**

　지적장애아동의 미술적 특성은 일반적으로 발달의 속도는 느리지만 정상적인 성장의 패턴을 보여 주며 형태나 주제가 고착되어 있는 편으로 반복적인 표현을 하는 경향이 있다는 것이다. 그러므로 형태나 공간에 대한 감수성이 생기도록 지도해야 하며, 자아나 환경에 대한 지적인 개념이 좀 더 풍부해지도록 지도해야 한다. 또한 자신의 작품이라는 개념과 전시를 통한 피드백을 통해 사회적인 인지와 접촉을 넓히고 이를 통해 자신감을 가질 수 있도록 하는 것이 중요하다. 앞서도 말했듯이 미술활동 중 손사용은 근육 운동에 도움이 되며 관찰력과 표현력을 기르는 동시에 활동에 따라 관련교과와 연관지어 통합적으로 학습할 수 있는 기회가 많으므로 많은 선행연구들은 지각과 정서, 자신의 신체 개념, 읽기, 쓰기능력에 긍정적인 영향을 준다고 보고하고 있다. 그러므로 여러 가지로 유용한 미술교과를 이용하여 지적장애아동의 전반적인 교육의 목표에 접근할 필요가 있다.

1. 성격 및 목표

여러 가지 기능이나 능력에 제한을 가진 학생들도 궁극적인 미술교육의 목표는 그들이 접하는 자연과 생활 속에서 기능 중심의 경험을 바탕으로 최대한 독립적이고 행복한 삶을 영위하는 것이다.

즉, 미술교과의 다양한 활동을 통하여 일상생활에서 아름다움을 느끼며, 미적 감수성, 창의적 표현 능력, 비평 능력을 기르고 미술문화를 향유할 수 있는 능력과 태도를 기르는 것이 궁극적인 목표가 될 것이다. 이를 위해서는

1. 생활 속에서 자신과 주변 세계에 대한 미적 감수성을 기르고 문화 활동에 참여한다.
2. 미술활동을 통하여 느낌이나 생각을 창의적으로 표현하고 소통할 수 있는 능력과 긍정적 자아개념을 계발한다.
3. 미술문화를 존중하고 미술의 가치를 이해하고 판단할 수 있는 능력과 미술 문화를 존중하는 태도를 기른다(김미선, 2013).

교육부에서 제시하는 기본교육과정의 미술과 내용체계는 크게 체험과 표현, 감상으로 나눌 수 있다.

첫째, 미술영역의 체험은 지각을 통해 자신과 주변을 탐색하며 이에 대한 느낌을 표현하는 소통으로 이루어져 있으며,

둘째, 표현영역에서는 주변의 재료와 용구를 탐색하여 주제를 자유롭게 탐색하고 표현하되 조형요소(점, 선, 면, 형, 명암, 색, 양감, 질감, 공간, 원근)와 조형의 원리(조화와 통일, 규모와 비례, 율동, 대비, 강조, 균형, 변화 등)를 이용하며,

셋째, 감상은 자신과 주변 미술작품에 관심을 갖도록 하는 내용으로 이루어져 있다.

이는 다양한 미술영역을 배제하지 않으면서 학생에게 적절한 내용수준과 범위를 제시하도록 하라는 지침이라고 이해할 수 있다.

미술과 교육을 통하여 얻고자 하는 발달과 성장은 매우 다양하며 정신적·신체적·정서적·사회적인 면을 통합하여 실제로 전인교육을 할 수 있는 수단으로 사용할 수 있다. 특히 지적장애아동에게 미술적인 방법이 동원된 교육은 여러 가지 면에서 그들의 능력을 증진시키도록 돕고, 그들에게 창의적인 경험을 하도록 함으로써 새롭게 만들거나

생각해 보는 즐거움, 자신을 표현하는 만족감을 맛보도록 하여 그들의 발달을 돕는다.

사실 미술교육을 함에 있어서 장애아동과 일반아동의 구분은 필요치 않다. 아동의 문제가 무엇이고 그 문제의 심각성의 정도가 다양하다 해도 그들은 독특한 성향과 개성을 가지고 있으며 그것들을 최대한 살리고 더욱 도움이 될 능력을 키우는 것, 그들에게 스스로 해낼 수 있는 일들이 있음을 알도록 하여 자신의 가치감을 상승시키는 데에 모든 아동을 위한 미술교육의 궁극적 목적이 있기 때문이다.

2. 지도방법

지적장애아동의 미술교육은 기본적으로 개별적인 지도가 직접 적용되어야 하며 학생 개개인의 의사가 존중되어야 한다.

특히 작품의 완성에만 집중해서 아이들의 의도를 무시하고 교사 혼자 일사천리로 나가는 수업은 지양하고 아동의 선호도를 미리 파악하고 있어 활동에 이용하며, 선택할 수 있는 기회를 많이 제공하여 자기결정력을 기르는 데 있어 기초가 될 수 있도록 지도해야 한다. 그러기 위해서는 아동의 개시행동에 민감해야 하며 작은 활동에서도 선택할 수 있는 기회를 줄 수 있도록 하는 의도적인 노력이 필요하다.

작품의 완성 자체가 충분한 보상이 될 수 있도록 활동 자체를 매력적으로 만들어 스스로 하고 싶어지는 마음이 들 수 있도록 하며 결과물을 가지고 쓸모를 생각하며 다른 활동과 연결되어 결과물 자체가 자연스러운 강화가 될 수 있는 과제를 준비하는 것도 필요하다. 예를 들면, 꽃을 만들어 좋아하는 친구나 선생님에게 선물하기, 컵을 만들어 소꿉놀이 또는 역할 놀이 코너에 이용하기, 탈을 만들어 쓰고 춤을 추기 등과 같은 활동이 있다.

지적장애아동의 미술활동을 지원하기 위해서는 다음과 같은 점들에 유의해야 한다.

1) 활동에 적절한 장소와 여건을 갖춘다

모든 활동이 그렇지만 미술활동을 하기 위해서는 적절한 공간과 장소가 필요하다.

특히 책상은 흔들리지 않고 안정감이 있어야 하며 준비물이나 자료 등을 올려놓을 수 있는 충분한 공간이 있어야 한다.

개수대가 준비되어 있으면 좋지만 어렵다면 물휴지나 물수건, 충분히 큰 허드레 수건 등을 준비하고 시작하는 것이 좋다.

또한 미술활동을 자유롭게 하기 위해서는 교사나 아동 모두 더럽혀져도 크게 문제가 없는 복장이 필요하고 미술용 가운 등을 착용하고 수업을 하는 것이 좋다.

2) 아동의 능력을 정확하게 그리고 가능한 상세하게 평가한다

지적장애아동의 특성을 이야기할 때 부족한 점을 많이 이야기하지만 그들이 가지고 있는 나름대로의 능력을 정확하게 평가하는 것이 성공적인 수업의 지름길이며, 무엇을 할 수 없는지를 말하는 것보다 무엇을 할 수 있는가를 알아내는 것이 교사의 진정한 능력이라고 할 수 있다. 이를 위한 한 가지 방법이 검목표일 수 있다.

검목표는 상세할수록 좋은데 예를 들어, 종이도 손가락을 이용해서 찢을 수 있는지 주먹을 쥐고 찢는지 등을 표시하는 것이다. 재료에 따라 능력이 달라지는 경우도 있으므로 이에 관한 것도 세심하게 관찰한다. 예를 들어, 딱풀은 사용하나 물풀은 사용하지 못할 수도 있으며 가위질을 한다고 해도 오리기가 가능한 아동과 싹둑 자르기 정도를 하는 아동은 매우 다르므로 정확하고 세심하게 평가할 필요가 있다.

표 3-1   개인별 미술활동 준비도 점검표의 예

아동명	손가락으로 종이 찢기	종이 뭉치기	물풀 사용	딱풀 사용	크레파스	필기구 잡기	가위질하기				비고
							점토 자르기	빨대 자르기	한 번 싹둑 자르기	선 따라 오리기	
1.	손바닥 전체를 사용하여 종이를 찢는다.	신문지보다 얇은 종이는 뭉칠 수 있다.	물풀을 짜는 힘이 약해 사용이 어렵다.	뚜껑을 열어 주면 사용할 수 있다.	선이 흐리고 약해 색연필보다 굵은 파스를 주면 흥미 있어 한다.	주먹을 쥐듯이 필기구를 잡는다.	점토가 뭉그러지기도 하지만 즐겁게 수행한다.	굵은 빨대를 자른다.	폭이 3cm 정도인 종이를 잡아 주면 싹둑 자르기 한다.	선을 의식 하나 따라서 오리기 하기는 어렵다.	왼손 우세
2.											
3.											
4.											

3) 작은 능력이라도 의미 있는 활동으로 연결시켜야 한다

정확한 능력을 파악한 후에는 가지고 있는 능력을 의미 있는 미술활동으로 연결시키는 것이 중요하다. 가지고 있는 능력으로 훌륭한 미술작품을 결과물로 만들기 위해서는 교사의 철저한 준비가 필요하며, 작은 작품이라도 완성도 있게 표현한다는 인식이 중요하다.

흔히 교실에서 하고 있는 스티커 붙이기 활동의 경우에도 의미와 동기 유발이 중요하다. 그저 막연히 종이와 스티커를 주고 붙이기보다는 붙이면 뭔가 완성이 되는 밑그림을 주는 것이다. 예를 들어, ① 코트의 단추 붙이기, ② 포도 밑그림에 크기가 적당한 원 스티커 붙이기 ③ 내가 만든 그림책에 숫자 스티커를 붙여 페이지 표시하기 등과 같은 활동을 한다면 단서를 주어 활동의 목적을 쉽게 달성할 수도 있고 훨씬 더 아동의 동기 유발을 할 수 있다는 것이다.

동기 유발과 함께 미술활동의 의미도 생각해야 한다.

이 활동이 과연 미술적인 측면에서 또한 교육적인 측면에서 의미 있는 활동인가를 점검한다. 도화지에 여러 크기의 원을 그려 놓고 그 안에 여러 가지 색으로 칠하기를 하도록 하는 교사가 있을 수 있다. 반면 준비한 자료그림에 비눗방울을 부는 아이가 즐거운 표정을 짓고 있고 입에 물고 있는 빨대에서는 비눗방울이 나오고 있다. "친구가 비눗방울을 불고 있구나, 우리 여러 가지 색으로 색칠해 보자." 하는 수업과는 어떠한 차이가 있을까?

색칠하기라는 같은 활동을 하지만 동기나 의미를 부여할 수 있는 방법은 매우 다를 수 있을 것이다.

4) 할 수 있는 것이 없다고 포기하지 말고 대체적인 방법을 이용한다

흔히 교실 장면에서 용구에 대한 기본적인 사용이 어려운 아동에게는 무엇을 어떻게 시작해 주어야 할지 모르는 경우가 있다. 그렇지만 일반아동들이 보편적으로 쓰는 방법으로는 원하는 활동을 할 수 없을 때 대체적인 수단으로 그 목표를 달성하는 방법이 필요하며 이는 아동을 가장 잘 알고 있는 교사의 세심한 관찰과 아이디어를 필요로 한다.

① 풀칠이 어려운 아동을 위해서는 풀칠해야 할 곳에 양면테이프를 붙여 주고 손가락으로 쉽게 떼어 낼 수 있도록 모서리를 접어 준다.
② 물감은 아이들이 무척 좋아하지만 수업이 엉망이 될 수 있는 소지가 많다. 그러므

로 플라스틱 약병(안약 용기나 물약 용기)을 이용하여 미리 물감을 담아 놓고 조금씩 짜서 쓸 수 있도록 한다. 최근에는 색깔별로 물감을 용기에 담아 파는 제품도 있다. 소근육 운동이 필요한 경우도 이러한 용기를 이용한 짜기를 연습할 수 있다.

③ 색모래 뿌리기 같은 활동을 할 때에는 상자 안에 도화지를 넣고 이리저리 움직여서 색모래가 풀칠한 그림 위에 묻게 할 수 있다. 이렇게 하면 색모래가 바닥에 쏟아지는 것도 방지하여 교사도 편안하고 남은 색모래는 털어 내어 다시 쓸 수도 있다.

5) 여러 가지 자료와 방법을 동원하여 작품의 완성도를 높인다

아동이 마음대로 그 능력에 따라 미술 시간을 즐길 수 있도록 하되 조형성이 부족해도 작품의 완성도를 높일 수 있도록 하는 것이 무엇보다 중요하다. 이를 위해서는

① 그리기 할 때 다양한 크기와 재질의 도화지나 배지(덧대는 종이)를 이용한다. 큰 도화지는 마음의 부담이 될 수 있으므로 여러 가지 다양한 색깔과 모양의 종이를 이용해 조형성을 높여 준다(한지, 소포지, 편지봉투, 골판지, 신문지, 포장지, 잡지, 습자지, 화선지 등을 이용).

② 컬러풀한 전단지나 잡지를 이용하여 콜라주, 가게 놀이, 백화점 꾸미기, 냉장고 속 꾸미기, 쇼핑백 만들기 등을 할 수 있다.

③ 반 구조화된 자료를 이용하거나 아동의 능력에 따라 반 완성된 작품을 이용하도록 한다. 즉, 거의 완성된 작품에 아동이 약간의 활동만 해도 멋진 작품이 될 수 있도록 하는 부분적 참여의 원리가 적용되어야 한다는 것이다. 능력의 부족으로 인해 많은 좌절을 경험한 아동들에게 작품을 완성시킬 수 있는 경험은 스스로를 만족하게 하고 미술활동을 통해 정서적 안정감을 가지고 올 수 있을 것이다.

④ 벽지, 장판지, 사포, 포장지, 한지, 붓펜, 파스넷, 마커펜, 두꺼운 붓 등 다양하고 새로운 자료를 이용하여 쉽고도 아름답게 작품의 완성도를 높일 수 있는 아이디어를 늘 고민한다.

3. 지도 시 유의점

1) 사전활동 · 사후활동을 철저히 한다

미술활동은 작업이나 과제의 완성뿐 아니라 사전 · 사후 지도 및 도구 사용에 대한 설

명과 정리정돈에 관한 지도를 지속적으로 해야 한다.

작품의 완성에만 신경을 쓰면 과정에서 가르쳐야 할 것을 놓칠 수 있고 미술수업에의 발전이 없을 수 있다.

(1) 사전활동

① 오늘 할 활동에 대해 설명하고, 이전의 경험과 연관시켜 본다.

② 활동에 필요한 준비물을 설명한다.

③ 미술도구를 사용하는 방법을 설명한다.

④ 미술활동의 순서를 알 수 있도록 판서를 하거나 어린 아동의 경우는 그림이나 상징을 이용하여 알 수 있도록 제시한다.

(2) 사후활동

① 자신의 물건을 찾고 정리하기: 모든 개인용구에는 이름을 쓰거나 스티커를 붙여 놓아 자신의 것임을 알아볼 수 있도록 한다. 자신의 이름(문자 이전 단계라면 사진이나 특정 스티커 등으로 제시)과 소유를 가르칠 수 있는 기회로 이용한다.

② 교실의 정리정돈에 부분적이라도 꼭 참여하도록 하는 것이 필요하다.

③ 활동이 끝난 후에는 자신과 친구들의 작품을 감상하고 서로 칭찬해 주기와 특히 감상하기를 잊지 않도록 한다.

누구의 작품인지 친구 중에서 찾아내는 활동은 상대에 대한 관심도 가지게 할 수 있고 서로 격려하고 칭찬하는 활동 속에서 사회성을 기를 수 있기 때문이다.

④ 작품의 제목을 붙여 보기 활동을 하여 언어발달과 감상교육의 기회로 활용한다.

2) 교사에게도 즐거운 수업이 되어야 한다

학생과 교사 모두에게 성공감을 줄 수 있는 수업이 될 수 있도록 준비해야 한다.

교실은 난장판이 되고 교사는 스트레스가 쌓이는 수업이 되어서는 안 된다. 능력에 맞게 미리 준비하여 모두에게 성공적인 수업이 되도록 한다.

예를 들어, 크레파스를 주면 종이를 모두 벗겨 버리는 아동에게는 종이에 싸여 있지 않은 손에 묻지 않는 다소 딱딱한 크레용을 준다. 크레파스만 주면 이것저것 모든 색을 쓰는 아동의 경우는 과제에 따라 색을 제한하여 제시할 수도 있다.

그림물감은 아동들이 좋아하는 소재이지만 조심성 있게 다루어야 하므로 처음 사용

하는 아동들에게는 수채 색연필을 이용하여 그리고 난 후 물만 발라 물감의 속성을 느끼
도록 할 수 있다. 특히 손이 많이 가고 복잡한 미술활동인 경우 자원봉사자가 확보되는
시간에 할 수 있도록 배려하여 융통성 있고 여유 있는 수업이 될 수 있도록 계획한다.

3) 다른 수업과 마찬가지로 다양한 교수기법을 적절하게 사용해야 한다

지적장애아동의 교수–학습활동을 지원하기 위해서는 이들에게 적용될 수 있는 다양
한 교수–학습전략은 모든 수업시간에 적용될 수 있으며 미술시간에 있어서도 예외가
아니다. 그러므로 다양한 교수기법을 적절하게 사용한다.

① 과제 분석(task analysis): 활동을 과제 분석하여 단계별로 제시하고 지도하기
② 모델링(modelling): 시범을 보여 주고 따라하도록 하기
　흔히 교사들이 사용하는 방법으로는 "이렇게 선생님이 하는 것을 잘 보세요. 위에
　서 아래로 이렇게 그어 보자." 등 보통 언어적인 설명과 함께 시범을 보여 주는 방
　법이다.
③ 촉진(prompting): 신체적 · 언어적으로 촉진하기
　교사가 아동의 활동을 유도하기 위해 손을 잡아 주거나 팔꿈치를 잡아 주는 등의
　신체적 촉진과 활동을 하도록 독려하는 언어적인 촉진을 할 수 있다.
④ 구체적인 사항에 대하여 명백하게 칭찬하기
　아동에게 칭찬을 할 때에는 건성으로 잘했다는 말보다는 명확하게 어떤 활동을 어
　떻게 했기 때문에 잘한 것인지를 알 수 있도록 칭찬하는 것이 중요하다.
⑤ 실수에 대한 학생의 주의를 환기시키고, 학생에게 다음 활동 혹은 과제를 정확히
　완수하는 방법에 관해 알려 주기
　지시를 할 때는 짧고 명백하게 지시하는 것이 좋다.
⑥ 목표에 대하여 점진적인 접근을 할 때 강화함으로써 서투른 시도에서 점차 정교화
　된 활동으로 접근하도록 돕기
　교사가 수립하는 아동에 대한 목표는 아동의 발전에 따라 점차 상향 조정되어 가는
　데 이러한 목표는 양적인 것도 될 수도 있고 질적으로 정교화되어 나가는 것에 둘
　수도 있을 것이다. 그러므로 교사가 의도하는 방향에 좀 더 정확하게 가까워질 수
　있도록 칭찬하는 방법을 사용한다.
⑦ 지원이나 도움을 점진적으로 체계적으로 제거해 나가 스스로 할 수 있는 범위를 확

장해 나가기

교사의 도움이나 친구의 도움을 받아서 수행해 나가던 활동도 점차로 그 도움의 정도를 줄여 나가 스스로 할 수 있도록 하는 것을 목표로 해야 한다.

⑧ 다양한 능력과 성취 수준을 가진 학생들이 서로 도와 가며 작품을 완성하는 기회를 가지면서 개인과 집단의 성취감을 맛볼 수 있도록 하기 등도 필요하다.

미술활동에 있어서 서로 협동할 수 있는 학습의 기회는 여러 가지 사회적인 기술(예: 서로의 눈을 마주치기, 적당한 목소리의 크기로 말하기, 대인 간 적절한 거리 유지하기, 다른 친구를 활동에 같이 참여하도록 권유하기, 긍정적인 정서로 대하기, 친구의 요구를 듣고 따르기, 자기 자신의 의견을 표현하기, 상대방의 의견을 듣기, 주의를 기울여서 듣고 질문하기, 갈등상황에서 친구와 타협하기 등)을 학습할 수 있는 좋은 기회가 될 수 있다.

⑨ 자기 결정 기술: 도구나 색깔을 고르는 것도 자기결정기술의 시작이므로 스스로 선택하는 기회를 제공하며 자신의 선호도를 알고 표현하도록 돕는다.

4) 상품화된 자료도 활용할 수 있다

특수교육이나 유아교육 관련 출판사나 교재교구 구입처 등에서 나와 있는 구입할 수 있는 자료를 활용할 수 있다. 그러나 교사의 아동에 대한 미술교육적인 목적이 먼저 있고 그에 적합한 것을 선택해야 한다는 점을 간과해서는 안 된다. 꼭 비싼 세트로 구입해야 하는 자료나 수입교구가 아니라도 초등학교 앞 문방구에 가면 시대와 유행에 따른 재미있고 다양한 자료들에서 많은 아이디어를 얻을 수 있다.

5) 작품의 게시를 통해 감상의 기회와 만족감을 주는 것이 중요하다

사후활동에서도 설명하였지만 작품의 완성과 게시를 통해 아동 간에 또는 교사와 아동, 부모와 아동, 타인과 아동 간의 의사소통이 이루어질 수 있으므로 교실 내에 작품란을 만들고 게시하는 일은 무엇보다 중요하다.

활동마다 다른 게시 장소를 마련하기가 어렵다면 각각 아이들의 자리를 고정해 놓는 것도 좋은 방법이다. 그렇게 하면 작품의 완성과 동시에 게시함으로써 누구의 것인지 알 수 있기 때문이다.

장소는 게시판일 수도 있지만 창의 아래 공간이나 벽면일 수도 있고 천정에 매달아 놓을 수도 있다. 이때 유의할 것은 아동이 잘 볼 수 있는 위치, 즉 눈높이에 게시해야 한다는 것이다.

전시하는 방법은 작품의 종류에 따라 여러 가지 아이디어가 나올 수 있는데 자석을 붙여 자석칠판이나 냉장고 등에 게시하거나 천정에 후프를 매달고 끈을 내려 공중에 전시할 수 있으며, 흔히 구할 수 있는 종이접시 위에 붙여 전시하기, CD 케이스나 녹음테이프 케이스 등을 이용한 전시도 훨씬 작품성을 높일 수 있는 방법이다.

6) 지도상 유의할 점

① 모든 자료는 아동에게 해가 되지 않는 것, 안전한 것이어야 한다. 특히 무엇이든 입으로 가져가는 아이들도 있으므로 건강과 안전상에 있어 문제가 없는 활동과 자료를 선택해야 한다. 특히 교사가 사용하는 도구도 잘 간수하여 아이들이 만져서 다치는 일이 없도록 주의를 기울여야 한다.

② 재료를 천천히 소개하고 충분히 탐색할 시간을 제공한다.

③ 색칠하기를 습관적으로 강요하지 않는다. 빈 곳을 꼭 채워야 한다는 식의 강요는 미술활동에 대한 흥미를 경감시킬 수 있다.

④ 장애학생 중에는 감각상 역치의 차이로 인해 지나치게 혐오하는 재료가 있을 수 있으므로 억지로 탐색하게 하는 것은 바람직하지 않을 수 있다(끈적이는 재료 등).

⑤ 틀렸다거나 망쳤다는 등의 부정적이고 판단적인 표현은 지양하는 것이 바람직하다. 미술과에서의 평가는 '원만하고 조화로운 성장'을 하고 있느냐 하는 것이 평가의 초점이 되어야 하므로 판정적이기보다는 긍정적이고 고무적인 방향으로 이루어지는 것이 바람직하다.

⑥ 학생의 특성을 잘 파악하여 지도계획을 세운다(예: 왼손과 오른손 중 우세한 손의 사용을 고려하기, 지시는 구어뿐 아니라 단어나 그림, 상징 등을 이용하기, 감각민감성이 있는지 고려하기).

⑦ 미디어나 동영상을 활용하거나 전시관 관람하는 등의 폭넓은 경험과 발상의 전환 기회를 제공하여 흔히 지적장애학생에게 부족하다고 생각하기 쉬운 창의성이나 관찰력을 기를 수 있는 기회로 활용한다.

복도 공간을 이용한 전시

벽면을 이용한 전시

작품 전시대를 이용한 전시

창문을 이용한 전시

 제4절   활동의 실제

　여기에서 소개하고자 하는 미술교육의 대상이 되는 지적장애아동들의 능력은 생활연령이나 학년과는 무관하게 매우 다양하나 소재 및 구성은 유치부 및 초등 저학년의 생활연령에 맞는 내용을 중심으로 구성하였음을 밝혀 둔다. 다음에서는 특수학교 또는 유아특수학교 상황에서의 미술수업시간을 중심으로 하여 활용할 수 있는 활동의 실제들을 수록하였다.

　수록된 활동은 다음의 내용을 중심으로 구성하였다.

1. 쉽게 인식할 수 있는 자신의 신체를 이용한 활동
2. 생활 주변의 다양한 자료를 이용한 활동
3. 실물이나 사진을 대신할 수 있으며 작품활동 전 발상이나 참고자료로 이용할 수 있는 인터넷상의 그림 자료들을 이용한 활동
4. 그리기의 기초적인 기능을 익히면서도 작품의 완성도를 높여 성취감을 느낄 수 있는 활동
5. 계절이나 행사에 필요한 작품활동
6. 아동들은 좋아하지만 준비가 많은 활동의 경우 구입하여 사용할 수 있는 판화활동

여기에 제시하는 기본적인 활동 이외에도 이를 참고로 교사가 조금만 응용하면 교실에서 더 많은 활동들이 계획되고 실행될 수 있을 것이다.

표 3-2　활동구성표

영역	내용	활동명
신체를 이용한 활동	1. 손바닥으로 닭 그리기 2. 입술 찍어 꽃 만들기 3. 손가락으로 찍어 꽃 만들기 4. 손바닥으로 나비 만들기 5. 손바닥으로 사슴과 크리스마스트리 만들기	3-1 내 손바닥만 한 닭 3-2 함께 만드는 손가락 꽃 3-3 입술 찍어 꽃 그리기 3-4 손바닥 나비 3-5 사슴과 트리
여러 가지 재료로 만들기	1. 색종이 비닐과 빨대로 고양이 만들기 2. 신문 보시는 아빠 3. 색 솜과 비닐종이로 물고기 만들기 4. 빨래집게와 스티로폼 용기로 게와 오징어 만들기	3-6 점점 커지는 고양이 3-7 신문 보시는 아빠 3-8 무지개 물고기 3-9 빨래집게 동물
실물 사진을 이용하여 만들기	1. 냉장고 사진과 전단지를 이용하여 냉장고 꾸미기 2. 스캔한 물고기로 바닷속 풍경 꾸미기 3. 밤하늘 사진에 별 스티커 붙이기	3-10 먹을 것이 가득한 우리 집 냉장고 3-11 바닷속 풍경 3-12 밤하늘엔 별
그리기의 기초	1. 직선을 그어 거미줄 만들기 2. 유리병 안에 사탕 그려 넣기 3. 점 찍어 크래커 만들기 4. 털실로 라면이나 스파게티 완성하기	3-13 거미가 줄을 타고 3-14 점 찍어 크래커 3-15 유리병에 든 사탕 3-16 꼬불꼬불 국수
행사	1. 우리 가족 책 또는 내가 좋아하는 책 만들기 2. 카네이션 볼펜 만들기	3-17 내가 만든 책 3-18 카네이션 볼펜
구입한 재료로 만들기	1. 문양판 이용하여 찍기 2. 공판화로 탈 만들기	3-19 전통문양 찍기 3-20 탈 만드는 판화

활동 1 내 손바닥만 한 닭

● 활동목표

① 자신의 손바닥을 대고 그리기를 할 수 있다.

② 그려진 손바닥을 이용하여 닭 모양을 완성할 수 있다.

● 필요한 재료와 도구

크레파스나 파스넷, 흰 종이, 닭 벼슬 모양의 색종이

● 활동방법

① 흰 종이에 한 가지 색으로 자신의 손바닥을 대고 그린다.

② 손을 떼고 자신의 손바닥 모양을 관찰한다.

③ 예시 작품을 보면서 적당한 위치에 눈과 부리, 발을 그려 넣는다.

④ 벼슬을 그릴 수 있는 아동은 빨간색을 이용하여 그리고 색칠한다.

⑤ 벼슬 그리기가 어려운 아동은 미리 오려 놓은 색종이를 붙인다.

⑥ 풀칠하기가 어려운 아동은 양면테이프를 이용한다.

⑦ 완성된 작품을 감상한다.

⑧ 가장 큰 닭과 가장 작은 닭을 비교하고 친구들의 손바닥도 마주 대며 비교해 본다.

⑨ 닭을 완성한 후에는 노란색 색지 위에 둥근 모양 그리기를 이용해 병아리도 그려 본다.

⑩ 완성된 닭과 병아리를 오려 바탕색지에 붙여 닭과 병아리 가족을 꾸민다.

● 유의점

– 대고 그리기가 어려운 아동은 손을 움직이지 않도록 교사가 도움을 준다.

– 손에 묻는 경우가 있으므로 물휴지 등을 준비한다.

– 그리기에 필요한 힘이 부족한 아동에게는 쉽게 그어지는 파스넷을 이용하는 것이 좋다.

1. 도화지에 손바닥을 대고 모양대로 그린다.

2. 손바닥을 떼고 그려진 모양을 관찰한다.

3. 부리와 몸통, 다리를 그린다.

4. 점을 찍어 눈을 완성하고 벼슬을 빨간색으로 칠한다.

5. 노란색지에 둥근 모양을 그린다.

6. 눈과 입, 발을 그려 병아리를 완성한다.

7. 그린 닭과 병아리를 오려 적절한 배지에 붙인다.

활동 2   함께 만드는 손가락 꽃

● 활동목표

① 색 한지를 자유롭게 구길 수 있다.

② 물감을 이용해 손가락 찍기를 할 수 있다.

③ 풀을 사용하여 한지를 바탕종이에 붙이고 한지 주변에 손가락으로 물감을 찍어 공동작품을 완성할 수 있다.

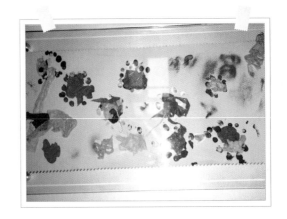

● 필요한 재료와 도구

색상지, 한지, 물감, 핑킹가위

● 활동방법

① 한지를 마음대로 찢거나 구겨 본다.

② 바탕 색지에 풀을 이용하여 군데군데 한지를 붙인다.

③ 물감을 이용하여 한지 주변에 손가락으로 찍기를 한다.

④ 배경종이를 핑킹가위로 잘라 작품을 완성한다.

⑤ 함께 완성한 작품을 보면서 누가 무엇을 했는지 살펴보며 감상한다.

● 유의점

– 한지의 얇고 부드러운 특성에 대해 다감각적으로 설명하고 느낄 수 있도록 한다.

– 손에 묻는 경우가 있으므로 물휴지 등을 준비한다.

– 꽃의 형태 완성에 목적을 두기보다는 재료를 이용하여 마음껏 표현하는 기회로 삼
   는다.

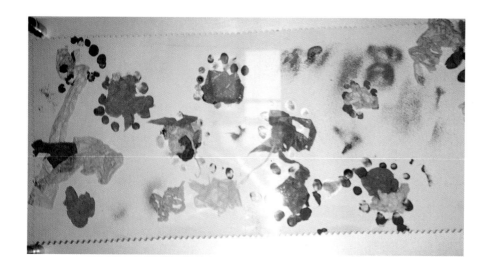

활동3 **입술 찍어 꽃 그리기**

● 활동목표

① 거울을 보며 자신의 입술의 위치를 의식한다.

② 거울을 보며 입술에 립스틱을 바를 수 있다.

③ 종이에 입술을 대고 찍어 모양을 살펴본다.

④ 여러 곳에 찍은 입술 모양에 줄기와 입을 그려 넣어 꽃을 완성한다.

⑤ 작은 네모 색종이를 반으로 접어 나비를 만들고 꽃 위에 꾸민다.

● 필요한 재료와 도구

붉고 선명한 색의 립스틱, 거울, 크레파스나 파스넷, 종이

● 활동방법

① 거울을 보며 자신의 입술에 립스틱을 바른다.

② 흰 바탕의 종이에 입술을 찍는다.

③ 공간의 배치에 신경 써서 군데군데 입술 바르고 찍기활동을 반복한다.

④ 크레파스나 파스넷을 이용하여 줄기와 입을 그린다.

⑤ 누구의 입술 꽃인지 살펴보며 감상한다.

● 유의점

- 아동 스스로 입술에 바르기를 못하는 경우 교사가 발라 준다.

- 종이의 크기는 개인작품 또는 공동작품인 경우에 따라, 아동의 능력에 따라 한 송이 나 여러 송이 꽃을 만들 수 있도록 다양하게 준비한다.

- 입 모양을 다양하게 하고 찍어 꽃 모양에 변화를 준다.

1. 아동의 입술에 립스틱을 발라 준다.

2. 거울을 보고 자신의 입술에 립스틱을 바른다.

3. 도화지에 입술을 대고 찍어 낸다.

4. 찍은 입술을 중심으로 꽃대와 잎을 그린다.

5. 여러 송이의 입술 꽃을 완성한다.

6. 색종이를 한 번 세모로 접어 만든 나비로 꽃 주변을 장식한다.

활동 4 손바닥 나비

● 활동목표

① 손 모양을 대고 그릴 수 있다.

② 그린 모양대로 오리기를 할 수 있다.

③ 나비 모양의 바탕색지에 오린 손바닥을 붙인다.

④ 손바닥 모양의 종이에 다양한 색깔의 물감을 이용한 찍기를 하여 나비를 꾸민다.

● 필요한 재료와 도구

색의 차이가 뚜렷한 두 가지 색의 색상지, 가위, 풀, 그림물감 또는 크레파스

● 활동방법

① 색상지에 자신의 손바닥을 대고 연필이나 크레파스로 그린다.

② 손바닥 모양대로 오린다.

③ 손바닥 모양의 색지에 그림물감을 찍어 아름다운 나비 날개의 무늬나 색깔을 표현한다.

④ 교사가 준비한 나비 모양의 바탕색지의 양 날개 부분에 손바닥 하나씩을 붙인다.

⑤ 누구의 손바닥으로 만든 나비인지 살펴보며 감상한다.

● 유의점

- 가위질이 어려운 아동은 교사가 도와준다.

- 나비 모양의 바탕 색지에 손바닥 붙이기를 어려워하는 아동에게는 위치를 알려 줄 수 있는 밑그림을 그려 주어도 좋다.

- 손바닥 나비에 자유롭게 색칠하기 하도록 한 후 바탕색지에 붙여도 좋다. 이때 신문

지 등을 바닥에 깔아 마음 놓고 표현할 수 있도록 돕는다.

– 나비를 전시하고 나서 손바닥의 크기를 비교할 수 있다.

1. 색지에 손바닥을 대고 그린다.

2. 손가락의 모양대로 오린다.

3. 미리 준비해 놓은 나비모양의 배지의 양쪽에 손바닥을 붙인다.

4. 손가락끝에 물감을 묻혀 손바닥 모양을 꾸민다.

5. 나비 모양을 완성시킨다.

수정된 활동: 오려 낸 손바닥 모양에 마음대로 색칠하기를 하여 나비 모양의 바탕지에 붙인다.

활동 5   **사슴과 트리**

● 활동목표

① 손을 대고 물감 찍기를 할 수
   있다.

② 찍은 손바닥 모양대로 오리기
   를 할 수 있다.

③ 바탕지 위에 붙여 모양을 꾸
   밀 수 있다.

● 필요한 재료와 도구

물감, 솜, 접시, 전지 또는 색상지

● 활동방법

① 빨간색과 초록색 물감을 충분히 풀어 일회용기에 담아 놓는다.

② 접시에 솜을 놓고 각각의 물감을 부어 솜을 적신다.

② 준비된 접시에 손바닥을 대고 문질러 물감을 묻힌다.

③ 종이 위에 찍는다.

④ 전지 위에 찍은 많은 손바닥이 마르도록 걸어 놓는다.

⑤ 물감이 마른 후에 가위로 손바닥을 오린다.

⑥ 오려 낸 손바닥 모양을 배경색지에 적절하게 붙여 크리스마스트리와 사슴뿔을 만든다.

⑦ 누구의 손바닥인지 살펴보며 감상한다.

● 유의점

- 하루에 활동을 끝내기보다는 물감으로 찍기활동 후 충분히 말리고 다른 날 오리기
  와 꾸미기를 하는 것도 좋다.

- 가위질이 어려운 아동은 교사가 도와준다.

- 물감 찍기할 때에는 신문지 등을 바닥에 깔아 아동들이 마음 놓고 표현할 수 있도록 한다.

완성된 작품 위에 눈이 오는 효과를 주기 위해 안개 망사천을 씌운다.

일회용 스푼 6개를 겹쳐 눈의 결정체를 표현할 수 있다.

1. 빨간색과 초록색의 물감을 손바닥에 묻힌다.

2. 물감이 묻은 손바닥을 종이 위에 찍어 낸다.

3. 손가락의 모양대로 가위로 오린다.

4 사슴의 귀 위에 오려 낸 빨간색 손바닥을 붙인다.

5. 준비한 나무 밑둥에 초록색 손바닥을 겹쳐서 붙이고 꼭대기에 별을 붙인다.

6. 완성된 사슴과 트리 위에 안개 망사천을 씌우고 일회용 스푼 6개를 겹쳐 눈의 결정체도 만든다.

활동 6   점점 커지는 고양이

● 활동목표

① 비닐봉지 위에 색종이와 테이프, 매직펜을 이용하여 고양이 얼굴을 꾸밀 수 있다.

② 빨대와 셀로판테이프를 이용하여 손잡이를 만들고 숨을 불어넣어 고양이 얼굴을 부풀릴 수 있다.

● 필요한 재료와 도구

색종이 포장 비닐, 매직펜, 빨대, 셀로판테이프

● 활동방법

① 색종이를 포장하고 있는 얇은 비닐을 막힌 쪽을 위로 두고 바르게 편다.

② 비닐 위에 고양이의 눈과 코, 입과 수염을 그려 넣는다.

③ 펴 놓은 비닐의 위쪽 막힌 부분의 양 끝에 세모로 오린 고양이의 귀를 테이프로 붙인다.

④ 빨대를 비닐봉지의 가운데에 놓고 공기가 통하지 않도록 테이프로 꽁꽁 싼다.

⑤ 빨대로 숨을 불어넣으면 고양이의 얼굴이 점점 부풀어 오른다.

⑥ 완성 후 어떤 모양이 되었는지 감상한다.

⑦ 숨을 들이쉬거나 고양이의 얼굴을 누르면 다시 얼굴이 줄어든다.

⑧ 다시 숨을 불어넣으면 고양이가 커진다.

● 유의점

- 고양이의 귀모양의 색종이를 비닐종이 위에 붙일 때는 약간 넓은 테이프를 이용한다.

- 빨대와 비닐봉지가 만나는 곳을 테이프로 꼭 막아 공기가 새어 나가지 않도록 한다.

1. 색종이의 비닐을 놓고 매직펜으로 고양이의 눈과 코, 입을 그린다.

2. 색종이를 세모로 자른다.

3. 네모난 고양이의 얼굴 위 양쪽에 스카치테이프로 세모 모양의 색종이를 붙인다.

4. 빨대를 비닐종이에 끼워 놓고 스카치테이프로 감는다.

5. 빨대를 불면 고양이의 얼굴이 부풀어 오른다.

6. 불면 커지는 고양이를 완성한다.

활동 7   신문 보시는 아빠

● 활동목표

① 신문지를 이용하여 오리기와
    꾸미기를 할 수 있다.
② 큰 바탕과 작은 바탕을 구분
    하여 꾸미기할 수 있다.

● 필요한 재료와 도구

밑그림이 그려진 도화지, 신문
지, 가위, 풀

● 활동방법

① 아빠와 아동이 그려진 밑그림을 관찰한다.
② 신문을 오려서 넣어야 할 곳을 지각한다.
③ 신문지를 붙여야 할 곳에 맞는 크기로 오리거나 찢는다.
④ 풀로 붙여 큰 신문과 작은 신문을 완성한다.

● 유의점

- 크기를 가늠하기 어려워하는 아동에게는 선을 그어 주어 오리거나 찢도록 한다.
- 크다, 작다의 개념을 함께 학습할 수 있는 기회로 활용한다.
- 화려한 잡지의 그림을 이용해도 좋다.

1. 신문 붙일 자리가 그려진 밑그림을 준비한다.

2. 밑그림에 들어갈 신문의 크기를 가늠한다.

3. 신문을 오린다.

4. 풀칠을 한다.

5. 풀칠한 신문을 바르게 붙여서 완성한다.

활동 8   무지개 물고기

● 활동목표

① 비닐봉지에 색솜을 넣을 수
   있다.
② 꼬리 부분을 남기고 솜을 뭉
   쳐서 넣고 리본테이프나 모루
   로 묶어 물고기 모양을 만들
   수 있다.

● 필요한 재료와 도구

색종이 포장 비닐, 리본테이프, 모루 또는 빵끈, 눈알, 본드

● 활동방법

① 여러 가지의 물감으로 물들인 색솜을 준비한다.

② 손으로 솜을 뜯으면서 편다.

③ 두세 가지의 색솜을 모아 비닐 종이 안에 넣는다.

④ 꼬리 부분을 남겨 놓고 빵끈이나 리본테이프로 묶는다.

⑤ 본드를 이용해 눈알을 붙인다.

⑥ 완성 후 어떤 모양이 되었는지 감상한다.

● 유의점

- 매달아서 전시를 할 경우는 눈을 앞뒤로 붙인다.

- 물고기의 모양이 너무 퍼지지 않도록 하려면 솜을 넣고 남는 공간의 비닐을 모아 스
  카치테이프로 붙여 준다.

- 색솜은 파스텔톤이 나도록 골고루 물들인다.

1. 색솜을 손으로 잘 편다.

2. 색종이 비닐에 색솜을 넣고 끈이나 모루로 묶
   는다.

3. 솜이 든 비닐을 물고기 모양이 되도록 접어 스
   카치테이프로 고정시킨다.

4. 본드를 이용해 눈알을 붙여서 완성한다.

활동 9 빨래집게 동물

● 활동목표

① 그림자료와 빨래집게를 이용
하여 동물의 다리를 만들 수
있다.

② 스티로폼 용기와 빨래집게를
이용하여 동물의 다리를 만들
수 있다.

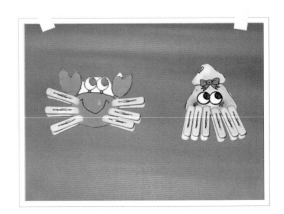

● 필요한 재료와 도구

게나 오징어 그림자료, 스티로폼 용기, 눈알, 빨래집게

● 활동방법

① 게나 오징어 그림자료를 보고 다리 부분에 빨래집게를 꽂는다.

② 스티로폼을 이용할 때에는 용기의 긴 면의 양쪽에 빨래집게를 꽂는다.

③ 눈 부분에 꽂은 빨래집게 위에는 양면테이프나 본드를 이용하여 눈알을 붙인다. 이
때 눈알은 가장 큰 것으로 하는 것이 좋다.

● 유의점

– 빨래집게의 힘을 주어 잡아야 하는 부분을 알려 주고 꽂을 수 있도록 지도한다.

– 완성에 따른 성취감을 가질 수 있도록 지도한다.

– 여름 노래나 바다 노래와 관련하여 지도하면 효과적이다.

1. 스티로폼 용기와 눈알, 빨래집게를 준비한다.

2. 스티로폼을 세로로 길게 놓고 양쪽에 빨래집게를 꽂는다.

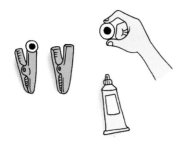

3. 두 개의 집게 위에 눈알을 붙인다.

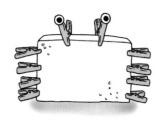

4. 눈알이 붙은 빨래집게를 용기 위에 꽂는다.

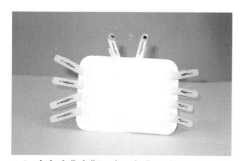

5. 눈알과 빨래집게를 이용한 게 모양을 완성한다.

수정된 활동: 마분지 위에 붙인 게나 오징어 그림 위에 빨래집게를 꽂아 완성할 수 있다.

활동 10   먹을 것이 가득한 우리 집 냉장고

● 활동목표

① 냉장고 내부가 그려진 사진이
   나 그림을 이용하여 냉장고
   안에 있는 물건들을 찾아 붙
   일 수 있다.
② 전단지나 잡지 등의 화보를 이
   용하여 각종 야채나 과일, 음
   료수 등을 그리거나 오려 붙일 수 있다.

● 필요한 재료와 도구

냉장고 내부와 외부의 스캔한 그림자료, 잡지나 전단지의 여러 가지 상품과 먹을 수
있는 것들의 사진, 가위, 풀

● 활동방법

① 8절지 정도의 도화지를 준비한다.
② 도화지를 접어 한쪽으로 열리는 냉장고 문을 만들거나 마주 접어 양쪽으로 열리는
   냉장고를 만든다.
③ 도화지의 바깥쪽에 냉장고의 문짝 그림을 붙인다.
④ 접은 도화지를 펼쳐 냉장고의 내부의 그림자료(냉장실과 냉동실, 계란 놓는 곳, 음료
   수대 등)를 붙인다.
⑤ 전단지나 잡지 등에 나와 있는 그림 자료들 중에서 냉장고에 넣어서 보관하는 각종
   과일, 음료수, 야채 등의 그림을 오려 붙인다.
⑥ 활동을 마친 후 냉장고 안을 어떻게 채웠는지 옆 친구들의 냉장고와 비교하며 감상
   한다.

● 유의점

– 전단지의 여러 가지 그림 중에서 먹을 수 있는 것과 없는 것을 구분하여 오리거나
붙이기 하도록 지도한다.

1. 준비한 도화지의 안쪽에 냉장고 내부 사진을
붙인다.

2. 접은 도화지의 바깥쪽에 냉장고 문짝의 그림을
붙인다.

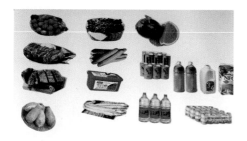

3. 상품광고지에서 먹을 수 있는 그림자료를 오린다.

4. 상품광고지에서 여러 가지 그림자료를 오린다.

5. 먹을 것과 먹을 수 없는 것을 구분한다.

6. 냉장고에 보관하는 먹거리를 찾아 냉장고에 붙
인다.

완성 작품: 냉장고 외부

완성 작품: 냉장고 내부

활동 11 바닷속 풍경

● 활동목표

① 스캔한 물고기 자료를 오려
   붙일 수 있다.

② 스캔한 오징어의 그림을 붙이
   고 가로선 긋기로 다리를 그
   려 넣을 수 있다.

③ 오리거나 그려서 바닷속 풍경
   을 꾸밀 수 있다.

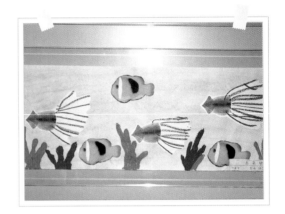

● 필요한 재료와 도구

배경종이, 물고기나 오징어 등을 스캔한 그림자료 여러 개, 크레파스, 가위, 풀

● 활동방법

① 스캔한 물고기와 오징어 그림을 오린다.

② 바탕종이 위에 오린 자료를 한 방향으로 늘어놓고 하나씩 풀칠을 한다.

③ 오징어 그림에 가로선을 그어 다리를 그려 넣는다. 오징어 다리는 10개임을 알려
   주고 가능한 아동들은 숫자만큼 그리도록 한다.

④ 물풀이나 불가사리 등 바닷속에서 볼 수 있는 것들을 그려 넣는다.

● 유의점

- 흑백으로 준비하거나 선화만 준비하여 색칠을 할 수도 있다. 오리기나 붙이기에 관련된 준비가 되지 않은 학생들을 위해서는 선 긋기만으로 작품을 완성할 수 있도록 한다.
- 같은 모양의 그림을 두세 가지 정도 준비해서 번갈아 배치하여 꾸미면 통일감을 줄 수 있다.
- 실물에 가까운 사진자료를 이용하므로 생동감을 줄 수 있다.

활동 12 밤하늘엔 별

● 활동목표

① 밤하늘 배경그림에 별 스티커
　를 붙일 수 있다.

② 여러 가지 색으로 붙일 수 있다.

③ 공간을 골고루 이용하여 별을
　붙일 수 있다.

● 필요한 재료와 도구

검정색 배경종이, 밤하늘의 풍경
사진, 별 모양 스티커

● 활동방법

① 검정색 도화지 위에 밤하늘을 나타내는 그림자료를 붙인다.

② 배경그림 위에 여러 가지 색의 별 스티커를 붙인다.

③ 여러 가지 색의 스티커를 골고루 선택하여 붙인다.

④ 비어 있는 공간을 알고 여러 곳에 골고루 붙인다.

● 유의점

－ 지적장애아동의 특성상 색칠하기나 그리기를 할 때에도 전체 화면을 활용하지 못하
　는 경우가 많다. 비어 있는 곳을 의식하여 골고루 붙이거나 조화 있게 꾸밀 수 있도
　록 하기 위해서는 지속적인 지도가 필요하다.

– 별 모양을 직접 그려 넣게 하거나 예시자료를 보고 밤하늘 아래 풍경을 그려 넣도록
  지도할 수 있다.

1. 검정색 도화지에 밑그림을 붙인 종이를 준비한다.

2. 스티커의 한쪽을 살짝 접어 주어 쉽게 뗄 수 있
   도록 한다.

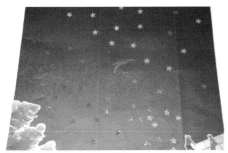

3. 스티커를 골고루 붙여 밤하늘을 완성한다.

수정된 활동: 스티커 붙이기를 이용하여 슬리퍼
만들기를 할 수 있다.

활동 13　거미가 줄을 타고

● 활동목표

① 짧은 직선 긋기를 이용해 거미줄을 완성할 수 있다.

② 스캔한 거미그림을 오려 거미줄에 붙일 수 있다.

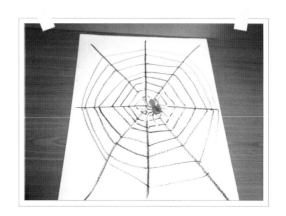

● 필요한 재료와 도구

배경종이, 거미 그림자료, 크레파스, 가위, 풀 또는 양면테이프

● 활동방법

① 가로선과 세로선, 대각선이 그려진 방패연 모양의 배경종이를 준비한다.

② 시작하는 부분의 거미줄을 그려 주면 각 선을 연결하는 거미줄을 그려 나간다.

③ 거미줄이 완성되면 거미 사진을 오려 붙인다.

● 유의점

– 개인 차에 따라 종이의 크기를 다양하게 하여 아동이 부담을 느끼지 않도록 한다.

– 섬세한 거미 사진을 오리기 힘들어하는 아동에게는 대강의 오리기 선을 매직펜 등으로 그려 주거나 교사가 오려 놓은 것을 붙이기만 할 수 있도록 한다.

– 실물에 가까운 사진자료를 이용하므로 생동감을 줄 수 있다.

– 공간의 전체적인 특성을 보지 못하며 그리기를 할 때에는 선이 흐려지거나 시작과 끝이 분명하지 못하므로 지속적으로 지도해야 한다.

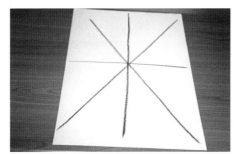

1. 도화지를 8등분한 종이를 준비한다.

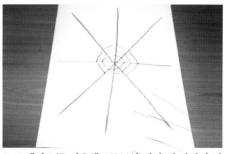

2. 크레파스를 이용해 8등분한 선과 선 사이의 짧은 직선으로 잇기 한다.

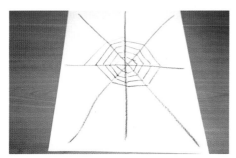

3. 점차 바깥쪽으로 선을 긋는다.

4. 완성된 거미줄 위에 거미사진을 오려 붙인다.

5. 스캔한 거미자료를 이용한다.

활동 14　점 찍어 크래커

● 활동목표

① 과자 모양의 종이 위에 여러
　 가지 필기구로 점을 찍을 수
　 있다.

② 점을 찍어 과자 모양을 완성
　 할 수 있다.

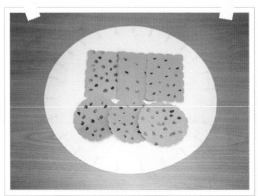

● 필요한 재료와 도구

과자 모양으로 오린 종이, 여러

가지 필기구(유성 · 수성 사인펜, 매직펜, 나무젓가락 등)

● 활동방법

① 과자 모양으로 오려진 둥근 종이와 네모난 종이 안에 점을 찍어 과자 모양을 완성
　 한다.

② 네모난 버터코코넛 비스킷, 동그란 참깨 크래커 등을 연상하도록 언어적인 자극을
　 함께 준다.

③ "과자 위에 점을 찍자." "밖으로 나가지 않게 안에 점을 찍자."고 유도하여 안과 밖
　 에 대한 개념도 함께 지도한다.

④ 완성된 과자를 접시에 놓는다. 둥근 과자끼리 네모난 과자끼리 모아 본다.

● 유의점

- 신문지 등을 깔고 활동한다.

- 다양한 색상의 종이를 이용하여 과자를 만들 수 있으며 종이 접시나 일회용 접시 위에 전시한다.

1. 과자 모양의 종이를 오려서 준비하고 점 찍기 시범을 보인다.

2 바닥에 신문지를 깔고 과자 모양의 종이에 매직펜으로 점 찍기를 한다.

3. 만든 과자로 놀이를 할 수 있다.

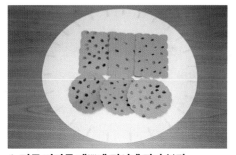

4. 만든 과자를 예쁘게 접시에 담아 본다.

활동 15   유리병에 든 사탕

● 활동목표

① 미술도구를 바르게 잡을 수
있다.

② 유리병 모양의 밑그림에 여러
가지 색의 사탕을 그려 넣을
수 있다.

● 필요한 재료와 도구

유리병이 그려진 밑그림, 크레파
스나 파스넷

● 활동방법

① 선화로 된 유리병이 그려진 밑그림을 준비한다.

② 여러 가지 색의 사탕이 그려져 있는 예시자료를 보여 주고 먹고 싶은 사탕을 그려
보도록 한다.

③ 여러 가지 색을 이용하여 사탕을 그린다.

④ 완성된 유리병에 이름을 붙여 누구의 사탕인지 보면서 감상한다.

● 유의점

- 다양한 색을 이용하도록 발문을 한다(노란 사탕도 맛있을 텐데, 딸기맛이 나는 사탕은
무슨 색일까? 등).

- 유리병 안의 공간을 잘 활용하도록 도움을 준다.

1. 빈 유리병 모양의 그림이 그려진 종이를 준비한다.

2. 동그라미를 그리고 색칠을 하여 사탕을 그린다.

3. 그린 사탕을 친구들에게 서로 보여 준다.

4. 유리병에 스티커 사탕을 완성한다.

수정된 활동: 유리병 안에 원스티커를 붙여 사탕
            그릇을 꾸민다.

활동 16   꼬불꼬불 국수

● 활동목표

① 미술도구를 바르게 잡을 수 있다.

② 국수 그릇 모양의 밑그림에 꼬불꼬불 선 그리기를 할 수 있다.

● 필요한 재료와 도구

국수 그릇이 그려진 밑그림, 크레파스나 파스넷 또는 털실

● 활동방법

① 국수 그릇이 그려진 밑그림을 준비한다.

② 한 가지 색을 이용하여 꼬불꼬불한 선, 직선 등 그릇을 벗어나지 않는 범위에서 마음대로 그리기를 할 수 있다.

● 유의점

- 다양한 선을 그리도록 발문을 한다(꼬불꼬불한 라면, 죽죽 긴 우동, 스파게티⋯⋯ 좋아하는 것으로 그려 보세요 등).

- 그릇 안의 공간을 잘 활용하도록 도움을 준다.

- 그리기가 너무 쉬운 과제로 느껴지는 아동들은 털실을 이용하여 꾸미도록 지도한다.

1. 자료를 이용하여 용기가 그려진 밑그림을 준비한다.

2. 참고자료를 준비한다.

3. 용기가 그려진 밑그림에 꼬불꼬불 그리기를 한다.

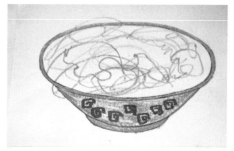

4. 라면 그림을 완성한다.

수정된 활동: 털실을 풀로 붙여 국수 꾸미기를 한다.

활동 17   내가 만든 책

● 활동목표

① 한 장의 종이를 순서대로 접
   어 책의 형태를 만든다.

② 자신이 좋아하는 그림이나 캐
   릭터 등을 선택하여 오리고
   붙이는 활동을 통해 나만의
   책을 만들 수 있다.

● 필요한 재료와 도구

잡지나 전단지 등의 컬러 화보 또는 사진, 가위, 풀, 두꺼운 마분지(B4 또는 A3 크기),
사인펜이나 네임펜

● 활동방법

① 잡지나 전단지의 컬러 화보 중에서 자신이 좋아하는 물건이나 캐릭터 등을 6개 이
   상 준비한다.

   준비하는 방법은 스스로 좋아하는 것 그리기, 좋아하는 것 말하면 교사가 그려 주
   기, 스스로 좋아하는 것 선택하여 오리기 등 다양한 방법으로 할 수 있다.

② 준비한 종이를 세 번 접어 8등분하고 아래 그림의 ===로 표시된 부분을 가위로
   오린다.

①	②	③	④
⑤	⑥	⑦	⑧

③ ①과 ⑤, ④와 ⑧의 뒷면이 만나도록 접고 ⑥과 ⑦ 사이를 접어 앞으로 세우고 ②와
   ③을 접어 밖으로 세워 순서대로 접으면 ⑤와 ⑥면이 만나고 ⑦과 ⑧면 ④와 ③면

이 만나도록 접는다.

④ ①이 표지가 되고 ⑤ ⑥ ⑦ ⑧ ④ ③ ② 순서의 책이 되는지 확인한다.

⑤ 표지를 제외한 면에 오려 놓은 그림이나 사진 등의 자료를 풀을 이용하여 붙인다.

⑥ 표지에 책의 제목을 붙인다(예: 내가 만든 책, 내가 좋아하는 것 등).

⑦ 제목 아래 자신의 이름을 써넣거나 사진을 붙인다. 이름 쓰기가 어려운 아동은 자신의 이름이 새겨진 스탬프를 이용하거나 사진을 붙일 수도 있다.

⑧ 책의 페이지 수를 써넣을 수 있다.

⑨ 완성 후 어떤 모양이 되었는지 감상한다.

● 유의점

- 활동 순서를 지켜 제작한다.

- 그림책을 만들기 전에 미리 이야기를 나누어 재미있게 만들 수 있는 방법을 생각해 본다.

- 책의 내용을 쓸 수 있는 아동의 경우는 사진이나 그림에 맞게 쓸 수 있도록 지도한다.

- 두꺼운 종이보다는 얇은 종이가 만들기 용이하며 종이를 등분하는 선을 똑바로 접어야 책을 접었을 때 모서리 아귀가 잘 맞으므로 이 점에 유의한다.

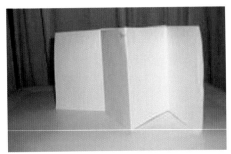

1. 준비한 종이를 설명대로 접어 책 모양을 만든다.

2. 좋아하는 그림을 그리거나 밑그림을 그려 주면 색칠한다.

3. 책의 페이지에 숫자 스티커를 붙인다.

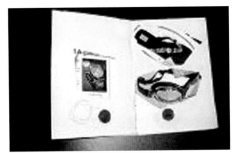

4. 잡지나 광고지의 그림 중에서 자신이 좋아하는 물건이나 캐릭터 등을 선택하여 오려 붙일 수도 있다.

5. 자신의 이름이나 사진으로 표지를 꾸며 나의 책을 완성한다.

활동 18 카네이션 볼펜

● 활동목표

① 주름지를 핑킹가위로 자를 수 있다.

② 긴 주름지를 풀이나 양면테이프로 붙이고 볼펜에 돌려 감을 수 있다.

③ 녹색 테이프를 돌려 감아 꽃받침을 만들 수 있다.

● 필요한 재료와 도구

빨간색 주름지(크레이프지), 녹색 종이테이프, 핑킹가위, 양면테이프, 뚜껑이 있는 필기구

● 활동방법

① 빨간색 주름지(5~7cm 정도 넓이, 길이 50cm)의 한 면을 핑킹가위로 오린다.

② 핑킹가위로 오려진 쪽에 2cm 정도 간격으로 가위집을 넣는다.

③ 가위집을 넣지 않은 쪽의 주름지 위에 양면테이프를 군데군데 붙인다.

   이때 주름지의 양쪽 즉, 시작 부분과 끝 부분은 신경을 써서 붙인다.

   양면테이프를 떼어 내기가 어려운 아동들을 위해서는 미리 모서리를 조금 접어 주는 것이 좋다.

③ 뚜껑이 있는 필기구의 아랫부분을 주름지에 올려놓고 힘을 주어 만다.

④ 뭉쳐져 있는 주름지의 꽃잎들을 손으로 하나씩 펴서 꽃 모양을 만든다.

⑤ 녹색 종이테이프(흔히 꽃철사라고 부름)로 꽃의 아랫부분을 감아 꽃받침을 만든다.

● 유의점

- 활동 순서를 지켜 제작한다.

- 가위집을 넣을 때 끝까지 잘라 버리지 않도록 유의한다.

- 주름지를 마는 활동은 대부분의 아동이 좋아하나 녹색테이프 감기를 어려워하는 경우에는 교사가 도와준다.

1. 길게 오려진 주름지에 가위집을 넣는다.

2. 가위집을 넣지 않은 쪽의 주름지 위에 양면테이프를 붙인다.

3. 양면테이프를 떼어 낸다.

4. 볼펜의 끝부분을 대고 주름지를 만다.

5. 손으로 꼭꼭 눌러 주름지와 필기구를 고정시킨다.

6. 꽃잎을 하나씩 편다.

7. 녹색테이프로 꽃받침을 돌려 붙여서 카네이션을 완성한다.

활동 19 전통문양 찍기

● 활동목표

① 그림물감과 문양판을 이용하
여 찍기활동을 할 수 있다.

② 여러 가지 색과 문양을 골고루
이용하여 꾸미기할 수 있다.

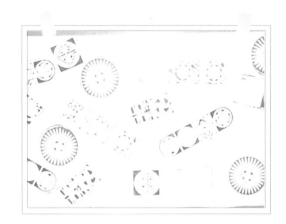

● 필요한 재료와 도구

문양판(구입한 자료), 크기가 다양
한 일회용 용기, 그림물감, 부직포

● 활동방법

① 일회용 용기에 적당한 크기의 부직포를 자른다.

② 부직포 위에 좋아하는 색을 선택하여 물감을 짠다.

③ 물을 조금만 붓고, 부직포 전체에 물감이 묻도록 붓으로 골고루 묻힌다.

④ 준비된 물감에 문양판을 대고 물감이 충분히 묻도록 누른다.

⑤ 종이에 찍어 낸다.

● 유의점

– 찍어 내기 활동을 위한 판은 직접 교사가 야채 등을 이용하여 제작할 수도 있으나
일회용이므로 상업용으로 파는 것을 사용해도 좋다.

– 골고루 찍기가 어려우므로 아동 각자 찍은 것을 교사가 오려서 재구성하여 공동작
품으로 전시하면 더 보기가 좋다.

– 솜보다 부직포를 이용하여 물감판을 만드는 것이 물감을 덜 먹고 묻어 나는 것도 없
어 편리하다.

– 문양판의 크기에 따라 다양한 크기의 일회용기를 이용한다.

1. 문양판 찍기틀을 준비한다.

2. 일회용기에 부직포를 깐 물감판에 문양판을 눌러 도화지에 찍어 낸다.

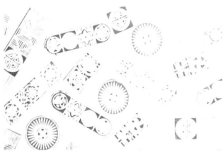

3. 문양마다 고유의 색으로 찍어 오려 내어 공동 작품을 만든다.

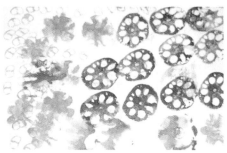

수정된 활동: 연근 등 야채를 이용한 무늬 찍기를 할 수 있다.

수정된 활동: 여러 가지 모양의 스탬프를 이용한 찍기를 할 수 있다.

활동 20   탈 만드는 판화

● 활동목표

① 평면 플라스틱 판을 이용하여
　물감 찍기를 할 수 있다.

② 뽕뽕을 이용하여 플라스틱 탈
　위에 골고루 물감 찍기를 할
　수 있다.

③ 완성된 것을 말린 후 오려 탈
　을 쓰고 놀이할 수 있다.

● 필요한 재료와 도구

탈 모양의 플라스틱판(구입한 자료), 크기가 다양한 일회용 용기, 그림물감, 부직포, 넙
적한 흰색 고무줄 또는 마분지, 가위, 풀

● 활동방법

① 일회용 용기에 적당한 크기의 부직포를 자른다.

② 부직포 위에 좋아하는 색을 선택하여 물감을 짠다.

③ 물을 조금만 붓고 부직포 전체에 물감이 묻도록 붓으로 골고루 묻힌다.

④ 한 손에 잡기 적당한 뽕뽕을 이용하여 준비된 물감을 묻혀 판에 대고 톡톡 두드리
　듯이 골고루 찍어 낸다.

⑤ 판을 떼어 내고 말린다.

⑥ 탈 모양대로 오려서 양 옆에 구멍을 뚫어 고무줄을 끼우고 탈처럼 써 본다.

● 유의점

- 찍어 내기 활동을 위한 솜방망이 등을 직접 교사가 제작할 수도 있으나 뽕뽕은 특히
　유아들이 손에 잡기 용이하고 재활용도 가능하므로 편리하다.

- 판을 움직이지 않도록 하고 골고루 찍기가 어려운 아동은 테이프로 판을 고정시켜

주거나 교사가 잡아 주어야 한다.

- 탈을 써 보는 것을 좋아하지만 아동에 따라서는 거부하기도 하므로 선호도에 따른
다. 특히 고무줄을 귀에 걸기 싫어하는 아동들은 마분지를 이용해 T자로 머리에 씌
워 주어도 좋다.

1. 탈 모양을 준비하고 하고 싶은 것을 선택한다.

2. 얼굴에 대 보아 탈은 만들어서 쓰는 것임을 안다.

3. 물감과 마분지, 뽕뽕과 물감판을 준비한다.

4. 일회용기 위에 부직포를 놓고 물감을 짠 후 약 간의 물을 붓는다.

5. 뽕뽕에 물감을 묻힌다.

6. 종이를 손으로 잘 잡고 탈 위에 뽕뽕이로 찍어 낸다.

7. 판을 떼어 내고 찍어 낸 그림과 탈을 비교해 본다.

8. 오려 낸 탈로 고리를 만들어 써 본다.

참·고·문·헌

교육과학기술부(2007). 장애인 등에 대한 특수교육법. 법률 제8483호. 서울: 교육과학기술부.

김미선(2013). 초등 미술교과용 도서 현장 활용 방안. 경기: 국립특수교육원.

이소현, 박은혜(2011). 특수아동교육(3판). 서울: 학지사.

넷째 마당

시각장애아동을 위한 미술활동 지도

제1절 들어가는 말

시각장애아동의 미술지도는 미술활동 시 주 감각으로 활용되는 시력의 손상을 입었다는 점에 주목해야 할 것이다. 그러므로 시각장애아동의 미술활동 수행을 위해 재료 및 방법 면에서 다양한 시도를 통해 아동들의 적극적인 활동 참여를 이끌어 내기 위한 노력이 뒤따라야 한다. 즉, 미술과의 특성이 시각적 표현력을 신장시키는 것이라는 점에서 시각을 잃거나 손상을 입은 아동들의 경우, 다른 장애영역과는 상당부분 접근방법과 전략적인 측면의 수정이 필요하게 된다.

우선 잔존 시력을 갖고 있는 저시력 아동의 경우에는 시력을 최대한 활용하여 시각적 표현력을 향상시키고 잔존 색채 감각을 고려하여 미술작품에 활용하도록 지도해야 한다. 그러나 전맹 아동의 경우, 시력을 활용하여 색채감을 느낄 수 없으므로 시력의 결함을 촉감으로 대치하여 활용하고 표현하도록 지도해야 한다. 시각장애아동 중 많은 수의 아동이 시각의 손상과 결함에도 불구하고 미술활동에 대한 흥미와 관심은 상당히 높은 편이며(김경아, 1997), 활동 참여 욕구를 비롯하여 완성하고자 하는 의지도 강하다. 그러므로 교사는 이러한 시각장애아동들의 미술활동에 대한 흥미와 관심, 작품활동에 대한 열의를 긍정적으로 활용하여 시각적 한계와 제한점을 다양한 재료의 활용과 미술활동 방법의 변형 등을 통해 보완하고, 아동들이 미술활동 시간에 즐겁게 참여할 수 있도록 다양한 활동을 구상하고 적용하려고 노력하는 태도가 요구된다.

시각장애아동은 시각적 이미지를 만들어 내는 활동에 제한을 갖고 있으므로 미술활동 시 아동들의 상상력을 발휘할 수 있도록 교사는 아동들에게 동기 부여를 필수적으로 포함하여 지도해야 한다(유정희, 2003). 이를 위해 다양한 촉각 및 청각자료를 적극 활용해야 하며 이야기나 음악 등을 활용하여 미술활동을 구성하는 것이 효과적이다. 매 활동마다 아동들이 완성한 작품의 결과에 과도하게 집착하지 말고 미술 표현의 특징을 이해하고 즐겁게 참여할 수 있도록 과정을 중시하며 지도해야 한다(유정희, 2003). 즉, 활동의 결과물로 만들어진 작품의 질이 교사의 기대에 못 미치더라도 활동을 수행하면서 아동들이 보여 준 흥미와 관심, 열의 등을 가치 있게 보고 작품의 질을 일반적인 기준으로 평가하여 아동들의 의욕을 떨어뜨리는 평가방식은 지양하는 것이 바람직하다.

또한 미술활동에서 반드시 익혀야 하는 색 개념지도의 경우, 전맹 아동들은 색 자체를 가르치는 것이 거의 불가능하므로(김기수, 1990), 매 활동마다 색의 기능과 색의 느낌 등을 상세하게 설명해 주어 시각적으로 색을 변별하고 활용할 수 없더라도 기본적인 색의 특성을 인지적으로 이해하고 지각할 수 있도록 해 주어야 한다. 이러한 과정을 통해 실생활 속에서 의미 있게 활용되는 색의 기능(경조사와 관련된 색의 기능, 의복 착용 시 색의 조화 등)을 알고 생활 속에서 색의 활용을 가능하게 할 수 있기 때문이다.

시각장애아동들은 미술활동을 접할 수 있는 기회가 극히 제한되어 있고 시력을 통한 작품 감상활동은 불가능한 경우가 대부분이다. 그러므로 아동들이 동료의 작품을 촉각으로 만지거나 작품에 대한 설명을 통해 접할 수 있도록 해 주어야 한다. 즉, 미술활동을 모두 마친 후, 친구들의 작품을 감상할 수 있는 기회를 종종 마련하여, 자신이 완성한 작품과 다른 친구들의 작품을 비교해 보는 기회를 가지고 동료들의 작품을 통해 다양한 미술적인 경험을 얻도록 해 주어야 한다.

시각장애학생들에게 미술수업은 물체를 직접 만져 보며, 냄새를 맡아 보기도 하고…… 일상적인 것들에 대해서 시각장애를 가진 사람 개개인의 특성에 맞는 체험 방식으로 보이지는 않지만 존재하는 세계를 느껴 보는 것이다……. 시각장애학생이 미술이라는 활동을 통해 자신이 느끼는 감정을 표현하며, 경험의 재현, 재료를 사용하며 느끼는 촉각적 느낌, 시각장애학생들이 경험하는 문화적 내용이 일반인들과 다르지 않다는 것을 알게 되었다……. 시각장애를 가진 사람들은 미술활동을 못한다는 편견을 버리고 일반적인 사람들과는 조금 다르지만 미술이라는 문화를 경험하고, 표현하며 문화의 수혜자가 아닌 문화의 창조자가 될 수 있다는 사실을 알아 주었으면 좋겠다.

– K교사의 기고문 중에서–

출처: 신유진(2011). 시각장애아 미술교사의 삶. 미술과 교육, 12(2), p. 108

 제2절 시각장애아동의 이해

시각장애아동은 시각장애가 아동의 학업성취에 영향을 주기 때문에 교육에 있어서 특별한 자료와 교육환경을 필요로 하는 아동을 의미한다. 교육적으로 시각 손상의 정도에 따라 '맹'과 '저시력'으로 구분하는데 맹은 시각을 전혀 활용할 수 없고 청각이나 촉각에 의존해야 하는 경우이며, 저시력은 심각한 시작장애가 있으나 어느 정도 사용 가능한 능력이 있는 경우를 의미한다(이소현, 박은혜, 2011). 통상적으로 교정시력이 0.05 미만인 아동을 맹으로, 0.05~0.3 미만인 아동을 저시력으로 구분한다(장애대학생 교수학습지원 통합지침서, 2014).

1. 시각장애의 원인

시각장애를 일으키는 다양한 원인이 있으나 가장 많은 비중을 차지하는 원인으로 시각의 상이 망막보다 앞에 맺히는 근시와 너무 뒤에 맺히는 원시, 또는 각막이나 수정체의 표면이 균일하지 않아 발생하는 난시 등의 원인이 가장 많다. 그 외에도 선천성 백내장이나 녹내장으로 인한 시신경의 손상, 고도근시, 망막박리, 망막색소변성증, 유전질환의 하나인 색소 결핍에서 오는 안구백색증, 안구진탕증, 사시 등이 시각장애를 일으키게 한다.

2. 시각장애아동의 특성

1) 청각 및 촉각을 통한 지식 습득

시각장애아동들은 시각을 제외한 청각이나 촉각 등 다른 감각이 예민하게 발달해 있고 그중에서도 대부분의 지식을 축적하는 데에 주로 활용하는 감각은 청각과 촉각을 주로 활용하게 된다. 청각은 소리를 통해 거리와 방향 등의 단서를 줄 수 있지만 그 대상의 구체적인 형체나 색깔, 크기 등의 개념은 알 수가 없다. 이와는 달리 촉각은 물체의 형태뿐 아니라 질, 촉감, 탄력성, 온도 등을 전달해 주므로 시각을 대신하는 감각으로 활용하고 있다. 그러나 원거리 물체나 만질 수 없는 크기의 대형 사물 또는 초소형의 물체(개미, 먼지, 등)에 대한 개념 형성에는 한계를 가지게 된다.

2) 운동기능 및 행동 특성

시각장애아동은 만 5세 이전에 시력을 잃은 경우, 시각적 상(visual image)을 갖지 못하므로 시각적인 자극의 부족으로 자신의 자세에 대한 올바른 상(像)을 가지지 못하는 경우가 많아 곧잘 어깨를 움츠리고 엉거주춤한 자세를 취하거나 머리를 숙이는 등 부적절한 자세를 보이는 경우가 많다. 이와 더불어 시각장애아동 중에는 몸을 앞뒤로 흔들거나 눈을 누르는 등 부적절한 습관을 가진 아동도 자주 발견할 수 있고 주변 탐색을 위해 필요 이상으로 주변을 더듬는 행동을 보이는 아동도 종종 볼 수 있다. 그러므로 이런 부적절한 행동들이 습관으로 굳어지기 전에 조기에 적절한 행동으로 교정해 주어야 한다.

또한 대부분의 시각장애아동들은 시각손상으로 인해 운동 경험과 다양한 소근육 활동을 경험할 수 있는 기회가 제한됨으로써 대/소근육 기능에 있어서 또래 아동들에 비해 기능이 다소 떨어지는 현상을 보이기도 한다. 그러므로 경험의 폭을 넓힐 수 있도록 다양한 경험을 제공해 주고 신체운동기능을 신장시키기 위해 지속적으로 운동을 실시하도록 지도해야 한다.

3) 시각장애아동의 언어 및 인지적 특성

지적기능의 문제가 없는 시각장애아동들은 말을 조리 있게 하는 편이며 한 번 만난 사람을 기억하는 능력이 뛰어나고 이러한 특성 때문에 자신의 기억력을 자랑스럽게 생각하는 경향이 있다. 또한 다른 사람과 이야기 나누는 것을 즐기고 말로 표현하는 것을 좋아한다. 시각장애아동의 지능은 중복 장애가 없는 아동의 경우, 일반아동과 비교해 볼 때 큰 차이는 없으나 다양한 경험 부족으로 인해 인지 발달에 영향을 받게 된다. 그러므로 교사는 시각적으로 정보를 습득하지 못하는 점을 고려하여 교육활동 속에 시각 이외의 청각, 촉각 및 후각 등의 다양한 감각자극을 통해 정보를 제공할 수 있도록 배려함이 필요하다(장애학생지원가이드, 2002).

제3절 시각장애아동을 위한 미술활동 지도

1. 미술활동 지도 시 중점 지도사항

1) 자신의 생각이나 감정 표현의 기회로 활용하기

시각장애아동의 미술활동은 표현력을 위한 가장 중요한 감각인 시각에 손상을 입은 아동들이므로 자신의 느낌이나 감정을 미술활동으로 표현해 보는 경험이 절대적으로 부족한 아동들이다. 그러므로 자신의 생각이나 감정을 표현해 보는 경험을 제공해 주는 기회로 미술활동이 활용되어야 한다.

2) 시각을 대체하는 감각의 활용을 최대한 신장하기

시각손상을 대체하는 촉각 및 청각 감각을 최대한 활용할 수 있는 방법들을 제시해 주어야 한다. 이를 위해 시각장애아동이 가진 순수한 상상력을 표현할 수 있는 기회를 제공해 줌은 물론, 자신의 생각이나 감정을 자신이 가진 잔존 시력 또는 청각이나 촉각감각을 활용하여 이미지화하는 방법을 터득하도록 지도한다. 이때 동화이야기, 음악 등의 다양한 방법을 동원하여 아동들이 자신들의 생각과 상상의 범위를 확장할 수 있도록 도와주어야 한다.

3) 미술활동에 필요한 필수적인 조작기능을 습득하기

시각장애아동들의 경우 시각의 손상으로 소근육 활동 경험이 제한되어 있으므로 소근육을 활용하여 수행하는 다양한 미술활동을 통해 필수적인 기능을 습득할 수 있도록 반복적으로 지도해 주어야 한다. 특히 시범작품을 모방해서 표현하는 활동으로 필수적인 기능을 숙달시키고 자신이 습득한 기능을 활용하여 스스로 작품을 완성해 보는 기회를 가짐으로써 기능 수준을 점차 향상시킬 수 있도록 지도한다.

4) 생활 속의 다양한 재료를 활용하기

시각뿐 아니라 촉각 감각을 최대한 활용할 수 있는 재료의 선택으로 아동 자신이 스스로 활동을 수행할 수 있는 폭을 넓혀 주는 것이 필요하다. 단추, 부직포, 헝겊, 털실, 모래, 콩, 사포, 병뚜껑 등의 재료들을 적절하게 작품에 활용하여 아동들의 미술적인 흥미를 자극해 주는 것이 효과적이다.

5) 부조 또는 입체적인 작품 제작 활동 제공하기

시각손상으로 인해 주로 색채와 형태의 변화로 나타내는 평면적인 작품을 통해서 만족감을 얻기가 어려운 특성을 감안하여 부조 또는 입체적인 작품의 비중을 늘려 주어 자신이 스스로 미술활동을 통해 표현할 수 있는 영역을 확장해 주어야 한다.

6) 생활 속에서 요구되는 기본적인 색 활용을 위한 색 개념 지도하기

시각손상으로 인해 색채와 형태를 충분하게 경험할 수는 없으나 잔존 시력이 있는 경우 최대한 활용하여 색채의 느낌을 표현하도록 지도한다. 또한 시력을 통해 색을 볼 수 없는 전맹 아동이라 할지라도 실생활 속에서 요구되는 색의 매치, 의류 선택에 필요한 색의 조화 등을 비롯하여 경조사와 관련된 생활 속의 색 기능을 이해할 수 있도록 기본 색에 대한 개념을 반복 지도한다.

7) 작품 감상 기회를 최대한 많이 제공하기

미술작품 감상의 기회가 제한되어 있는 아동들을 위해 자신의 작품은 물론 동료의 다양한 작품을 접해 볼 수 있도록 매 활동마다 작품 감상활동을 포함시키는 것이 필요하다. 이때 감상을 위해 필요한 요령과 주의사항 등을 반복 지도하여 작품의 소중함을 알고 다루는 요령을 익히도록 해 주는 것이 필요하다.

8) 미술활동에 대한 흥미와 관심을 지속하기

미술활동에 대한 흥미와 관심이 높고 활동 참여율과 성취욕이 높은 아동들의 특징을 이해하고 이를 최대한 활동에 반영시켜 줄 수 있는 전략을 구안하여 이들이 지속적인 열의와 관심으로 미술활동에 참여할 수 있도록 지도해야 한다.

2. 시각장애아동을 위한 사전 고려사항

1) 물감 및 크레파스의 규칙적인 배열과 점자로 색 표시

미술활동 시 사용하는 물감과 크레파스의 경우 미리 라텍스로 점자를 찍어 색을 나타내어 주고 기본 색을 우선하여 일정한 순서를 약속하여 배열한다(예: 빨주노초파남보황갈……). 이를 통해 아동 스스로 필요한 색을 찾아 사용하고 정리하는 것이 가능해지므로 작업 활동이 용이하게 진행된다.

2) 미술용구의 사용법과 정리 방법을 지도

가위, 칼 등의 미술용구의 사용법을 반복 지도하여 안전사고를 예방하고 작품을 제작할 때 용도에 맞게 활용할 수 있도록 하며 책상 위에 정리 상자 등의 일정한 용구함을 준비하여 떨어뜨리거나 분실하지 않도록 한다.

3) 미술활동 수행을 위한 바람직한 행동 지도

시각장애아동들에게 빈번하게 나타나는 탐색 방법 중의 하나인 주변 더듬는 행동으로 물감을 엎거나 용구를 떨어뜨리게 되는 경우가 발생하기 쉽고, 다른 친구들의 작품 활동을 방해하는 행동으로 나타날 수 있기 때문에 이런 행동을 스스로 절제하고 조절하도록 지도해 주는 것이 반드시 필요하다.

4) 시각 손상을 보완할 수 있는 미술활동 수정

시각장애를 가진 아동들에게 미술활동을 지도하기 위해서 활동의 특성에 따라 다양한 수정방법이 요구된다. 우선 채색이나 붙이기를 위해 경계를 구분해 주는 도드라진 윤곽선이 사전에 표시되어야 하며 물감 작업 시 쏟아짐을 방지하기 위한 스펀지, 촉감을 고려한 재료의 선정 등을 통하여 시각장애아동들이 미술활동 수행에 필요한 수정사항들을 고안하고 적용해야 한다.

제4절 활동의 실제

이 장에 수록된 내용은 시각장애아동들의 미술활동을 위해 필자가 교육현장에서 실제 활용하였던 활동을 중심으로 구성하였다. 무엇보다 활동 선택의 기준은 시각장애아동들이 흥미와 관심도가 높았던 점을 중시하였고 되도록 미술활동의 여러 영역이 골고루 포함될 수 있도록 구성하였다. 또한 아동들이 스스로 활동을 수행할 수 있는 부분이 많아 성취욕을 느낄 수 있는 활동으로 선정하려고 노력하였다. 시각장애아동들의 미술활동은 교사의 사전 작업과 준비, 그리고 많은 고민을 요구하므로 다른 교과에 비해 수업활동 준비 시간과 노력이 많이 필요하다. 그러므로 자원봉사자나 보조교사 등의 인력을 확보하여 아동들에게 실제적으로 필요한 도움이 수업준비과정과 수업활동 중에 적절하게 제공되도록 교육여건을 조성하는 것이 반드시 필요하다.

무엇보다 이 장에 수록되어 있는 시각장애를 보완할 수 있는 교과과정 수정방법을 참고하여 다양한 활동에 접목해 본다면 시각장애아동들이 경험할 수 있는 미술영역의 폭이 넓어질 뿐만 아니라, 미술적인 기능 습득에도 커다란 기여를 할 것이다. 마지막으로 시각장애아동의 미술활동에는 반드시 예시 작품이 준비되도록 하여 시각장애아동으로

하여금 미술시간에 어떤 활동을 수행할 것인지 가늠할 수 있게 하고 이를 위해 자신이
활동계획을 수립하도록 지도해 주어야 한다.

표 4-1 　활동구성표

영역	내용	활동명
회화	1. 무지개 채색하기 2. 숨어 있는 그림 나타내기	4-1 무지개를 색칠해요 4-2 여러 가지 모양이 숨어 있어요
판화	1. 당근도장으로 꽃나무 꾸미기 2. 요구르트 도장으로 모루 도장 찍기	4-3 나무에 꽃이 피었어요 4-4 포장지 무늬 찍기
조소	1. 지점토 목걸이 만들기 2. 과일 야채 모형 만들기 3. 찰흙으로 친구 얼굴 나타내기 4. 지점토와 고무찰흙 부조 5. 찰흙으로 입체감 있는 물체 나타내기 6. 고무찰흙으로 인형 만들기	4-5 지점토 목걸이 만들기 4-6 과일 바구니 4-7 친구 얼굴 4-8 찰흙 그림 그리기 4-9 의자에 앉아 있는 사람 4-10 인형 만들기
콜라주	1. 바닷속 풍경 꾸미기 2. 색 고무판으로 꾸미기 3. 해바라기 꾸미기	4-11 바닷속 풍경 4-12 집과 자동차 4-13 해바라기 꽃
모자이크	1. 색지 찢어 붙여서 사과 완성하기	4-14 사과 꾸미기
만들기	1. 부직포 지갑 만들기 2. 소리 나는 악기 만들기	4-15 지갑 만들기 4-16 마라카스 만들기
꾸미기	1. 골판지로 꽃밭 꾸미기 2. 스테인드글라스 꾸미기 3. 수수깡 집 꾸미기	4-17 꽃 꾸미기 4-18 스테인드글라스 4-19 통나무집

활동 1   무지개를 색칠해요

● 활동목표

① 무지개를 크레파스로 색칠하여 나타낼 수 있다.

② 크레파스와 파스텔을 사용하여 각각의 특징을 살려 채색할 수 있다.

③ 주어진 무지개 윤곽선을 벗어나지 않고 알맞은 색으로 채색할 수 있다.

● 필요한 재료와 도구

도화지, 크레파스, 수정액, 파스텔, 휴지

● 활동방법

① 수업에 들어가기 전 미술수업에 참여하는 아동의 수만큼 도화지를 준비하고 미리 볼펜 수정액으로 윤곽선을 표시해 둔다.

② 윤곽선에 맞추어 크레파스로 빨주노초파남보 순서로 색칠한다.

③ 무지개의 윗 여백과 아래 여백을 파스텔로 채색한 후 휴지로 문지른다.

● 작품설명과 유의점

단순한 색칠하기 활동이지만 시각장애아동들에게는 가장 어려운 활동 중의 하나다. 색을 지각할 수 없는 특성을 고려하여 윤곽선을 도드라지게 미리 나타내어 무분별한 혼색을 방지해 주어야 한다. 또한 크레파스와 파스텔의 차이점을 느낄 수 있도록 구별하여 지도하고 무지개의 일곱 가지의 기본 색을 채색하여 나타내어 보는 활동이다. 파스텔 사용 시 너무 힘주어 사용하거나 불필요하게 많이 칠하지 않도록 지도한다.

● 활동에 사용된 수정도구: 볼펜 수정액(윤곽선 표시)

1. 윤곽선을 미리 수정액으로 도드라지게 표시해 준다.

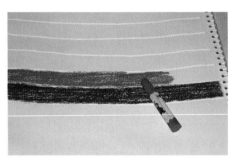

2. 크레파스로 채색한다.

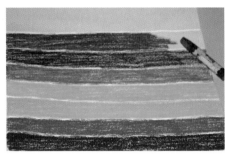

3. 크레파스로 무지개색을 채색한다.

4. 파스텔을 이용하여 바탕을 칠해 준다.

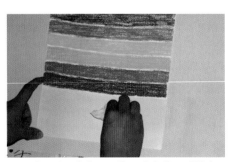

5. 유지를 사용하여 둥글게 문질러 색을 펼친다.

활동 2	여러 가지 모양이 숨어 있어요

● 활동목표

① 색지를 사용하여 여러 가지 모양을 오려 낼 수 있다.

② 도화지에 준비된 모양을 적절하게 배치하여 붙일 수 있다.

③ 물감을 이용하여 채색할 수 있다.

● 필요한 재료와 도구

도화지, 색지, 포스터컬러, 팔레트, 물통, 붓, 젖은 수건, 앞치마, 덧소매

● 활동방법

① 색지로 여러 가지 모양으로 오려서 준비한다.

② 미리 수정액으로 도화지를 적당히 4등분하여 볼펜 수정액으로 윤곽선을 그린다.

③ 도화지에 자신이 배치하고 싶은 모양대로 오려 놓은 모양을 스카치테이프를 이용해 붙인다.

④ 포스터컬러를 조금 진하게 풀어서 조화를 이룰 수 있는 색으로 3~4색 준비한다.

⑤ 모양을 배치해 놓은 도화지에 골고루 색을 칠한다.

⑥ 물감이 다 마른 후 미리 붙여 놓은 모양들을 살짝 떼어 낸다.

● 작품설명과 유의점

아동들이 물감을 사용해서 채색하는 활동을 좋아하나 시각장애아동들이 물감을 사용하여 회화활동을 하기에는 여러 가지 제약이 따른다. 그러므로 변형된 방법을 도입하여 미리 모양조각을 만들어 도화지에 붙여 놓은 후 물감으로 색칠하고 나중에 모양 조각을 떼어 내어 채색한 물감과 어우러지게 한다.

- 여러 가지 모양을 오려서 준비할 때 가위질이 서툰 학생들을 위해 교사가 모양자료를 미리 준비한다.
- 여러 가지 모양을 채색 후 떼어 내야 하므로 너무 강력하게 접착시키지 않는다.
- 여러 가지 색의 물감을 사용하므로 색이 혼합될 수 있으나 혼합이 되어도 혼색 효과가 일어나는 색을 사용하도록 권장한다.
- 아동이 붓을 사용할 때 과도하게 힘을 주어 문지르지 않도록 사전에 붓의 사용법을 지도한다.

● 수정도구: 여러 가지 모양(색지), 수정액

1. 모양 조각을 미리 오려 놓고 수정액으로 윤곽 선을 미리 표시해 놓는다.

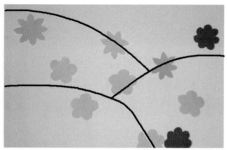

2. 도화지 위에 적당하게 배열하여 붙인다.

3. 물감을 사용하여 아래부터 채색한다.

4. 3~4가지 색을 사용하여 색을 칠한다.

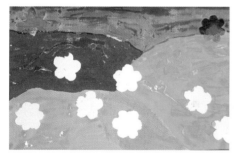

5. 채색이 끝난 후 모양 조각을 떼어 낸다.

완성 작품

활동 3   나무에 꽃이 피었어요

● 활동목표

① 당근을 잘라서 조각칼로 꽃
    모양을 낼 수 있다.

② 4절지에 커다란 나무 모양을
    그릴 수 있다.

③ 물감을 사용하여 모양을 반복
    하여 찍을 수 있다.

● 필요한 재료와 도구

당근, 칼, 4절 도화지, 포스터컬러, 스펀지, 일회용 접시

● 활동방법

① 당근을 5cm의 길이로 자른다.

② 윗부분을 손잡이로 활용할 수 있도록 손잡이 모양으로 잘라 낸다.

③ 도장으로 사용할 당근의 단면에 꽃 모양의 도안을 그린다.

④ 도안대로 칼을 사용하여 주의하면서 도려 낸다.

⑤ 빨간색 물감을 접시에 충분히 짜고 물을 넣은 후 잘 개어 놓은 다음 얇은 스펀지를
    담가 스탬프를 만든다.

⑥ 4절 도화지에 크레파스로 커다란 나무를 그리고 윗부분은 파스텔로 채색하고 아랫
    부분은 크레파스로 채색한다.

⑦ 준비된 스탬프에 당근 도장을 넣어 물감을 충분히 찍어서 나무 그림 위에 찍는다.

● 유의점

- 당근에 꽃 모양을 칼로 새기는 것은 위험할 수 있으므로 교사 또는 기능이 좋은 학
    생들만 수행하도록 한다.

- 물감을 진하게 풀어서 최대한 도장이 선명하게 찍히도록 한다.

● 수정도구: 스펀지를 이용한 물감 스탬프

1. 당근을 알맞은 크기로 자른다.

2. 윗부분에 손잡이를 만든다.

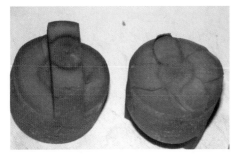

3. 아랫부분에 조각칼로 꽃 모양을 도려 낸다.

4. 도화지에 나무 밑그림을 그린다.

5. 아랫부분은 크레파스로 채색한다.

6. 윗부분의 잔가지는 파스텔로 채색한다.

7. 당근 도장으로 꽃 모양을 찍어 본다.

완성 작품

활동 4   포장지 무늬 찍기

● 활동목표

① 기본 도형 모양을 판별할 수 있다.

② 기본 도형(○ □ △)으로 형태를 꾸밀 수 있다.

③ 요구르트 병에 모루를 형태에 맞게 접착시킬 수 있다.

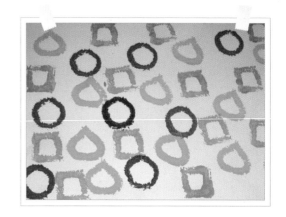

● 필요한 재료와 도구

여러 가지 물감접시, 요구르트 병, 물감, 모루, 공작용 본드, 도화지, 가위, 칼

● 활동방법

① 요구르트 병을 3개 이상 준비한다.

② 기본 도형 모형으로 모루 형태를 만든 후 요구르트 병에 붙인다.

③ 자신이 필요한 색을 골라서 물감접시에 준비하고 스펀지를 담가 스탬프를 만든다.

④ 흰 도화지에 모루 도장으로 찍어 낸다. 이때 한 가지 색을 먼저 골고루 찍은 후 다음 색을 찍어 내야 모루의 모양과 색이 곱게 나온다.

⑤ 준비한 색깔을 모두 찍어 내어 포장지를 완성한다.

● 유의점

- 수업 준비 과정에서 한 색을 먼저 칠한 후 다른 색을 칠하도록 지도한다.

- 모루 도장을 찍은 후 아무 데나 두어 물감을 주변에 묻히지 않도록 주의를 준다.

● 수정도구: 스펀지를 이용한 물감 스탬프

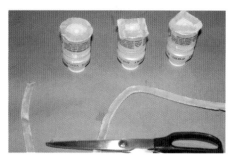

1. 요구르트 병 아랫면에 ○, △, □ 형태로 모루를 붙인다.

2. 물감 스탬프를 3~4색으로 준비한다.

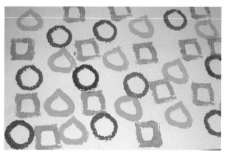

3. 도화지에 물감을 찍어 도장 찍기를 한다(한 색을 다 찍고 그다음 색을 찍어 낸다).

| 활동 5 | 지점토 목걸이 만들기 |

● 활동목표

① 지점토를 사용하여 둥근 모양
   으로 빚을 수 있다.

② 산적꽂이를 활용하여 지점토
   구슬을 꿸 수 있다.

③ 물감으로 채색할 수 있다.

● 필요한 재료와 도구

지점토, 산적꽂이, 수채화물감, 일회용 접시, 붓, 투명 래커, 목걸이 줄, 앞치마, 덧소매

● 활동방법

① 지점토를 반죽하여 부드럽게 만든 후 길게 말아 본다.

② 길게 말아 놓은 점토를 조금씩 떼어 내어 둥글게 빚어 낸다.

③ 목걸이에 사용될 수 있는 만큼 충분한 양의 구슬을 빚어 낸다.

④ 구슬이 빚어진 후 산적꽂이에 차례로 꿰어서 그늘에 건조시킨다.

⑤ 완전히 마르기 전 산적꽂이에서 빼내어 조금 더 말린다.

⑥ 포스터컬러로 5~6색을 진하게 풀어서 일회용 접시에 각각 준비한다.

⑦ 다 마른 지점토 구슬을 적당한 양으로 나누어서 각각의 물감접시에 넣어 붓으로 칠
   하거나 굴려서 채색한다.

⑧ 그늘에서 물감을 말린 후 투명 래커를 2회 정도 분사하여 광택을 낸다.

⑨ 래커가 다 마른 후 준비한 목걸이 끈에 색깔별로 조화롭게 꿰어 목걸이를 완성한다.

● 유의점

– 지점토 구슬이 너무 커지지 않도록 한다.

– 일정한 크기가 유지되지 않더라도 아동들 스스로 지점토로 구슬을 만들도록 지도한다.

– 앞치마와 덧소매를 준비하여 옷을 더럽히지 않도록 지도한다.

1. 지점토로 동그랗게 말아 구슬모양을 만든다.

2. 산적꽂이에 꿰어 놓는다.

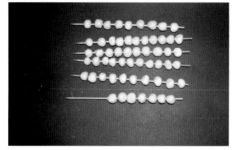

3. 그늘에서 말린다.

4. 물감을 접시에 풀어 구슬을 색칠한다.

5. 여러 가지 색으로 물감을 칠한다.

6. 물감이 마른 후 투명 래커를 뿌린다.

7. 실에 꿰어 목걸이를 만든다.

완성 작품

활동 6 과일 바구니

● 활동목표

① 지점토와 고무찰흙의 촉감을
   비교할 수 있다.
② 과일이나 야채의 모양을 고무
   찰흙으로 나타낼 수 있다.

● 필요한 재료와 도구

여러 가지 색 고무찰흙, 지점토,
찰흙판, 비닐, 젖은 수건 등

● 활동방법

① 지점토를 길게 밀어서 준비한다.
② 그릇의 밑바닥을 먼저 둥글게 빚은 후 눌러서 둥근 접시형으로 만든다.
③ 지점토로 길게 빚어 둔 재료를 둥글게 쌓아서 그릇을 만든다.
④ 그릇의 표면을 매끈하게 물을 칠하면서 다듬는다.
⑤ 고무찰흙으로 당근, 사과, 배, 포도, 등의 과일 야채를 빚어서 미리 만들어 놓은 지
   점토 바구니에 보기 좋게 진열한다.

● 유의점

- 지점토와 고무찰흙의 용도를 잘 구분하여 활용하면 좋은 작품을 만들 수 있다.
- 시각장애아동들은 촉각이 예민하여 고무찰흙과 지점토를 구분하여 활용할 수 있으
  므로 세밀한 기술만 교사가 도와주고 대부분 아이들이 스스로 제작하도록 분위기를
  조성한다.
- 다 완성된 후 만들어진 모양을 서로 만져 보는 감상 과정에서 망가뜨리는 경우가 많
  으므로 어느 정도 건조한 후에 감상하는 것이 좋다. 감상 시 유의사항 및 태도를 집
  중적으로 교육시킨 후 서로의 작품을 감상하는 것이 좋다.

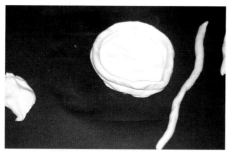

1. 지점토를 길게 말아서 그릇을 만든다.

2. 그릇을 완성한다.

3. 고무찰흙으로 야채와 과일 모양을 만든다.

4. 당근, 바나나, 사과, 포도 등을 만든다.

5. 완성한 과일과 야채를 지점토 그릇에 담는다.

완성 작품

활동 7 친구 얼굴

● 활동목표

① 친구의 얼굴을 만져 보고 특
   징을 찾을 수 있다.

② 친구의 얼굴 특징을 살려 찰
   흙으로 나타낼 수 있다.

③ 찰흙을 활용하여 부조로 얼굴
   을 표현할 수 있다.

● 필요한 재료와 도구

찰흙, 찰흙판, 찰흙주걱, 칼 등, 신문지, 비닐, 덧소매

● 활동방법

① 친구의 얼굴을 만져 보고 특징을 찾아본다.

② 친구 얼굴의 특징을 표현하기 위해 세심하게 특징을 파악한다.

   – 교사의 적절하고 구체적인 발문으로, 이마는 얼굴 중의 몇 분의 몇 크기인지, 얼
     굴형은 어떤 모양인지, 눈이 큰지, 코가 어떤 모양인지, 세심하게 만져 보며 아동
     들이 인식할 수 있도록 한다.

③ 찰흙판 위에 부조로 나타내기 위해 얼굴형을 만든다.

④ 눈, 코, 입 등 생김새의 특징을 표현하기 위해 찰흙을 반죽하여 표현한다.

⑤ 도드라진 곳은 도드라지게 나타내는 등 친구만의 얼굴 특징이 나타나도록 한다.

⑥ 완성된 작품은 그늘에서 말린다.

● 작품설명과 유의점

   친구의 얼굴을 만져 보면서 생김새와 특징을 찾아보고 서로에 대한 관심과 우정을 키
울 수 있도록 지도한다. 친구의 장점을 이야기하는 시간을 가진 후 서로의 얼굴을 탐색
하도록 하면 훨씬 친밀감이 높아지고 활동의 참여율도 높아진다. 최대한 섬세하게 탐색

할 수 있도록 지도하고 아동이 탐색한 특징을 교사가 상기시켜 주어 자신이 찰흙으로 나타낼 수 있도록 한다.

- 수업 준비 과정에서 찰흙을 얼굴 모양으로 만드는 과정에서 친구의 얼굴형이 드러나도록 특징을 잘 찾아 표현하도록 해야 한다.
- 자신의 얼굴을 만질 때 되도록 웃거나 장난으로 이어지지 않도록 지도한다.
- 찰흙 관련 용구들의 사용법을 잘 익히도록 지도한다.
- 대상 관찰 시 교사의 구체적인 발문으로 얼굴 특징을 찾아낼 수 있도록 지도한다.

1. 찰흙으로 얼굴판을 만든다.

2. 눈, 코, 입 등을 표현한다.

3. 친구 얼굴의 특징을 살려 표현한다(완성 작품).

활동 8　찰흙 그림 그리기

● 활동목표

① 지점토와 고무찰흙의 질감의
　차이를 비교하여 느낄 수 있다.
② 지점토를 넓게 펴서 사각형의
　지점토 판을 만들 수 있다.
③ 고무찰흙으로 지점토 판 위에
　모양을 내어 꾸며 본다.

● 필요한 재료와 도구

여러 가지 색의 고무찰흙, 지점토

● 활동방법

① 고무찰흙과 지점토를 만져 보고 촉감을 느낀 후 재료의 성질을 비교해 본다.
② 지점토를 넓게 펴서 사각형의 판으로 만든다(밀대를 사용해도 됨).
③ 자신이 만들고자 하는 형태에 맞추어 고무찰흙을 떼어 내어 만들어 본다.
④ 지점토 판 위에다 고무찰흙으로 모양을 꾸며 나타낸다.
⑤ 응달에서 잘 건조시킨다.

● 작품설명과 유의점

　시각장애아동들이 제한을 가지게 되는 회화의 느낌을 촉감으로 대치하여 활동을 수
행하도록 구상하였다. 즉, 지점토로 만든 사각형의 판 위에 여러 가지 색의 고무찰흙으
로 자신이 표현하고 싶은 장면을 나타내도록 한다.

　－ 지점토 판을 넓게 만들지 못하는 경우 교사가 도와주고 형태가 사각형이 되도록 측
　　면 여분을 제거해 준다.
　－ 고무찰흙이 잘 떨어지지 않도록 공작용 본드를 살짝 발라 주어 접착시킨다.
　－ 다 완성된 후 만들어진 모양을 손으로 만져 보면서 서로의 작품을 감상해 본다.

1. 지점토를 넓게 펴서 사각형의 판을 만든다.

2. 바깥 표면을 반듯하게 잘라 낸다.

3. 지점토 판 위에 고무찰흙으로 표현한다.

4. 세부적인 장면을 나타내어 준다.

5. 유지를 사용하여 둥글게 문질러 색을 펼친다.

6. 꽃과 구름 등을 표현한다(완성 작품).

활동 9   의자에 앉아 있는 사람

● 활동목표

① 찰흙을 여러 가지 모양으로 빚을 수 있다.

② 찰흙으로 입체감 있는 물체를 나타낼 수 있다.

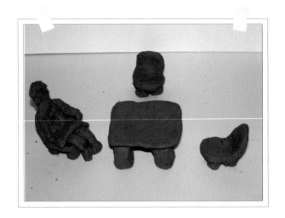

● 필요한 재료와 도구

찰흙, 찰흙판, 신문지

● 활동방법

① 자신이 앉아 있는 의자와 탁자의 모양을 손으로 만져 본다.

② 찰흙을 빚어서 기둥 모양을 만든다.

③ 탁자의 윗부분을 네모나게 빚어서 만든다.

④ 기둥 위에 네모 판을 얹어 탁자를 만든다.

⑤ 같은 방법으로 의자를 만든다.

⑥ 의자 위에 앉아 있는 사람의 형태를 만들어 붙인다.

⑦ 적당한 위치에 배열하여 본다.

● 작품설명과 유의점

　시각장애아동들이 손쉽게 다룰 수 있는 찰흙을 사용하여 입체감 있는 물체와 사람을 표현해 본다. 이때 자신들이 앉아 있는 의자와 탁자 모양을 직접 만져 보고 그 형태를 표현해 보도록 한다. 이와 함께 의자에 앉아 있는 친구를 만져 보고 그 모양을 자신이 만든 의자 위에 나타내어 본다. 찰흙을 원하는 크기대로 빚어서 붙이는 훈련을 필요로 한다.

1. 자신이 앉아 있는 의자와 탁자의 모양을 손으로 만져 보아 그 형태의 특징을 알아본다.

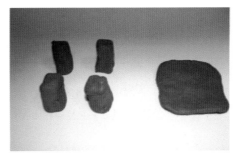

2. 먼저 탁자 기둥을 빚어 본다.

3. 탁자의 상판을 빚은 후 기둥 위에 얹는다.

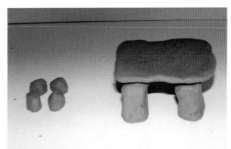

4. 의자 기둥을 만든다.

5. 의자를 완성하고 그 위에 앉아 있는 사람을 표현해 본다.

완성 작품

활동 10 인형 만들기

● 활동목표

① 고무찰흙으로 여러 가지 모양
을 빚을 수 있다.

② 입체감 있는 고무찰흙으로 사
람을 표현할 수 있다.

● 필요한 재료와 도구

여러 가지 색의 고무찰흙, 철사,
압정

● 활동방법

① 고무찰흙으로 신체 각 부위의 형태를 빚어내어 본다.

② 자신이 만든 각 부위를 연결하여 본다.

③ 신발을 압정으로 바닥에 고정시킨다.

④ 철사로 골격을 만들면서 고무찰흙으로 신체 부위를 만든다.

⑤ 세밀한 부분의 특징을 나타내어 본다(단추, 눈, 코, 입 등).

⑥ 사람을 완성하여 균형감 있게 세워 본다.

● 작품설명과 유의점

시각장애아동들이 손쉽게 다룰 수 있는 고무찰흙을 사용하여 사람의 인체를 입체감
있게 나타내어 본다. 이때 철사로 기본 골격을 만들면서 균형을 잡아 나간다. 가능하면
세밀한 묘사로 옷의 장식이나 단추 등의 모양을 나타내어 주는 것이 좋다.

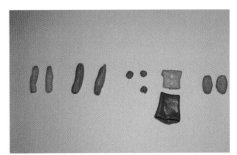

1. 고무찰흙으로 신체 부위들을 빚어 본다.

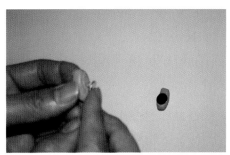

2. 신발의 아래에 압정을 꽂아 세운다.

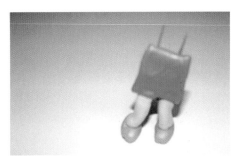

3. 그 위에 철사로 골격을 만들고 그 위에 고무찰 흙으로 붙여 나간다.

4. 각 부위를 붙여 나간다.

5. 눈, 코, 입 등 세밀한 부분을 표현한다.

완성 작품

활동 11   바닷속 풍경

● 활동목표

① 바닷속에 사는 생물을 알 수
   있다.

② 물고기 모양과 물풀 모양을
   오릴 수 있다.

③ 공작용 본드를 사용해서 색
   고무판을 접착시킨다.

● 필요한 재료와 도구

여러 가지 색의 골판지, 헝겊, 단추, 병뚜껑, 셀로판지, 풀, 공작용 본드

● 활동방법

① 도화지를 준비한다.

② 골판지를 사용하여 물고기 모양을 여러 가지로 잘라 준비한다.

③ 헝겊 조각으로 바위를 표현하도록 잘라 붙인다.

④ 단추와 병뚜껑을 사용하여 모양을 내어 본다.

⑤ 초록색 셀로판지를 사용하여 물풀을 표현해 본다.

⑥ 바닷물을 표현하기 위해 파란색 셀로판지를 겉표면에 붙여서 완성한다.

● 작품설명과 유의점

　바닷속의 풍경을 나타내기 전에 바다에 있는 생물과 무생물에 대해 충분한 설명과 이
야기가 이루어진 다음 작품활동에 들어가는 것이 좋다. 아동들의 상상력을 촉진시킬 수
있는 바다가 주 배경인 동화를 한 편 들려주고 활동을 시작하는 것도 하나의 방법이 될
수 있다. 사전에 제작된 시범 작품을 만져 보면서 자신이 표현할 바닷속의 풍경을 구상
할 수 있는 기회를 제공해 주고 나서 작품을 만들도록 유도하면 효과적이다.

1. 여러 가지 크기의 물고기 모양을 자른다.

2. 물고기를 배치하여 붙인다.

3. 물속의 바위를 헝겊을 사용하여 표현한다.

4. 셀로판지를 이용하여 물풀 등을 붙인다.

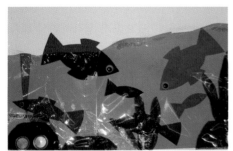

5. 셀로판지를 활용하여 바닷물의 색을 표현한다
  (완성 작품).

활동 12 집과 자동차

● 활동목표

① 고무판의 촉감을 느낄 수 있다.

② 기본 도형(○□△)으로 형태를 꾸밀 수 있다.

③ 공작용 본드를 사용해서 색 고무판을 접착시킨다.

● 필요한 재료와 도구

여러 가지 색 고무판, 흑표지, 공작용 본드, 가위, 칼

● 활동방법

① 색 고무판을 만져 보고 촉감을 느낀 후 구부려서 재료의 성질을 알아본다.

② 기본 도형 모형으로 잘라 놓은 고무판을 고른다.

③ 자신이 필요한 양을 골라서 흑표지 위에 배치해 본다.

④ 집모양이나 자동차 모양을 만들기 위해서 어떤 도형이 필요한지 생각하면서 배치한다.

⑤ 배치할 모양대로 공작용 본드로 접착시킨다.

● 작품설명과 유의점

기본 도형의 모형을 이용하여 다양한 형태를 구안해 보고 스스로 배치해 보도록 지도한다. 시각적인 정보를 얻기 힘든 아동들이므로 도드라진 느낌의 재료를 사용하여 자신이 표현하고 싶은 장면을 나타내도록 지도한다. 어려운 모양을 자르기 힘든 아동들은 교사가 사전에 모양을 충분하게 준비해 두고 필요에 따라 제공해 주는 것이 좋다.

- 수업 준비 과정에서 고무판을 기본 도형의 모양으로 크기별로 다수 잘라 놓아야 한다(아동들이 스스로 잘라서 하기를 원하거나 기능이 좋은 아이들은 스스로 잘라서 활용할

수 있다).

- 본드가 어느 정도 접착력이 발생할 때까지 배치된 모양판을 움직이지 않도록 유의

  한다.

- 다 완성된 후 만들어진 모양을 손으로 만져 보면서 서로의 작품을 감상해 본다.

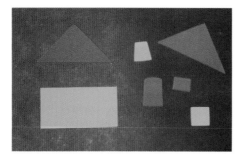

1. 고무판을 모양대로 자른다.

2. 어울리는 모양으로 배치해 본다.

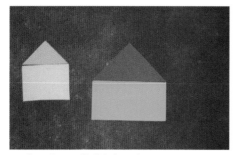

3. 집 모양으로 배치하여 본다.

4. 본드를 사용하여 고정시켜 붙인다.

5. 다 마를 때까지 고정시켜 놓아야 한다.

완성 작품

활동 13　해바라기 꾸미기

● 활동목표

① 해바라기 꽃의 색과 기본 형태를 인식할 수
　있다.

② 꽃 모양을 가위로 오릴 수 있다.

③ 용도에 알맞게 준비된 모양을 붙일 수 있다.

● 필요한 재료와 도구

여러 가지 색지, 여러 가지 색의 뿅뿅, 양면테
이프, 수정액, 공작용 본드

● 활동방법

① 도화지 위에 해바라기 모양을 그린 후 볼펜 수정액을 사용하여 윤곽선을 표현한다.

② 꽃 모양을 여러 장 겹쳐 오려 낸 후 중간에 칼집을 낸 후 오그라지도록 겹쳐 테이프
　로 붙인다.

③ 준비한 여러 장의 꽃잎을 둥근 해바라기 꽃 모양으로 배치하여 붙인다.

④ 꽃 모양의 가운데에 양면테이프를 붙여 놓는다.

⑤ 양면테이프를 떼어 낸 후 그 위에 여러 가지 색의 뿅뿅을 빼곡하게 쏟아 내어 붙
　인다.

⑥ 해바라기 줄기와 꽃잎 모양을 색지를 사용하여 접어서 붙인다.

● 작품설명과 유의점

여름철에 흔히 볼 수 있는 식물로 해바라기를 선정하여 미술활동으로 만들었다. 꽃잎과 씨앗 등 모든 부분을 입체적인 느낌을 주는 재료를 선정하여 만들도록 한다.

- 꽃잎이 붙을 자리에 미리 윤곽선을 표시하여 촉각으로 만지면서 붙일 수 있도록 해야 한다.
- 해바라기 꽃 모양의 특징을 살려 표현하도록 지도한다.
- 여러 장의 꽃잎을 겹쳐서 오려 내고 접어서 만들도록 지도하여 동일한 크기와 형태의 꽃잎을 만들도록 한다.

● 수정도구: 수정액

1. 도화지에 수정액으로 윤곽선을 그린다.

2. 여러 장의 꽃잎을 겹쳐 오려 낸다.

3. 가운데 칼집을 내고 오려서 붙인다.

◐ 해바라기 꽃잎 만들기

① 오려 낸다.

② 칼집 내기

③ 겹쳐서 붙인다.

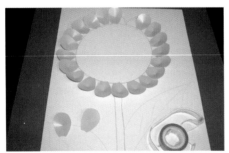

4. 동그란 윤곽선 위에 꽃잎을 배열한다.

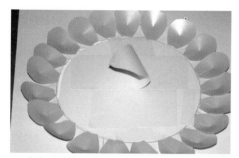

5. 원의 가운데는 양면테이프를 붙인다.

6. 여러 가지 색의 뽕뽕을 붙인다.

7. 줄기를 색지로 접어 표현한다.

○ 해바라기 줄기의 잎사귀 만들기

① 색지를 잘라서

② 가운데를 중심으로 접고

③ 끝에서부터 사선으로 접어서 잎맥을 나타내어 준다.

8. 잎사귀를 줄기에 붙인다.

완성 작품

활동 14 사과 꾸미기

● 활동목표

① 과일의 색과 모양을 인식하고
   언어로 표현할 수 있다.
② 색종이를 잘게 찢을 수 있다.
③ 빈틈없이 붙여 모양을 만들
   수 있다.

● 필요한 재료와 도구

빨간색 색지, 고동색 색지, 윤곽
선용 수정액, 풀

● 활동방법

① 도화지 위에 사과 모양의 형태를 그린 후 수정액을 사용하여 윤곽선을 표현한다.
② 두께가 있는 색지(양면 모두 단색이어야 함)를 잘게 찢어 준비한다.
③ 준비한 조각을 윤곽선 안에 빈틈없이 붙여 사과 모양을 만든다.

● 작품설명과 유의점

   색지를 잘게 찢고 붙이는 활동이 반복되는 단순한 활동이나 시각장애아동들이 타인
의 도움을 최소화하고 스스로 완성할 수 있는 기능으로 구성된 활동이다. 촉각으로 느낄
수 있도록 색종이보다 두꺼운 색지를 사용하여 찢어 붙이기를 하는 것이 아동들의 촉각
감지율을 높여 줄 수 있다.

   - 잘게 찢은 종이조각이 붙을 자리에 미리 윤곽선을 표시하여 촉각으로 만지면서 붙
     일 수 있도록 한다.
   - 과일의 색과 형태를 알고 표현할 수 있도록 지도한다.

● 수정도구: 수정액(윤곽선 표시)

1. 도화지에 사과 모양으로 윤곽선을 그린다.

2. 수정액으로 윤곽선을 나타내어 준다.

3. 종이를 잘게 찢어 준비한다.

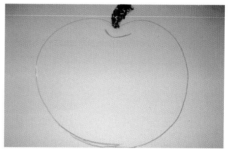

4. 사과의 줄기부터 채워 나간다.

5. 사과의 몸통 부분을 붙인다.

6. 사과 모양을 완성한다(완성 작품).

활동 15   지갑 만들기

● 활동목표

① 부직포를 자를 수 있다.

② 펀치를 사용하여 구멍을 뚫을
   수 있다.

③ 구멍에 줄을 통과시켜 엮을
   수 있다.

● 필요한 재료와 도구

여러 가지 색의 부직포, 벨크로, 공작용 본드, 칼, 가위

● 활동방법

① 부직포를 만져 보고 촉감을 느껴 보고 재료의 성질을 알아본다.

② 직사각형으로 자른 후 세 부분으로 나누어서 윗부분을 사다리꼴로 자른다.

③ 아랫부분을 이등분하여 접은 후 펀지로 양 끝에 구멍을 뚫는다.

④ 구멍에 실을 통과시켜 엮어 준다.

⑤ 엮어 낸 줄을 이어 끈을 만들어 본다.

⑥ 지갑의 앞면에 부직포로 꽃모양을 만들어 장식한다.

⑦ 벨크로를 달아 지갑을 열고 닫을 수 있도록 한다.

● 작품설명과 유의점

   생활 속에 자리잡은 미술 작품의 기능을 경험하도록 하기 위해 실생활과 연관이 있는
소품을 만들어 보는 기회를 자주 제공해 주는 것이 필요하다. 재활용품(상자, 용기)을 이
용하여 액세서리 보관함이나 연필꽂이 등을 만들어 보는 것도 유익한 활동이다.

   - 부직포를 사용하여 자르고 펀치로 구멍을 뚫을 때 안전사고에 유의해야 한다.

   - 실로 양 끝을 엮을 때 힘을 주어 당겨서 팽팽하게 엮이도록 한다.

   - 다 완성된 후 돈이나 카드를 넣어 지갑으로 사용한다.

1. 부직포를 지갑의 형태로 자른다.

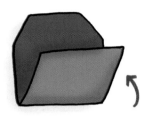

2. 부직포의 직사각형 부분을 접어 포갠다.

3. 접은 옆면을 펀치로 뚫어 구멍을 만든다.

4. 구멍에 리본을 통과시켜 엮어 낸다.

5. 줄이나 리본테이프로 손잡이를 만든다.

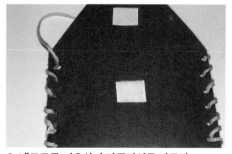

6. 벨크로를 이용하여 잠금장치를 만든다.

7. 꽃 모양으로 장식을 한다.

완성 작품

활동 16 마라카스 만들기

● 활동목표

① 병이나 캔의 표면을 색지로
   바르고 꾸밀 수 있다.
② 스티커를 활용해서 마라카스
   표면을 꾸밀 수 있다.
③ 병 안에 쌀알이나 콩알을 넣
   고 입구를 잘 막을 수 있다.
④ 곡류의 종류에 따라 소리가
   다르게 나는 것을 구별할 수
   있다.

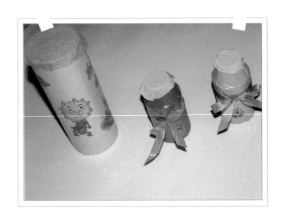

● 필요한 재료와 도구

요구르트 병, 음료수 캔, 풀, 스티커, 가위, 칼, 양면테이프 등

● 활동방법

① 요구르트 병과 음료수 캔을 깨끗이 세척한 후 사용한다.
② 병의 표면을 예쁜 색지로 싸서 포장한다.
③ 색지 위에 스티커를 사용해서 무늬를 꾸민다.
④ 병의 입구를 통해 쌀이나 콩알을 넣는다.
⑤ 양면테이프를 사용하여 입구를 봉한다.
⑦ 완성되면 마라카스를 흔들어서 소리를 듣고 비교해 본다.

● 작품설명과 유의점

미술활동을 통해 만든 악기를 활용하여 음악시간에 직접 연주해 보는 기회를 가지는
것이 필요하다. 스스로 만든 악기를 흔들며 즐겁게 음악활동에 참여해 보는 경험을 제공
해 주는 것이 필요하다. 악기에 사용된 곡류에 따라 소리의 차이가 크므로 소리의 특징

을 구별해 보는 기회도 마련해 보는 것이 좋다.

- 캔의 입구가 날카로와 손을 다치지 않도록 주의를 주고 사전에 스카치테이프 등으로 입구에 안전장치를 해 놓는다.
- 테이프로 입구를 봉하고 내용물이 밖으로 새지 않는지 확인한다.
- 다 완성된 후 만들어진 악기소리를 들으면서 서로 감상해 본다.

1. 캔이나 요구르트 병을 준비한다.

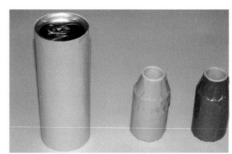

2. 표면을 색종이로 예쁘게 싼다.

3. 스티커를 사용하여 표면에 무늬를 만든다.

4. 입구를 통해 곡류를 넣어 준다.

5. 입구를 양면테이프로 붙여 봉한다.

6. 리본 등으로 장식한다(완성 작품).

활동 17 꽃 꾸미기

● 활동목표

① 소근육의 협응으로 긴 골판지
　를 말 수 있다.

② 필요에 따라 골판지의 양을
　늘리거나 줄여서 크기를 조절
　한다.

③ 공작용 본드를 사용해서 돌돌
　말린 골판지를 용도에 맞도록
　배치하여 붙인다.

● 필요한 재료와 도구

길게 자른 색 골판지, 공작용 본드, 가위, 칼, 도화지

● 활동방법

① 길게 자른 골판지를 돌돌 말아 동그란 모양으로 만들어 끝부분을 공작용 본드로 접
　착하여 풀리지 않도록 공작용 본드로 접착한다.

② 필요에 따라서 타원형으로 말아 본다.

③ 도화지에 구성할 목표에 맞도록 동그랗게 골판지를 말아 배치한다.

④ 공작용 본드로 칠하면서 도화지에 배치한다.

⑤ 배치할 모양대로 공작용 본드로 접착시킨다.

● 작품설명과 유의점

　골판지를 길게 잘라 여러 가지 색으로 포장하여 판매하는 제품을 활용하여 활동을 수
행한다. 아동이 자신의 소근육 협응으로 스스로 작품활동을 수행할 수 있으므로 교사의
도움을 최소화하고 전 과정을 최대한 스스로 완성하도록 지도한다.

　- 수업 준비 과정에서 골판지를 길게 잘라 놓은 재료를 준비한다.

- 크기가 커질수록 골판지가 많이 필요하다는 사실을 인식시켜 준다.
- 다 완성된 후 만들어진 모양을 손으로 만져 보면서 친구의 작품도 감상해 본다.

1. 골판지를 길게 잘라 준비한다.

2. 두 손으로 말아서 동그랗게 만든다.

3. 둥글게 만 것을 도화지에 붙인다.

4. 꽃 모양으로 배치하여 붙인다.

5. 꽃밭 모양으로 여러 꽃 모양을 만든다.

완성 작품

활동 18 스테인드글라스

● 활동목표

① 칼을 사용하여 색지를 오려
   낼 수 있다.

② 셀로판지를 풀로 붙일 수 있다.

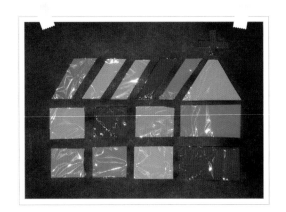

● 필요한 재료와 도구

검은색 두꺼운 도화지, 여러 가
지 색깔의 셀로판지, 칼, 풀

● 활동방법

① 수업에 들어가기 전 미술 수업에 참여하는 아동의 수만큼 검은색 도화지를 준비한
   다(전맹 학생의 경우 처음부터 끝까지 혼자서 수행하기 어려우므로 난이도가 높은 부분을
   교사가 미리 작업하여 준비한다).

② 저시력 학생들은 스스로 할 수 있는 부분이 전맹 학생보다 많으므로 수준에 맞추어
   칼로 오려 내는 작업을 제공해야 한다.

③ 셀로판지를 여러 가지 크기로 잘라서 검은 색지의 오려진 모양에 맞추어 풀로 붙인다.

④ 색이 중첩되어 혼합색으로 나타나도 무방하다.

⑤ 셀로판지로 모든 모양을 채운 후에 유리창에 검은 색지를 붙여서 스테인드글라스
   로 활용한다.

● 작품설명과 유의점

12월에 성탄절을 준비하는 활동 중에 스테인드글라스를 만드는 활동을 포함하는 것
이 좋다.

　- 칼을 사용하므로 각별하게 주의를 당부하고 사용법과 주의사항을 지도한다.

　- 칼을 사용하기 힘든 아동은 교사가 미리 도안을 오려 낸 자료를 준비하여 이를 활용
　　하도록 제공한다.

- 도안을 쉽고도 효과를 나타낼 수 있는 모양으로 교사가 선별하여 밑그림을 그려 놓는다.
- 아동들의 기능 수준에 따라 칼로 오려 내는 작업의 양과 수준을 고려하여 제공한다.
- 셀로판지 붙이는 활동은 아동들 스스로 완수할 수 있는 활동이므로 교사의 도움을 최소화한다.

1. 색지를 준비한다.

2. 칼로 밑그림을 오려 낸다.

3. 밑그림을 오려 낸 후 셀로판지를 준비한다.

4. 준비한 셀로판지를 구멍에 맞도록 붙인다.

5. 오려 낸 구멍을 여러 가지 색으로 채운다.

6. 뒤집어서 전시한다(완성 작품).

활동 19 통나무집

● 작품설명과 활동목표

① 수수깡을 크기에 맞게 잘라
   낼 수 있다.

② 수수깡을 크기에 맞게 배열하
   여 접착할 수 있다.

● 필요한 재료와 도구

여러 가지 색의 수수깡, 양면테
이프, 가위, 칼

● 활동방법

① 도화지 위에 양면테이프를 전체적으로 붙여 놓는다.

② 도화지 위에 골판지나 수수깡으로 집모양의 윤곽선을 나타내어 준다.

③ 수수깡을 크기에 맞게 잘라서 같은 크기의 수수깡을 여러 개 만들어 낸다.

④ 해당 부분에 따라 채워 나간다.

⑤ 가로, 세로의 변화를 주면서 차곡차곡 붙여 나간다.

⑥ 수수깡으로 만든 통나무집을 완성한다.

● 작품설명과 유의점

   시각장애아동들이 손쉽게 다룰 수 있는 수수깡을 활용하여 형태와 질감이 유사한 느낌
이 나는 통나무집을 만들어 보는 활동이다. 전 활동에 걸쳐 스스로 수행이 가능하므로 아
동들의 참여를 높이고 완성도가 떨어지더라도 자신이 독립적으로 수행할 수 있도록 한다.
활동 수행을 위해 같은 크기의 수수깡을 여러 개 잘라 내기 위해 필요한 수수깡의 크기를
맞추어 같은 크기의 수수깡으로 잘라 내는 기능을 습득하면 활동 수행이 한결 수월해진다.

   – 칼로 수수깡을 자를 때 다치지 않도록 유의하도록 지도한다.

   – 양면테이프를 떼어 낸 후 수수깡을 차례로 쌓아 붙이도록 지도한다.

● 수정도구: 양면테이프

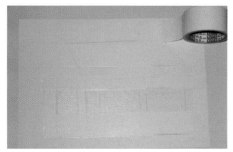

1. 도화지에 양면테이프를 전체적으로 붙인다.

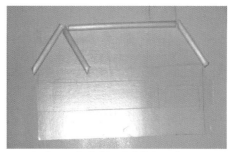

2. 수수깡으로 윤곽선을 나타내어 준다.

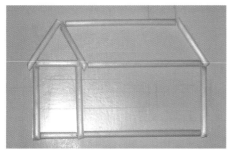

3. 수수깡을 채울 부위부터 양면테이프를 뗀다.

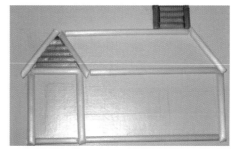

4. 수수깡을 차곡차곡 채워 붙인다.

5. 가로, 세로 등의 방향으로 변화를 준다.

6. 여러 가지 색으로 채워 나간다.

완성 작품

참·고·문·헌

김경아(1997). 선천성 맹학생, 후천성 맹학생, 약시 학생 사이의 평면과 입체 표현의 특징 비교
　　　연구. 동국대학교 대학원 석사학위논문. pp.1-20.

김기수(1990). 맹아동의 색채 개념지도. 시각장애연구, 6, 5-38.

유정희(2003). 시각장애학생의 조형지도 학습에 관한 연구. 홍익대학교 교육대학 석사학위논문.
　　　pp.1-19.

이소현, 박은혜(2011). 특수아동교육: 일반학급 교사를 위한 통합교육 지침서(3판) 서울: 학지사.

신유진(2011). 시각장애아 미술교사의 삶. 미술과교육, 12(2), 107-134.

장애학생지원가이드(2002). 한국재활복지대학 재활복지연구소. 서울: 멀티넷.

장애대학생 교수학습지원 통합지침서(2014). 한국복지대학 장애학생지원센터.

지체장애아동을 위한 미술활동 지도

제1절 들어가는 말

　지체장애아동들은 장애 정도와 유형, 원인이 다양하며 신체적인 장애뿐 아니라 인지 능력과 감각적인 장애를 수반하는 경우가 많기 때문에 의료적인 면과 교육적인 면에서의 다양한 접근과 노력이 필요하다. 그러나 지체장애아동이 일반아동으로부터 일탈된 특수성을 지니고 있지만 교육의 목표와 내용 면에서는 일반아동이 지니는 보편적인 특성을 공유하고 있으므로 일반 교육과정의 적용과 함께 개별아동의 특수교육적 요구에 적합한 학습활동과 교수전략으로 효율적인 교육이 이루어지도록 지도해야 한다.

　지체장애아동의 미술교육은 아동 개개인의 신체적, 인지적, 사회・정서적, 의사소통적 특성을 고려하여 정확한 현재 수행능력을 파악하는 것이 선행되어야 한다. 파악된 아동의 현재 수행능력을 바탕으로 미술교과교육의 목표를 달성하기 위해서는 적합한 내용과 교수 방법을 선정한다. 지체장애아동의 미술교육에서는 능동적인 활동 참여와 창작 활동을 촉진하기 위해 다양한 교수적 수정 전략이 필요하다.

　지체장애아동의 미술교육은 미술교과 고유의 교육목적 외에 적절한 훈련과 치료적 접근을 통해 운동기능을 향상시킬 수 있는 이점이 있다. 대부분의 미술활동은 일상생활 기술 등 상지기능을 향상시키는 활동을 중점적으로 지도하는 작업치료적인 내용을 포함하여 접근할 수 있으며, 이러한 치료활동과 미술교과의 접목은 조기에 전문 치료사에 의해 집중적인 훈련을 받는 것 못지않게 효과적이다. 특히 학령기의 지체장애아동들은 학년이 높아질수록 수업량이 많아지는데, 대부분의 교과 시간에 고정된 자세로 수업에 참여하게 되어 비이동적인 자세를 취하는 시간이 많아진다. 이로 인해 자세의 경직 및 바른 자세 유지의 어려움으로 인해 이차적인 장애가 유발될 수 있다. 학령기의 지체장애아동들에게 바른 자세 갖기와 근육과 관절 유지하기, 적절한 근긴장도 유지하기는 학령기 이후의 신체 및 건강에 중요한 영향을 미치는 요인이 되므로 교과활동 시간에 바른 자세를 취할 수 있는 기회를 제공하는 것이 매우 중요하다. 그러므로 개별화된 특성에 적합한 미술활동을 통해 미술교과의 목표를 도달함과 동시에 바른 자세를 습관화하고 소근육 운동 및 신체 기능을 신장시킬 수 있도록 하기 위해서는 미술활동 참여를 촉진할 수 있는 다양한 접근이 필요하다.

제2절 지체장애아동의 특성

1. 신체적 특성

지체장애아동의 신체적 특성은 발육, 운동 기능, 감각, 생리조절, 음식물 섭취 등을 살펴봄으로써 이해할 수 있다. 이들의 신체발육은 일반적으로 신장, 체중, 흉위, 두위 등이 정상 기준치에 비해 저조하며 중복장애일 경우에는 신체발달 면의 지체가 현저히 나타난다.

운동기능 면에서는 근육의 협응이 어렵고 자세의 불균형, 비정상적인 근긴장도, 관절의 굴곡과 신전, 비정상적인 운동패턴을 보이며, 신체 일부의 신경근육계의 마비나 경직, 상실로 인해 소근육 운동, 대근육 운동, 눈과 손의 협응능력 등 운동기능의 결함이 두드러진다. 특히 지체장애아동 중 가장 많은 비중을 차지하는 뇌성마비(cerebral palsy) 아동들 중에는 근육의 경직성(spastic)으로 인해 대개 관절을 굽히고 펴기가 어려우므로 충분한 시간을 주고 적절한 관절 운동을 할 수 있는 기회를 마련해 주는 것이 좋다(이소현, 박은혜, 1998).

감각 면에서는 시력저하, 사시, 시지각 장애를 가지고 있는 경우가 많으며, 감각기관은 정상이라도 중추신경계의 정보처리과정상의 문제로 지각장애를 나타낼 수 있다. 그 밖에 호흡기능이나 체온조절 등 생리조절 면에서의 문제와 뇌손상으로 인한 간질을 수반하기도 한다. 또한 구강주변의 근육의 조절과 협응에 문제가 있을 때는 언어와 호흡, 섭식의 문제를 가지게 된다(박은혜, 김정연, 2010). 이러한 다양한 신체적 어려움을 보완하고 개선할 수 있는 조기의 치료적 접근이 필요하며 개별화교육계획을 중심으로 교과교육과 일상생활 속에서 통합적인 교육의 계획과 실행이 필요하다.

2. 인지적 특성

지체장애아동의 인지는 심한 인지적 결함을 나타내는 수준부터 우수한 수준까지 다양한 분포를 나타내기 때문에, 인지능력이나 학업성취도를 일반화해 말하기는 어렵다. 다만 다른 장애와의 중복장애를 수반한 경우에는 정보처리과정의 어려움을 나타내게 되므로 교수방법의 변화가 필요하다.

지체장애아동의 많은 수가 신경계통의 장애로 인해 의사소통장애를 보이며 이로 인한 학습능력의 지체를 보인다. 구체적으로는 동기유발의 부족, 새로운 학습욕구의 결여, 지각·운동장애로 인한 정보 수용능력의 부족, 습득한 지식의 일반화 및 통합 조직의 결함 등을 나타낸다. 그러므로 아동의 인지적 특성에 맞는 주제와 활동으로 접근하여 미술활동 자체가 목적이고 즐거움이 될 수 있도록 계획해야 한다.

3. 사회·정서적 특성

외현적으로 드러나는 신체의 장애는 사회·정서적 발달에 매우 큰 영향요인이 되며, 학령기 동안에 겪었던 입원과 치료, 수술 등의 경험은 지체장애아동의 성격 형성에 많은 영향을 미친다. 또한 부모의 양육태도, 가정 및 교육기관 등의 생활환경적인 요인에 의해 정서적인 특성이 영향을 받을 수 있다.

지적장애를 수반하는 지체장애아동의 경우에는 짧은 주의집중력, 의존성을 나타내며, 자신감과 자기통제력의 부족, 표현력의 결여, 미성숙한 행동 등의 바람직하지 않은 특성을 보인다. 이러한 특성들은 사회성 기술의 습득을 방해하며 사회적 관계를 형성하는 데 부정적 영향을 미친다. 전반적으로 미술활동은 아동의 인지, 정서, 운동능력 등 손상된 부분의 발달이 원활히 이루어질 수 있도록 계획되어야 한다. 그러나 이러한 발달을 도모하기에 앞서 기본적으로 미술활동은 성취감을 통해 자아존중감을 높일 수 있는 활동으로 구성해야 한다. 장애로 인해 생활 속에서 겪는 크고 작은 좌절감은 부정적인 자아상을 가지게 하고 발달을 더욱 지연시킬 수 있기 때문이다.

따라서 미술교육은 현재의 발달수준을 정확히 평가하여 그 단계에서 충분히 성공할 수 있는 재료와 프로그램을 제공함으로써 실패로 인한 좌절을 방지하고 성공감과 성취감을 줄 수 있어야 한다. 또한 미술활동의 결과에 대한 평가보다는 과정에 관심을 두고 개인의 독특한 개성을 중요하게 평가하여 긍정적인 자아상의 형성을 도울 수 있어야 한다.

4. 의사소통적 특성

중추신경계의 기질적 손상인 뇌성마비는 신체 기능 및 운동장애 외에 인지, 감각, 지각장애 및 의사소통의 어려움을 유발하는 지체장애의 원인 질환이다.

뇌성마비아동들은 발달 초기의 운동, 사회적, 인지적 발달 및 놀이 경험이 부족하게 되어 언어습득 이전의 비언어적인 몸짓, 제스처 등의 언어전행동을 학습하기 어렵다. 이로 인해 의사소통기술을 습득하는 데 어려움을 갖는다.

지체장애아동의 대부분을 차지하는 뇌성마비 아동은 인지능력의 결함이 없어도 구강 주변의 근육조절과 협응의 문제로 인해 표현 언어능력의 결함을 나타내게 된다. 교사나 또래의 말을 듣고 이해하거나 책을 읽고 이해하는 능력이 있더라도 자신의 의견을 말로 표현하거나 글로 쓰지 못하기 때문에 다른 사람과 의사소통을 하는 데 문제를 가지는 경우가 있다. 이러한 표현 언어능력의 결함으로 인해 사회적 상호작용에 방해를 받으며 통합된 환경에서의 적응에 어려움이 나타날 수 있다(박은혜, 김정연, 2010).

미술활동은 자신의 느낌과 생각을 여러 가지 재료와 표현 양식을 통해 나타내어 자기 자신을 표현하는 활동이다. 말이나 글을 통해 독립적으로 의사표현을 할 수 없는 아동들에게 미술활동은 자기표현능력을 증진시킬 수 있는 수단이 된다. 미술활동을 통해 다양한 자기표현을 시도하고, 제스처나 발성, 얼굴표정, 머리 끄덕임, 눈으로 지적하기(eye gazing) 등의 비언어적인 방법을 사용하여 주변 환경 및 사람들과 소통하도록 하는 것은 이들에게 매우 중요한 학습목표다. 좀 더 나아가서 그림, 사진, 글자 등으로 구성된 의사소통판이나 의사소통책, 컴퓨터 보조기기, 앱 등의 보완대체 의사소통방법을 사용한 미술활동의 지도는 이들의 표현 능력을 신장시키는 데 도움이 된다.

제3절 **지체장애아동의 미술교과 교육과정**

1. 목표 및 내용

현재 지체장애 초등미술교육에서 1, 2학년은 즐거운 생활교과에서 통합교과로 다루어지고 있고, 3학년부터는 독립된 미술교과서를 사용하고 있다. 또한 중도 중복화되어

가는 특수학교 현황에 따라 지체장애 특수학교에서는 학교 단위 교육과정에 준하여 국가수준의 공통교육과정과 기본교육과정을 재구성하여 운영하고 있다.

미술교과의 목표 및 내용을 살펴보면 다음과 같다.

1) 목표

미술의 다양한 활동을 통하여 일상생활에서 아름다움을 느끼며, 미적 감수성, 창의적 표현 능력, 비평 능력을 기르고, 미술 문화를 향수할 수 있는 능력과 태도를 기른다.

- 생활 속에서 자신과 주변 세계에 대한 미적 감수성을 기르고 문화 활동에 참여한다.
- 미술활동을 통하여 느낌이나 생각을 창의적으로 표현하고 소통할 수 있는 능력과 긍정적 자아개념을 계발한다.
- 미술 문화를 존중하고 미술의 가치를 이해하고 판단할 수 있는 능력과 미술 문화를 존중하는 태도를 기른다.

미술교육의 목표를 살펴보면 일반아동이나 장애아동 모두에게 그 목적이나 내용은 동일하다. 다만 교과운영 시 지체장애아동의 장애 특성에 적합한 교육내용과 교수전략을 필요로 한다. 지체장애아동들에게 미술교육은 아동의 감각 지각기능, 주의집중력 향상 및 운동기능 발달의 측면에 긍정적인 영향을 줄 수 있다. 미술교육이 교과 고유의 목표를 실현하고 아동에게 긍정적 영향을 주기 위해서는 아동의 장애특성에 따른 필요한 활동과 지원 사항을 파악하는 것이 중요하다. 자신의 부족한 능력이나마 아동들 스스로의 힘으로 작품을 완성하고 스스로의 작품 활동에 대해 만족감을 느낄 수 있도록 하는 것이 중요하다(최재영, 2001). 지체장애아동 미술교육의 궁극적인 목적은 교실에서만이 아니라 가정과 지역 사회, 학령기 이후의 직장 등 사회에 통합되어 그들의 독립적인 삶을 살아갈 수 있는 정서적 기반을 마련하는 것이며, 이를 위해 학교 교육에서는 인지적·사회적·정서적 발달과 더불어 사회생활을 위해 필요한 기술을 경험할 수 있도록 도와주는 것이기 때문이다.

2) 내용

지체장애아동의 미술교육의 내용은 각 아동의 현행수준을 분석하여 각 활동에서 기능의 독립성과 참여를 증대시키는 데 초점을 맞추고 또래와의 상호작용을 향상시킬 수

있는 내용과 연관이 있어야 한다. 그러므로 활동 주제는 각 아동의 생활연령에 적절해야
한다. 일상생활과 관련한 활동과 소재, 자연 환경과 관련된 소재, 건강하고 안전한 생활
을 영위하기 위한 생활 습관이나 태도(오락, 취미, 운동, 놀이 등)를 향상시킬 수 있는 활
동, 자기표현 활동을 촉진하는 내용을 설정하게 된다. 활동 내용 면에서는 일반아동과
같은 교육적 요구를 가지고 있으므로 개개인의 특수성과 개인차를 고려하여 신체 장애
를 최대한 경감시키고 잠재능력을 개발할 수 있는 내용을 고려하여 계획하며 교육과 치
료의 상호 유기적인 협력체제가 이루어지도록 한다.

2. 지도방법

1) 정보 수집을 통한 효율적인 교수-학습 계획 수립

아동의 신체적, 교육적 필요에 맞는 미술교육 프로그램을 계획하기 위해서는 기존의
개별화교육계획(IEP) 및 각종 기록의 검토와 부모면담, 포트폴리오 등 자료수집에 의해
아동 개개인의 능력의 정도를 파악한다. 그리고 신체장애의 정도와 이동능력, 1차 장애
로 인한 다른 감각능력의 손상정도, 의사소통 능력의 정도, 사회·정서적 특성에 대한
자료 수집을 통해 아동의 능력과 특성에 맞는 교수-학습 계획을 수립한다.

2) 지체장애아동의 특성을 고려한 교수적 수정

지체장애아동들은 대부분 보행의 어려움을 가지고 있어서 휠체어나 목발 등 보조기
구를 이용하고 있으며 이로 인해 일반적인 교육환경에서의 이동과 생활에 어려움이 있
다. 그러므로 학교 내의 물리적 교수환경의 수정과 다양한 학습보조기기를 활용하여 기
능을 개선하고 보완할 수 있도록 배려한다. 한 학급의 물리적 환경과 사회적 분위기는
지체장애아동의 수업참여와 사회적 상호작용에 많은 영향을 미친다.

교수-학습 면에서의 효율성을 높이기 위해서는 개개인의 능력에 적합한 교육의 목표
를 설정하고 그에 따른 과제 분석을 통해 개별화교육계획을 세워 적절한 양의 학습과제
와 교수방법을 선정한다. 필요한 경우에는 부분참여(partial participation)를 위한 보조방법
이나 정도를 계획하고, 교수환경, 교수집단, 교수내용, 교수방법 및 평가방법 면에서의
수정을 고려한다. 교수활동의 수정은 교수할 주요 과제를 구체적인 활동으로 구조화하
여 작은 단계로 제시하거나, 양을 줄이거나 과제의 난이도를 낮추는 등 과제를 활동 중심
으로 수정하는 것을 포함한다.

교수-학습 내용의 선정 시 고려할 점은 가능한 독립적이고 덜 의존적이며 모든 생활환경에서의 참여도를 높일 수 있는 활동을 제시하는 것이다. 활동의 내용은 생활연령에 적절하고 아동 간의 상호작용을 촉진시키며, 자기표현 활동을 증진시킬 수 있는 내용을 선정하여 지도한다. 그러기 위해서는 아동이 접하는 실제의 생활주변의 환경에서 쉽게 접할 수 있는 재료와 경험을 통해 다양한 활동에 참여하고 창작할 수 있는 기회를 제공한다.

3. 지도 시 유의점

1) 아동의 장애정도와 표현 능력을 고려한다

아동의 장애정도에 따라서 활동에 대한 부담감이나 두려움을 줄여 주기 위한 전략이 필요하다. 바탕 그림을 제시하거나, 상상하여 그리기, 보고 그리기, 재미있었던 일 그리기 등의 그리기 과제가 아동의 능력에 비해 과다한 작업량을 요구한다면 그리기 시간을 줄여 대체 활동으로 운영한다. 만들기나 꾸미기 활동으로 구성하여 활동의 양을 줄이면서 창작의 시간을 확대해 준다. 무엇보다도 미술활동을 해내야 할 과제로 인식하지 않도록 유의한다.

양손의 경직으로 인해 손을 자유롭게 사용할 수 없는 아동에게는 지나치게 정확한 소묘력을 요구하지 말고 아동의 능력에서 최대한 노력한 작품이면 다소 어설프더라도 칭찬해 주어야 한다. 만약 손을 사용하지 못하는 아동이라면 세밀한 작품 내용보다는 의욕 고취와 성취 욕구를 불러일으키는 데 중점을 둔다.

2) 개별 아동의 특성에 적합한 표현재료 및 소재를 사용한다

미술활동에 사용되는 소재와 재료는 아동들에게 활동 참여를 조장하는 동기유발의 조건이 될 수도 있고 반대로 좌절감을 줄 수도 있다. 활동에 참여하는 아동의 준비도에 따라 표현재료 및 소재를 제시한다. 활동에 사용되는 소재나 재료는 주변 환경에서 구하는 것이 효과적이다. 친숙한 소재나 재료로 접근하는 것은 아동에게 친숙하고 친근한 느낌을 줄 수 있기 때문이다(양경희 외, 1998). 예를 들어, 그리기에 자신이 없는 아동은 아무것도 그려지지 않은 하얀 백지보다는 버려도 좋다는 느낌을 주게 되는 신문지를 주거나 스케치북 대신 크기가 작은 종이를 제공한다면 좀 더 편안한 마음으로 자신의 그림을 그릴 수 있을 것이다. 표현재료를 사용하는 데 있어서도 세밀한 표현에 자신이 없는 아동늘은 4B 연필, 크레파스 이외에도 목탄, 콩테, 사인펜, 유성매직 등을 사용하여 재료가 주는 느낌에 색다른 흥미를 가질 수 있도록 한다. 그 외에도 활동에 사용되는 재료는 골판지나 사포, 색지, 잡지를 사용해 마음껏 표현할 수 있도록 다양하게 제시한다.

3) 자유롭게 미술활동에 참여할 수 있도록 환경을 조성한다

지체장애아동의 경우에는 신체적인 어려움 때문에 다른 장애아동들과는 또 다른 작업환경의 준비가 요구된다. 미술활동은 다른 교과와는 달리 넓은 공간을 필요로 하고 재료와 용구를 보관할 수 있는 장소도 필요하다. 휠체어 등 보조 이동기기를 이용하면서도 자유롭게 활동할 수 있고 높낮이가 조절되는 작업대 등 물리적 환경이 갖추어져야만 한다.

아동에 따라서는 휠체어에서 내려 바닥에서 미술활동을 하는 것이 편리한 경우도 있으며, 아동의 참여를 높일 수 있는 방법이 될 수 있다. 장애가 심한 아동 중에는 의자보다 바닥에 앉아서 미술활동을 하는 것이 더욱 쉬운 경우가 있는데, 이런 아동들을 위한 매트와 낮은 작업대를 준비하는 것도 권장한다. 크기가 다소 큰 작품을 제작할 수 있는 작업대와 물을 사용하기에 편리한 개수대가 활동 공간 내에 설치되어 있다면 매우 유용하다.

4) 기능과 성취감을 높일 수 있도록 환경을 수정한다

지체장애아동의 과도한 근 긴장도와 불수의 움직임은 미술활동의 참여를 방해한다. 그로 인해 활동 도중 문제 상황이 발생되고 좌절감을 느끼게 될 경우가 많다. 그러므로 교사는 활동 참여의 성취감을 높일 수 있는 교수적 수정 방안을 고려해 주어야 한다. 교사의 작은 아이디어로 활동의 자유로움을 더해 줄 수 있다. 그 예는 다음과 같다.

- 도화지나 재료 등을 테이프나 클립을 이용하여 책상에 고정해 주기
- 책상 위에 재료들이 밀리지 않도록 논슬립 매트 깔아 주기
- 물통이나 수채화 도구가 쏟아지거나 떨어지지 않도록 벨크로를 이용하여 책상에 고정해 주기
- 책상의 테두리에 턱을 만들어 물건이 떨어지는 것을 방지해 주기
- 물감 찍기 등 물감을 제시할 때에는 쉽게 쏟아지는 것을 막기 위하여 스펀지를 깔아

주기

- 물감을 덜 흘리고 옷에 묻었을 경우 쉽게 지워지도록 액체비눗물(주방용 세제)을 넣어 물감의 농도 조절해 주기
- 가을 나뭇잎을 이용한 활동 시에는 양손의 근 긴장도로 인해 나뭇잎이 부서지는 것을 방지하기 위해 단풍잎에 분무기로 물을 뿌려 비닐로 덮어 놓은 후 습도를 높여 제시해 주기

5) 기능과 성취감을 높일 수 있는 보조도구를 제공한다.

　지체장애아동들은 장애 상태를 보완해 줄 수 있는 미술 도구의 수정이 필요하다. 보조도구를 이용하면 아동의 활동 참여와 활동에서의 성취감을 높일 수 있다. 지체장애아동의 기능을 보완해 줄 수 있는 보조도구는 아동의 특성에 따라 수정의 정도가 달라진다. 보조도구는 생활주변에서 쉽게 얻을 수 있는 자료를 활용하여 수정할 수 있으며, 개별 아동에게 적용과 수정을 반복하여 아동의 기능에 적합하고 편안한 도구를 고안하여 사용할 수 있다. 이를테면, 손잡이의 굵기나 길이를 조정해 주거나, 고무줄이나 벨크로 등의 끈을 달아 주어야 할 아동도 있다. 경우에 따라서는 손을 이용할 수 없는 아동은 발이나 입을 이용하여 미술도구를 사용할 수도 있다. 어떤 아동은 도구를 사용하기 위해 붓이나 펜이 달린 헬멧을 사용할 수 있으며, 모든 보조도구는 아동에 따라 수정되어 적용될 수 있다.

　다음은 지체장애아동들의 미술활동 시 도움을 줄 수 있는 보조도구들이다.

물건이 떨어지는 것을 방지하기 위한 책상의 턱

물건이 미끄러짐을 방지하기 위한 고무 매트

물건이 미끄러짐을 방지하기 위한 논슬립 매트

쥐기 쉽도록 스티로폼 봉(떡가래)을 붙인 색연필

손 기능을 보완해 줄 수 있는 용품(필기 보조도구, 왼손 가위)

손 기능을 증진시킬 수 있는 치료용 점토
(Therapy Putty)

활동에 수저 대용으로 사용할 수 있는 수정된 형태의 숟가락

미술활동에 사용할 수 있는 그림 의사소통판

6) 작품의 완성을 통한 성취감을 제공한다

아동들은 작품이 완성되었을 때 정서적인 만족감과 성취감을 느끼게 된다. 장애아동들은 다른 아동들에 비해 작업 기능이 떨어져서 미완성으로 수업을 끝내게 되는 경우가 많다. 이러한 과정에서 만족감을 느끼기 어려우며, 표현의 즐거움으로부터 멀어지고 미술에 대한 흥미를 잃게 될 수 있다. 소재의 선택, 동기의 유발, 표현 내용에 있어서 아동이 표현하고자 하는 것을 머뭇거리지 않고 표현할 수 있도록 적당한 질문과 칭찬으로 교사가 적극 유도하여 작품을 완성할 수 있도록 지원해 주는 것이 필요하다. 완성된 작품을 보며 또래들 앞에서 소개하거나 같이 감상하기, 교실에 전시하기 등은 아동에게 더 큰 만족감을 주는 계기가 될 수 있다.

7) 효과적인 촉진 전략을 사용한다

교육을 효과적으로 수행하기 위해서는 꾸준한 관찰과 체계적인 접근이 필요하다. 지체장애아동의 교육에 있어서 잦은 좌절과 실패의 경험은 학습의 무기력을 초래하므로 아동의 능력에 맞는 적절한 과제와 난이도의 제시, 교사의 적절한 기대와 격려는 학습에 대한 동기유발을 촉진한다. 또한 아동의 행동을 촉진하기 위해서는 강화물을 잘 선정하고, 체계적이고 일관성 있는 상화계획으로 바람직한 행동을 시도해야 한다.

8) 미술 수업은 체험, 표현, 감상의 세 영역을 통합하여 운영한다

미술활동의 도입 단계에서는 서로 친밀해지면서 편안한 분위기를 조성하는 것이 중요하다. 이를 위해 긴장이완을 위한 호흡법이나 음악을 사용하는 것이 좋다. 활동을 시작하기 전 감정의 표현을 촉진하기 위해 주제와 관련된 의사표현활동을 조장하는 것이 바람직하다.

활동의 전개 단계에서는 아동들의 정서에 도움이 되고 작업에 열중할 수 있는 음악을 들려주거나 손 기능훈련, 자료 탐색 등을 제시하는 것이 바람직하다. 중요한 것은 스스로 경험하고 조작해 볼 수 있는 충분한 시간과 기회를 제공하는 것이며, 아동들 간의 대화와 상호작용을 조장하는 것이다. 전개의 마무리 부분에서는 교사가 아동의 시각적 표현을 언어화하여 반영해 주어 활동을 촉진시킬 수 있다. 그러나 너무 잦은 질문과 교사의 의견을 이야기해 주는 것은 활동의 흐름을 끊을 수 있으므로 유의한다.

활동의 정리 단계에서는 먼저 자신의 작품을 다시 살펴볼 수 있도록 하는 과정이 필요하다. 작품을 통해 자기의 생각과 느낌을 자유롭게 구사할 수 있는 기회를 제공한다. 이를 통해 아동들은 성취감과 자기 만족감을 느끼게 된다. 즉, 미술활동을 통해 지적 · 정서적 · 사회적 · 신체 운동적 발달의 균형을 도모할 수 있도록 체험, 표현, 감상의 세 영역을 독립적이고 분리된 내용으로 다루기보다는 서로 통합하여 교수 학습이 이루어지도록 한다.

제4절 　활동의 실제

이 장에서 소개하고 있는 미술활동들은 지체장애아동을 대상으로 그들의 잔존 능력을 개발할 수 있는 내용으로 구성하였다. 또한 장애가 중도화되어 감에 따라 아동들 스스로의 능력만으로는 참여하기 힘든 활동들을 교수적 수정을 통해 즐거움을 가지고 자발적으로 참여할 수 있도록 촉진하는 내용들을 제시하였다. 수록된 활동들은 신체적 활동을 통한 접근과 감각적, 지각적 경험을 통한 자료 탐색활동 등 지체장애아동의 장애 특성을 보완할 수 있는 활동으로 구성하였다.

활동에 사용된 자료들은 아동의 생활주변에서 쉽게 구할 수 있는 자연물에서 얻고자 노력하였으며, 실제 수업활동 시에는 제시된 자료 외에 계절에 따라 주변에서 쉽게 구할 수 있는 대체 자료를 사용해도 무방하다. 오히려 새로운 자료를 통해 참신한 활동들로 유도할 수 있을 것이다. 또한 제시된 '수정된 활동'은 아동 개개인의 능력과 흥미, 특성에 따라 좀 더 창의적으로 활동할 수 있도록 안내해 줄 것이며, 작품완성의 성취감을 느낄 수 있도록 상황에 따른 교사의 세심한 배려가 있다면 모든 아동이 즐겁게 참여하는 미술활동으로 이끌 수 있을 것이다.

표 5-1 활동구성표

영역	내용	활동명
감각, 지각 탐색활동을 통한 만들기	1. 내 사진과 우드락을 이용한 액자 만들기 2. 여러 가지 색과 모양의 과자로 얼굴표정 나타내기 3. 구슬을 굴려 무늬 만들기 4. 음료수 병을 이용하여 바구니 만들기 5. 색소금을 이용하여 장식품 만들기 6. 소금을 이용하여 수채화 그리기 7. 크레파스를 녹여 만든 기하학적 무늬 감상하기 8. 철사를 구부려서 만들기	5-1 액자 만들기 5-2 과자로 만든 그림 5-3 구슬 그림 5-4 내가 만든 바구니 5-5 무지개 소금 5-6 빛나는 그림 5-7 반짝반짝 밤하늘 5-8 꾸불꾸불 철사
자연을 표현하여 만들기	1. 한지를 염색하여 한복 꾸미기 2. 펀치를 이용하여 벌레 먹은 나뭇잎 표현하기 3. 가을에 나는 곡식으로 모자이크 하기	5-9 나는 한복 디자이너! 5-10 냠냠, 나뭇잎 5-11 곡식 모자이크
계절을 표현하는 활동	1. 얼음을 이용하여 색깔 초 만들기 2. 팝콘으로 눈 오는 모습 표현하기 3. 매직을 이용한 간단한 스테인드글라스 만들기 4. 종이컵으로 산타 할아버지 만들기 5. 부직포를 바느질하여 별 장식 만들기	5-12 얼음 초 5-13 흰 눈이 펑펑 5-14 스테인드 글라스 5-15 산타 할아버지 5-16 작은 별

활동 1   액자 만들기

● 활동목표

① 자신의 사진을 아름다운 액자
로 만드는 활동을 통해 나의
소중함을 알 수 있다.

② 양손을 이용한 협응 활동을
통하여 원하는 크기로 우드락
을 부러뜨릴 수 있다.

③ 석고의 성질을 알고 작업 활
동의 순서를 익혀 액자를 완
성할 수 있다.

● 필요한 재료와 도구

사진, 유화용 캔버스, 석고가루, 고무그릇, 붓, 우드락

● 활동방법

① 액자에 넣고 싶은 사진을 고른다.

② 여러 가지 색깔의 우드락을 다양한 크기로 부러뜨린다.

③ 캔버스에 사진과 우드락을 어울리게 배치한다.

④ 석고가루를 고무그릇에 붓고 물을 섞어서 갠다.

⑤ 물에 갠 석고가루가 굳기 전에 붓을 이용하여 캔버스에 바른다.

⑥ 석고가 굳기 전에 사진과 우드락을 붙여 완성한다.

● 유의점

- 석고는 반드시 고무그릇에 개어야 굳은 것을 쉽게 제거하고 다시 개어서 쓸 수 있다.

- 석고는 시간이 흐름에 따라 쉽게 굳으므로 아동 개인별로 적당량씩 개어서 사용한다.

- 우드락을 부러뜨릴 때 손으로 느끼는 촉감과 부러질 때 나는 소리 등의 감각을 충분

히 경험하게 한다.

- 사진, 우드락, 구슬이나, 단추 등의 자료를 활용한 콜라주 기법을 사용하여 우연의
  효과로 비유와 상징을 나타나게 함으로써 창의적인 표현활동이 되도록 한다.

1. 우드락 부러뜨리기

2. 고무 그릇을 이용하여 석고 개기

3. 물에 갠 석고를 붓으로 캔버스에 칠하기

4. 부러뜨린 우드락 붙이기

5. 사진과 어울리게 붙여서 완성하기

수정된 활동: 우드락 모자이크
양면테이프를 붙여 준 도화지에 우드락 조각을 붙
여 자유롭게 꾸미기

활동 2   과자로 만든 그림

● 활동목표

① 일상생활에서 쉽게 접할 수
있는 과자를 미술재료로 활용
할 수 있다.

② 여러 가지 모양의 변별을 통
해 꾸미기 활동을 할 수 있다.

③ 과자의 모양과 색에 따라 어
울림을 표현하고 감상할 수
있다.

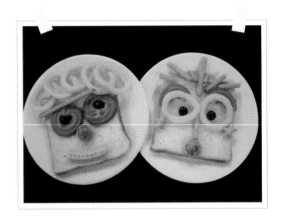

● 필요한 재료와 도구

여러 가지 모양의 과자, 식빵, 종이접시, 빵칼

● 활동방법

① 여러 가지 과자의 포장지를 뜯는다.

② 과자의 모양을 살펴보고 모양대로 접시나 쟁반에 모아 놓는다.

③ 종이접시 위에 식빵과 과자를 이용하여 내 얼굴이나, 동물 등 다양한 모습을 꾸민다.

④ 만들어 놓은 작품에 제목을 붙인다.

● 유의점

- 활동 전 손을 씻고 작업을 하는 책상 위를 깨끗하게 닦은 후 시작한다.

- 간식시간에 맞추어 활동을 하거나 식사 시간에 문제가 되지 않는다면 서로 나누어
먹으면서 활동을 하는 것도 아동들의 참여를 높이는 방법이 된다.

- 활동 중 여러 가지 과자의 모양을 관찰하고 자유롭게 맛을 볼 수 있도록 한다.

- 작품에 제목을 붙일 때에는 아동 스스로 제목을 생각하고 결정할 수 있도록 한다.

- 완성된 작품은 쉽게 훼손될 수 있으므로 완성 작품은 아동과 함께 사진으로 찍어

둔다.

- 다양한 자료와 방법을 활용한 탐색활동 및 발상 지도를 통하여 아동들의 표현 동기를 높인다.

1. 준비한 과자 포장지 뜯기

2. 좋아하는 과자를 찾아 포장지 뜯기

3. 여러 모양의 과자를 이용하여 모양 만들기

4. 원하는 과자 모양을 찾아내 얼굴 꾸미기

5. 과자와 식빵을 이용하여 만들기

수정된 활동: 벽장식 만들기
우드락이나 두꺼운 도화지로 만든 기본 틀 위에
과자와 사탕을 붙여서 벽장식 만들기

활동 3   구슬 그림

● 활동목표

① 구슬의 움직임을 눈으로 따라가 며 다양한 무늬를 만들 수 있다.

② 움직이며 생성되는 작품의 변 화를 감상할 수 있다.

③ 색의 조화를 생각하며 양손을 움직여서 느낌을 표현할 수 있다.

● 필요한 재료와 도구

유리구슬, 수채화 물감, 색도화지, 나무틀(35×27cm), 수저, 그릇

● 활동방법

① 나무틀 안에 도화지를 넣는다.

② 여러 가지 색의 물감을 준비한다.

③ 물감이 들어 있는 그릇에 구슬을 떨어뜨린 후 물감이 묻도록 굴린다.

④ 원하는 색의 구슬을 수저로 떠서 도화지 위에 놓는다.

⑤ 나무틀의 좌우를 양손으로 잡고 구슬이 굴러가도록 기울여서 원하는 무늬를 표현한다.

● 유의점

– 나무틀은 작품 판넬의 뒷면을 이용하거나 빈 상자를 이용할 수 있다.

– 유리구슬을 제시할 때는 자유롭게 탐색하도록 하되 입에 넣지 않도록 유의한다.

– 물감을 푼 물을 준비할 때는 물감색의 농도를 짙게 하여 준비하며, 활동 도중 옷에 묻은 흔적을 쉽게 지울 수 있도록 액체비눗물(주방용 세제)을 섞어 준다.

– 구슬의 움직임에 따라 나타나는 무늬에 관심을 가지고 지켜볼 수 있도록 경쾌한 음 악에 맞추어 활동하도록 한다.

- 편마비아동이나 신체의 한쪽 기능이 열악한 아동들은 우세하지 않은 쪽을 보조해
주어 양손의 균형적인 움직임을 촉진한다.

1. 나무 틀에 색도화지 넣기

2. 물감을 푼 물에 구슬 넣기

3. 구슬에 물감이 골고루 묻을 수 있도록 젓기

4. 수저로 구슬을 떠서 도화지에 떨어뜨리기

5. 나무틀을 좌우로 흔들어 구슬을 움직여 보기

6. 구슬이 굴러가며 만드는 무늬 감상하기

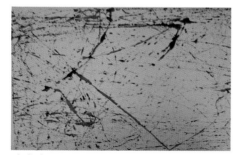

완성 작품

완성 작품

활동 4 내가 만든 바구니

● 활동목표

① 일상생활에서 볼 수 있는 재
활용품을 이용하여 유용한 물
건을 만들 수 있다.

② 여러 가지 모양 스티커를 이
용하여 무늬를 꾸밀 수 있다.

③ 만든 물건을 생활 주변에서
알맞게 활용할 수 있다.

● 필요한 재료와 도구

페트병(1.5L 생수용 페트), 가위, 모루, 색 시트지, 색 테이프(2.5cm), 펀치

● 활동방법

① 여러 가지 페트병을 모아 살펴본 후 어떻게 이용하면 좋을지 의논한다.

② 만들고 싶은 것을 생각한 후 도움을 받아 적당한 크기로 자른다.

③ 자른 면을 색 테이프로 감싼다.

④ 펀치로 구멍을 낸 후 모루로 손잡이를 만들어 붙인다.

⑤ 색상 시트지로 여러 가지 모양을 오려 붙여서 완성한다.

● 유의점

– 페트병을 자른 면이 날카로울 수 있으므로 잘린 면은 테이프로 감싸 준다.

– 만들어진 페트병 바구니를 어디에 활용하면 좋을지 논의해 보고 직접 활용해 보도
록 한다(연필꽂이, 수채화용 물통, 식물 키우기 등).

– 페트병 아래쪽에 송곳을 이용하여 10~15개의 구멍을 뚫어 물조리개로 활용해도
좋다.

– 페트병을 뉘여서 자른 후 고구마나 당근 등을 키우는 데도 활용할 수 있다.

1. 재활용품을 이용하여 만들 계획 세우기

2. 페트병을 가위로 잘라 색 테이프로 감은 후 색 시트지로 모양 오려 붙이기

3. 펀치로 구멍을 뚫은 후 모루로 손잡이 만들기

4. 만든 바구니를 이용하여 용도에 맞게 꾸미기

5. 만든 것을 활용하여 고구마 키우기

수정된 활동: 과자상자 바구니
과자상자를 이용하여 포장지와 구슬, 레이스로 장식하여 바구니 만들기

활동 5 무지개 소금

● 활동목표

① 손바닥을 이용하여 자료를 탐
   색할 수 있다.

② 손바닥을 움직일수록 변화하는
   소금의 색을 감상할 수 있다.

③ 여러 색의 소금을 유리병에
   담아 장식품을 만들 수 있다.

● 필요한 재료와 도구

굵은 소금(꽃소금), 파스텔, 종이상자나 나무틀(35×27cm), 유리병, 수저, 깔때기, 한
지, 반짝이 끈이나 리본

● 활동방법

① 상자 안에 도화지를 넣는다.

② 한 가지 색의 파스텔로 도화지에 자유로운 그림을 그린다.

③ 파스텔 그림이 그려진 도화지에 수저로 굵은 소금 4~5스푼을 넣는다.

④ 파스텔 색이 소금에 베어 나도록 손바닥을 펴서 소금을 골고루 문지른다.

⑤ 여러 가지 색의 소금을 만들어 그릇에 담는다.

⑥ 유리병에 여러 가지 색의 소금을 담아 뚜껑을 닫고 한지와 리본으로 장식한다.

● 유의점

- 유리병에 담을 때에는 깔때기(페트병 입구를 잘라서 만듦)를 이용하여 손의 경직을 보
  완할 수 있도록 해 준다.

- 색을 넣지 않은 원래의 흰색 소금을 같이 이용하여 꾸며 본다.

- 소금뿐 아니라 입자가 작은 설탕을 이용해도 다른 느낌을 나타낼 수 있다.

- 고학년 학생의 경우에는 난색과 한색을 구별하여 시원한 느낌, 따뜻한 느낌의 주제

를 정하여 만들어 본다.

– 직접 손으로 만지는 것을 꺼리는 아동의 경우 일회용 장갑을 사용한다.

1. 소금의 까칠까칠한 느낌 느껴 보기

2. 흰색 도화지 위에 파스텔로 자유화 그리기

3. 수저로 2~3스푼의 소금을 도화지에 뿌리기

4. 손바닥으로 문질러서 소금에 파스텔의 색이 배이게 하기

5. 여러 가지 색의 소금 만들기

6. 유리병에 여러 가지 색의 소금을 차례로 담기

완성 작품

완성 작품

활동 6 빛나는 그림

● 활동목표

① 수채화 그림에 소금을 이용하여 새로운 느낌을 표현해 볼 수 있다.

② 준비된 자료를 이용하여 창의적인 방법으로 활동에 참여할 수 있다.

③ 완성된 작품을 보며 일반 수채화와 다른 점을 느낄 수 있다.

● 필요한 재료와 도구

소금, 분무기, 수채화도구, 크레파스, 도화지

● 활동방법

① 흰색 도화지에 크레파스나 색연필로 밑그림을 그린다.

② 수채화도구를 이용하여 색칠하여 완성한다.

③ 완성된 그림이 마르기 전에 분무기로 물을 뿌린다.

④ 물이 마르기 전에 소금을 골고루 뿌린 후 말린다.

⑤ 완성된 그림이 일반 수채화 그림과 다른 점을 이야기해 보고, 빛의 방향에 따라 그림에서 느껴지는 점을 이야기해 본다.

● 유의점

- 소금을 뿌릴 때 양의 조절이 어려운 아동들에게는 조미료 통을 준비해 준다.

- 분무기로 뿌린 물의 양이 너무 많으면 그림이 번지게 되므로 골고루 뿌릴 수 있도록 보조해 준다.

- 완성된 작품은 정착액을 뿌려서 소금이 떨어지지 않게 해 준다.

1. 크레파스로 밑그림 그리기

2. 수채화 물감으로 색칠하기

3. 수채화 물감으로 색칠하기

4. 완성된 그림에 분무기로 물 뿌리기

5. 그림 위에 물이 마르기 전에 소금 뿌리기

6. 녹는 소금을 관찰하며 뿌리기

완성 작품

완성 작품

활동 7 반짝반짝 밤하늘

● 활동목표

① 크레파스의 녹는 특성을 이용
   하여 작품의 과정을 이해할
   수 있다.

② 어떤 무늬가 만들어질지 상상
   해 보고 예측해 볼 수 있다.

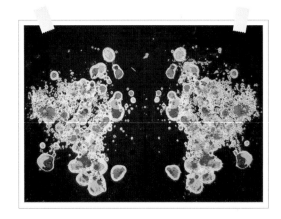

● 필요한 재료와 도구

크레파스, 도화지, 수채화도구, 조각칼, 플라스틱 판이나 접시, 다리미, 다리미판

● 활동방법

① 크레파스 조각들을 모아 조각칼로 잘라 가루를 만든다.

② 도화지를 반으로 접은 후, 한쪽 면에 크레파스 가루를 뿌린다.

③ 한쪽 면으로 덮고, 다리미로 다린다.

④ 수채화 물감으로 도화지 전면을 색칠하여 나타나는 무늬를 감상한다.

⑤ 만들어진 무늬를 보고 제목을 붙인다.

● 유의점

- 다리미로 다릴 때에는 도화지의 양쪽 면에 신문지나 다른 종이를 덮어서 크레파스
  가 다리미판에 묻어나지 않도록 한다.

- 바탕을 칠하는 물감의 색은 진한 색을 골라서 색의 대비가 잘 나타나도록 한다.

- 아동들의 작품을 하나로 연결하여 밤하늘, 은하수, 우주 등의 협동 작품으로 완성할
  수도 있다.

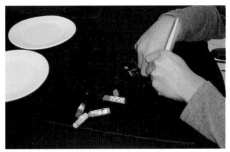

1. 조각칼로 긁어서 크레파스 가루 만들기

2. 흰색 도화지를 반으로 접기

3. 접은 도화지의 한쪽 면에 크레파스 가루 뿌리기

4. 색의 조화를 생각하며 가루 뿌리기

5. 약한 온도의 다리미로 다리기

6. 진한 물감으로 색칠하기

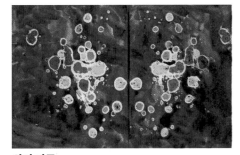

완성 작품

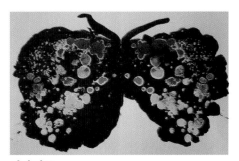

완성 작품

활동 8 꾸불꾸불 철사

● 활동목표

① 철사의 성질을 알고 선을 이용한 선재 작품의 특성을 이해할 수 있다.

② 셀로판지의 여러 가지 색을 감상하고 여러 색의 결합을 경험할 수 있다.

③ 한 가지 주제를 정하여 표현해 보고 만들어진 작품을 감상할 수 있다.

● 필요한 재료와 도구

철사(PVC가 싸여 있는)나 여러 가지 색의 구리선, 셀로판지, 펜치나 가위, 풀, 스카치테이프

● 활동방법

① 여러 가지 색깔의 철사를 구부려 본다.

② 양손을 이용하여 다양한 모양으로 철사를 구부려 모양을 만들어 본다.

③ 만들어진 모양의 단면을 셀로판지로 붙인다.

● 유의점

- 철사의 잘린 면이 날카롭지 않도록 테이프로 감싸 준다.

- 활동에 사용하는 철사는 공작용 철사로 PVC 커버가 싸여 있는 여러 가지 색의 구리선을 이용하도록 한다.

- 셀로판지를 붙일 때에는 물풀을 이용하여 작업과정이 용이하도록 한다.

- 표현 재료와 용구의 선택 및 활용 방법에 대한 지도가 충분히 이루어지도록 하며, 안전에 유의한다.

1. 여러 가지 철사 구부려 보기

2. 모양을 정하여 만들기

3. 도구를 이용하여 만들기

4. 철사로 만든 모양에 풀칠하여 셀로판지 붙이기

5. 철사의 가장자리에 있는 셀로판지를 가위로 자르기

수정된 활동: 철사로 표현하기
철사를 구부려 그림으로 나타내기

수정된 활동: 구슬 장식 만들기
철사에 구슬을 꿰어 모양 만들기

활동 9   나는 한복 디자이너!

● 활동목표

① 한지의 특성을 알고 질감을
　느낄 수 있다.

② 수채화 물감의 번지는 성질을
　이용하여 색을 혼합하여 표현
　할 수 있다.

③ 한복의 색과 모양의 아름다움
　을 느낄 수 있다.

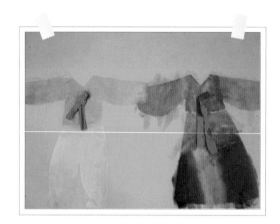

● 필요한 재료와 도구

한지, 수채화 도구, 색도화지, 가위, 딱풀

● 활동방법

① 흰색의 한지로 한복 모양의 틀을 오려 준비해 준다.

② 여러 가지 모양 중 치마저고리와 바지저고리의 짝을 찾는다.

③ 딱풀을 이용하여 색도화지에 붙인다.

④ 수채화 물감으로 채색한다.

⑤ 한지가 마르기 전 물감의 번지는 성질을 이용하여 무늬를 그린다.

⑥ 물감이 마르면 색한지를 길게 찢어 접어서 고름을 만들어 붙인다.

● 유의점

- 활동 전에 한복의 다양한 무늬와 색을 감상할 수 있도록 참고자료를 제시한다.

- 채색 도중 붓에 의해 한지가 찢어질 경우 그 위에 같은 모양의 한복 틀을 덧붙여 주
　어 실패감을 갖지 않고 다시 채색할 수 있도록 배려한다.

- 한지 자체의 질감을 느낄 수 있도록 수채화 물감을 흐린 색을 채색할 수 있도록 지
　도한다.

1. 한복 짝 맞추어 찾기

2. 풀로 한복 모양의 한지를 도화지에 붙이기

3. 수채화 물감으로 색칠하기

4. 색상이 어울리게 색칠하기

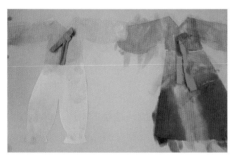

5. 물감의 번짐을 이용하여 색칠하기

6. 색깔 한지로 옷고름 만들기

완성 작품

활동 10   냠냠, 나뭇잎

● 활동목표

① 자연의 변화와 아름다움에 관심을 가질 수 있다.

② 펀치를 이용하여 벌레가 나뭇잎을 갉아먹은 모양을 표현할 수 있다.

③ 가을의 나뭇잎을 관찰하고 표현할 수 있다.

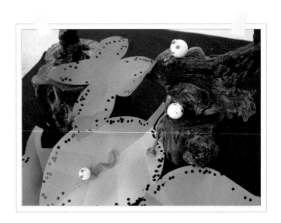

● 필요한 재료와 도구

색도화지, 펀치, 가위, 모루, 스티로폼 공(지름 2cm), 본드, 눈알, 매직

● 활동방법

① 가을 들판을 산책하고 나뭇잎을 관찰한다.

② 색도화지로 나뭇잎 모양을 오린 후 잎맥의 모양을 따라 접는다.

③ 펀치를 이용하여 벌레가 먹은 나뭇잎 모양을 표현한다.

④ 스티로폼 공과 모루를 이용하여 벌레를 만든다.

⑤ 만든 작품으로 가을 분위기를 연출하여 전시한다.

● 유의점

- 가을 나뭇잎을 주워 관찰한 후 자연의 모습을 표현할 수 있도록 지도한다.

- 사용하는 펀치는 한 구멍 펀치보다는 손의 기능을 보완하고 균형을 잡기 쉬운 두 구멍 펀치를 사용한다.

- 나뭇잎의 크기는 아동의 손 기능에 따라 조절해 주되 손 기능이 열악할수록 잎이 넓고 둥근 나뭇잎 모양을, 손 기능이 우세한 아동은 단풍잎이나 은행잎 등 여러 모양의 나뭇잎을 제시해 주어 난이도를 조절해 준다.

1. 가을 나뭇잎의 특징 알아보기

2. 펀치를 이용하여 벌레가 먹은 나뭇잎 모양으로 구멍 내기

3. 스티로폼 공과 모루를 이용하여 벌레 만들기

완성 작품

활동 11 곡식 모자이크

● 활동목표

① 풍성한 가을 곡식의 촉감을
   느낄 수 있다.

② 곡식의 색과 크기, 모양을 살
   펴볼 수 있다.

③ 곡식을 이용하여 여러 가지
   모양의 모자이크를 만들 수
   있다.

● 필요한 재료와 도구

곡식(쌀, 검은콩, 메주 콩, 조, 수수, 녹두, 보리, 팥, 옥수수), 여러 가지 모양의 마카로니,
모래종이, 색연필, 본드, 붓

● 활동방법

① 여러 가지 곡식 알갱이들을 만지며 크기와 촉감을 느낀다.

② 가을이 되어 떠오르는 것들에 대해 이야기를 나눈다.

③ 모래종이 위에 색연필로 바탕그림을 그린다.

④ 바탕그림의 한 면에 붓으로 본드를 칠한 후 곡식을 붙인다.

⑤ 곡식은 낱알이 작아서 손으로 쥐기 힘든 경우 수저로 떠서 뿌린 다음 손바닥으로
   누른 후 떨어낸다.

⑥ 만든 작품은 테두리를 오리거나 그대로 완성한다.

● 유의점

– 곡식 알갱이 느낌을 자유롭게 탐색해 볼 수 있도록 곡식은 큰 그릇에 담아서 제시하고 다양한 놀이를 할 수 있도록 여러 가지 그릇(소꿉놀이)을 준비해 준다.

– 곡식 알갱이가 책상 위로 떨어져 흩어지더라도 쉽게 담을 수 있도록 담요 등을 깔아준다.

– 곡식을 떠서 옮길 수 있도록 수저를 준비할 때 수저의 손잡이가 얇아서 쥐기 힘든 아동에게는 스티로폼 봉(떡가래)을 끼워 손잡이의 두께를 굵게 수정해 준다.

1. 사포 위에 크레파스로 그림 그리기

2. 가을 곡식의 알갱이 색 모양 관찰하기

3. 알갱이가 굵은 것, 가는 것, 색에 따라 꾸미기

4. 그림 위에 붓으로 본드 칠하기

5. 본드로 칠한 것 위에 곡식을 뿌리거나 떨어뜨려 붙이기

6. 바탕그림에 어울리게 꾸미기

완성 작품

수정된 활동: 여러 가지 모양의 마카로니를 이용하여 만들기

수정된 활동: 작업량이 부담되어 모자이크 활동참여가 어려운 아동은 그림의 테두리에 선 따라 붙이기

활동 12 얼음 초

● 활동목표

① 얼음을 만져 보고 얼음이 녹
　는 것을 관찰할 수 있다.

② 좋아하는 색과 모양을 선택할
　수 있다.

③ 안전에 유의하여 초 만드는
　과정에 참여할 수 있다.

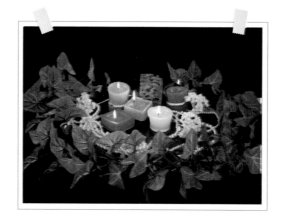

● 필요한 재료와 도구

양초, 우유팩이나 종이컵, 얼음, 송곳, 면 끈, 크레파스, 냄비, 가열기구, 나무젓가락

● 활동방법

① 우유팩이나 종이컵의 가운데에 면 끈으로 된 심지를 넣어 틀을 준비한다.

② 미리 얼린 얼음을 송곳과 교재용 망치를 이용하여 잘게 부순다.

③ 양초를 냄비에 넣고 녹인다. 양초가 거의 녹아서 액체 상태가 되면 크레파스 조각
　을 넣어 녹을 때까지 저어 준다.

④ 잘게 부순 얼음을 우유팩이나 종이컵에 담는다.

⑤ 얼음이 담긴 우유팩이나 종이컵에 촛물을 2/3가량 붓는다.

⑥ 실온에서 굳을 수 있도록 1시간 정도 기다린다.

⑦ 우유팩이나 종이컵을 벗겨 내고 고여 있는 얼음이 녹은 물을 쏟아 낸다.

● 유의점

- 가열기구를 사용하는 작업이므로 안전에 유의한다.

- 냄비에 넣은 초는 2/3가량 녹기 시작하면 가열온도를 줄여 준다.

- 얼음은 1cm 정도의 크기로 부수며, 수건을 이용하여 물기가 흐르는 것을 방지해 준다.

- 장애가 심하거나 자원봉사자가 부족할 경우에는 얼음 초의 제작과정이 복잡하므로

얼음을 제외한 일반 색쌀 초를 만드는 활동으로 진행한다.

1. 우유팩, 종이컵에 면실로 심지 만들어 붙이기

2. 송곳과 망치를 이용하여 얼음 쪼개기

3. 초를 녹이고 다 녹을 무렵 크레파스 조각을 넣어 색깔 내기

4. 우유팩 안에 얼음 넣기

5. 촛물을 얼음이 담긴 우유팩에 붓기

6. 실온에서 서서히 굳히기

7. 우유팩, 종이컵을 벗겨 내기

완성 작품

활동 13 흰 눈이 펑펑

● 활동목표

① 겨울의 날씨와 풍경을 관찰할
   수 있다.

② 자연물을 이용하여 겨울 풍경
   을 꾸밀 수 있다.

③ 팝콘을 뿌려서 눈 오는 모습
   을 표현할 수 있다.

● 필요한 재료와 도구

팝콘, 나뭇가지, 스티로폼 판(5cm), 한지, 본드, 풀, 붓(12호 이상), 그릇

● 활동방법

① 겨울의 뜰을 돌아보며 겨울철 날씨와 풍경을 관찰한다.

② 뜰에 떨어져 있는 나뭇가지를 모은다.

③ 스티로폼에 풀칠을 하여 한지를 붙여 땅을 표현한다.

④ 스티로폼에 나뭇가지를 꽂아서 나무가 있는 정원을 만든다.

⑤ 붓으로 나뭇가지에 본드를 바른 후 1분 정도 기다린다.

⑥ 나뭇가지 위에서 팝콘을 뿌려 눈 오는 것을 표현한다.

● 유의점

- 나뭇가지의 끝이 날카롭지 않은지 확인하고, 나뭇가지에 찔리지 않도록 끝부분에
  작은 스티로폼 공을 붙여 준다.

- 본드를 바른 후 1∼2분 정도 기다려야 팝콘을 뿌렸을 때 나뭇가지에 잘 붙는다.

- 손의 근 긴장도가 높은 아동은 팝콘을 뿌릴 때 직접 뿌리지 않고 나무주걱이나 손잡
  이 컵 등을 이용한다.

- 다감각적 실물교수자료를 제시하여 미적감수성을 체험할 수 있도록 한다.

1. 스티로폼 위에 풀칠하기

2. 한지로 붙이기

3. 뜰에서 주운 나뭇가지를 꽂아 동산 표현하기

4. 붓으로 본드칠을 한 후 팝콘 뿌리기

완성 작품

수정된 활동: 가을 동산 꾸미기
계절에 구할 수 있는 자연물을 이용하여 꾸미기

활동 14   스테인드 글라스

● 활동목표

① 여러 가지 색을 이용하여 아름다움을 표현할 수 있다.

② 양손의 협응 운동을 통해 알루미늄 포일을 구길 수 있다.

③ 매직펜의 색과 알루미늄 포일이 겹쳐져서 표현되는 색의 아름다움을 감상할 수 있다.

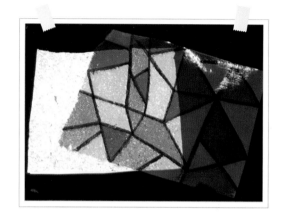

● 필요한 재료와 도구

매직펜, 비닐(B5, A4 크기), 알루미늄 포일, 색 테이프, 두꺼운 도화지

● 활동방법

① 비닐 위에 검정색 매직펜으로 여러 가지 선을 그려 바탕그림을 그린다.

② 검정색 매직펜으로 그린 비닐을 뒤집어 놓은 후에, 여러 가지 색깔의 매직으로 칸칸을 색칠한다.

③ 알루미늄 포일을 도화지의 크기보다 더 크게 자른 후 양손으로 구긴다.

④ 두꺼운 도화지에 구긴 알루미늄 포일을 붙이고 그 위에 비닐을 덮은 후 고정시킨다.

⑤ 작품의 테두리를 어울리는 색 테이프를 골라 붙인 후 완성한다.

● 유의점

- 검정색 매직으로 바탕을 그린 후 비닐을 반드시 뒤집어서 채색해야 한다. 뒤집지 않을 경우 검정색의 매직펜과 다른 색이 겹쳐져서 혼탁한 색이 나오게 되므로 유의한다.

- 손기능이 떨어지는 아동들에게 과다한 작업이 되지 않고 흥미를 가지고 완성할 수 있도록 매직펜은 두꺼운 것을 제공한다.

- 알루미늄 포일을 입체감 있게 구길수록 비닐에 그린 그림의 색이 돋보인다.

1. 비닐을 적당한 크기로 자르기

2. 유성매직으로 밑그림 그리기

3. 여러 가지 선을 이용하여 밑그림 그리기

4. 비닐을 뒤집어 놓은 후 유성매직으로 색칠하기

5. 알루미늄 포일을 구기기

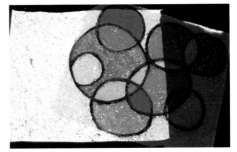

6. 비닐그림 뒤에 알루미늄 포일을 붙이기

완성 작품

활동 15   산타 할아버지

● 활동목표

① 좋아하는 색을 선택할 수 있다.

② 산타 할아버지의 모습을 상상
    하며 표현할 수 있다.

③ 만든 작품을 크리스마스트리
    에 장식할 수 있다.

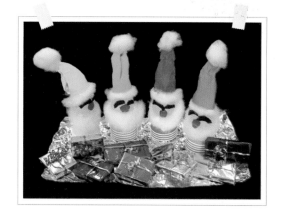

● 필요한 재료와 도구

색깔 종이컵, 색종이, 솜, 풀, 크리스마스 장식들

● 활동방법

① 여러 가지 색의 종이컵 중 좋아하는 색을 선택한다.

② 종이컵과 같은 색의 색종이를 찾는다.

③ 종이컵에 얼굴을 그릴 색종이를 붙인다.

④ 종이컵과 같은 색의 색종이를 모자 모양으로 말아서 ③ 위에 붙인다.

⑤ 얼굴 아래턱 부분과 모자 아랫부분, 끝 부분에 풀칠을 하고 솜을 붙인다.

⑥ 얼굴에 눈, 코, 입, 눈썹 등을 색종이로 찢어 붙인다.

⑦ 완성된 산타 할아버지를 다른 크리스마스 장식들과 함께 장식한다.

● 유의점

- 종이컵이나 색종이가 활동 도중 구겨져도 자유로운 모습을 표현하게 되므로 아동
  스스로 할 수 있도록 한다.

- 산타 할아버지의 모자에 낚싯줄을 매어서 모빌로 장식하거나 크리스마스트리에 걸
  어서 장식한다.

- 교실의 어느 장소 혹은 집으로 가져가기를 원하는 아동이 있을 경우 아동의 의도대
  로 장식할 수 있도록 배려하여 작품의 소중함과 만족감을 가질 수 있도록 한다.

1. 종이컵에 색종이를 붙여 산타의 얼굴 붙이기

2. 종이컵과 같은 색의 색종이를 찾아 모자 만들기

3. 솜으로 장식하기

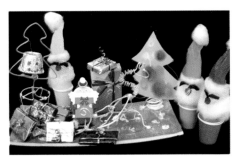

4. 크리스마스트리와 함께 꾸미기

완성 작품

수정된 활동: 크리스마스트리
양면테이프를 붙여 제시한 색도화지 위에 약솜을
붙여서 작은 크리스마스트리 만들기

활동 16   작은 별

● 활동목표

① 틀을 이용하여 별 모양을 따라 그릴 수 있다.

② 반짝이 철끈을 이용하여 실 꿰기를 할 수 있다.

③ 만든 별을 이용하여 크리스마스 장식을 하고 감상할 수 있다.

● 필요한 재료와 도구

부직포, 반짝이 철끈, 펀치, 솜, 두꺼운 도화지, 색연필

● 활동방법

① 부직포 위에 별 모양의 틀을 대고 별 모양을 그린다.

② 부직포를 두 겹씩 대고 오려 준다.

③ 별의 가장자리를 나란한 모양이 되도록 펀치로 구멍을 뚫는다.

④ 부직포를 두 겹씩 붙여서 반짝이 철끈으로 별의 가장자리를 감침질한다.

⑤ 감침질이 완성될 때 두 겹의 부직포 사이에 솜을 채워 넣어 입체감을 살린다.

⑥ 감침질을 하여 마무리한 후 별의 한쪽 끝에 걸 수 있는 고리를 만든다.

● 유의점

- 감침질을 할 때에 반짝이 철끈을 세게 당기면 별 모양이 틀어지므로 너무 당겨지지 않도록 보조한다.

- 펀치를 사용하지 못하는 아동들은 교사가 보조해 주어 한 손으로 압력을 가해 누를 수 있도록 해 준다.

1. 별 모양의 틀을 대고 부직포 위에 본뜨기

2. 가위로 오린 후 펀치로 가장자리에 구멍내기

3. 은색, 금색의 철끈으로 감침질하고 솜을 채워
   입체감 살리기

완성 작품

완성 작품

완성 작품

참·고·문·헌

교육과학기술부(2012). 2012 특수교육 교육과정. 교육과학기술부.

교육부(1999). 초등학교 교육과정 해설(V). 서울: 대한교과서 주식회사.

박은혜, 김정연(2010). 지체장애학생교육. 서울: 학지사.

양경희 외(1998). 열린교육을 위한 창의적인 작업활동. 서울: 학지사.

이소현, 박은혜(1998). 특수아동교육. 서울: 학지사.

최재영(2001). 아동 미술활동의 지도와 이해. 서울: 창지사.

정서 · 행동장애아동과 자폐성 장애아동을 위한 미술활동 지도

제1절 들어가는 말

 미술활동은 아동들이 자신이 보고 듣고 느끼고 경험한 것을 자연스럽게 표현하는 기본적인 욕구에 해당하며, 이러한 욕구가 정서·행동장애나 자폐적 문제를 지닌 아동에게 예외일 수는 없다. 또한 교실 내의 모든 활동을 포함하여 학교에서의 활동에는 미술적 측면이 포함되어 있다. 아동들은 미술교과 내에서의 활동에서뿐만 아니라 다른 교과와도 연관된다. 동화나 이야기를 할 때 자연스럽게 그림으로 표현할 수 있으며 구성물 짓기를 할 수도 있고 연극이나 동극 준비 혹은 행사 준비로서 세트를 구성하고, 활동내용을 사진으로 찍어 포함시키거나 과학이나 수학적 결과를 그림이나 표 또는 구체물로 나타내는 등 교과활동에서도 미술과 관련된 수많은 활동을 할 수 있다. 나뭇잎을 주워 붙이거나 모양 뜨기, 구성하기를 통해서 열매를 직접 만져 보고 그의 특성을 알아 가고 발표하는 과정도 있을 수 있고 책을 읽고 난 후에 그 내용에 따라서 그림을 그리거나 인형을 만들거나 책표지 등을 만들 수도 있으며 주요 인물을 콜라주 기법의 재미있는 활동으로 표현하게 할 수도 있어서 미술활동은 학교 교과과정의 핵심(Barlow, 1975)이 될 수 있다.

 정서·행동장애아동과 자폐성 장애아동들의 잠재적 미적 욕구와 능력은 일반적으로 비장애인과는 달리 표현되지 못하거나 표현될 기회를 갖지 못하게 되는 경우가 많다. 이는 그들 자신이 처해 있는 환경을 인지하고 표현하고 재구성하지 못함에 기인할 수도 있다. 그러나 교수를 제공하는 입장에서 한계를 짓고 그들을 바로 알지 못하여 기회를 제공하지 않거나, 보여지는 현상으로 판단하여 그들이 미술활동에 관심이 없는 것으로 여겨서 미적 교육이 제공되지 않기 때문이기도 하다.

 장애로 인해 사회적 상호작용이나 의사소통에 어려움을 겪는 정서·행동장애아동과 자폐성 장애아동들은 오히려 비언어 매체인 미술활동을 통하여 자신의 느낌과 생각을 표현하는 의사소통의 수단으로 활용하고 자신들이 가지고 있는 문제를 완화할 수 있는 통로를 가질 확보할 수 있다. 그뿐만 아니라 다양한 미술매체와 기법은 학생의 인지, 감각기관과 정서적 무반응에 일종의 자극을 줄 수 있다는 점에서 교육적, 치료적 효과가 있다. 특히 미술활동을 통해서 정서·행동장애아동들이나 자폐성 장애아동이 가지는 의사소통과 사회적 상호작용에 어려움을 개선할 수 있으며, 사회적으로 필요한 자기 결성과 문제 해결의 경험을 제공해서(Gaistskell, Hurwitz, & Day, 1982) 사회적 관계의 향상을 가져올 수 있다. 또한 미술활동은 정서 · 행동장애와 자폐성 장애아동들이 지니고 나타내는 문제를 경감해 주며, 그들의 제한된 세계를 새롭게 경험하게 하여 보다 확대된 시각을 열어 줄 수 있다.

기본교육과정 미술과의 성격은 미적 감수성과 직관으로 대상을 이해하고 시각적 조형물이 가진 아름다움을 느끼며 누릴 수 있는 심미적 태도와 표현력, 상상력, 창의성, 비판적 사고력을 기를 수 있는 교과로 본다. 미술의 다양한 활동을 통하여 사회 현상에 관심을 가지고 적극적으로 참여할 수 있을 뿐 아니라 미술 문화의 세계화에 기여할 수 있는 전인적인 인간을 육성하는 데 목적이 있다(교육부, 2013). 이와 맥을 같이 하여 미술활동은 미술을 통하여 얻을 수 있는 일반적인 목표 이외에 정서 · 행동장애나 자폐성 장애를 지닌 학생들의 인지적 · 정서적 · 사회적 · 운동적인 면에서 여러 가지 혜택을 받을 수 있는 점에 유의하여 통합적으로 구성하여야 한다.

 ## 제2절 정서 · 행동장애와 자폐성 장애의 이해

정서 · 행동장애아동과 자폐성 장애아동은 엄연히 다른 장애 범주에 있으며 교육적 접근 방법도 동일하지는 않다. 그럼에도 이 장에서는 우리나라 특수교육 대상자의 기준에서 그들이 지니고 있는 공통의 문제인 의사소통과 사회적 상호작용에 초점을 맞추어 한 장에서 다루고자 한다. 자폐성 장애에 대한 진단적 정의(DSM-5)는 최근 변화가 있었으나 교육대상의 실제적 변화가 있는 것은 아니다. 「장애인 등에 대한 특수교육법」 (2007)에서는 자폐성 장애를 지닌 특수교육대상자를 "사회적 상호작용과 의사소통에 결함이 있고, 제한적이고 반복적인 관심과 활동을 보임으로써 교육적 성취 및 일상생활 적응에 도움이 필요한 사람"으로 정의하고 있다. 우리는 흔히 교실에서 아래와 같은 정서 · 행동장애아동과 자폐성 장애아동을 만날 수 있다.

① 지능도 떨어지지 않고, 시력이나 청력에도 문제가 없는데 학습 성취가 다른 아동에 비해서 현저하게 낮은 아동
② 또래 친구 혹은 교사와의 관계가 원만하지 않은 아동(예: 또래에게 공격성을 보이거

나 자주 싸우는 아동, 너무 위축되어서 거의 또래와 상호작용이 없는 아동, 교사에게 반항
적이고 불순종을 보이는 아동 등)

③ 정상적인 상황에서 이해하기 힘든 부적절한 행동을 하는 학생(예: 수업시간에 갑자
기 소리를 지르는 아동, 친구를 때리는 등의 문제 행동을 지닌 아동)

④ 항상 불안하고 우울한 기분으로 생활하는 아동(예: 이유 없이 불안해하거나 초조해하
는 아동, 학급 내의 활동에 거의 참여를 하지 않고 극도로 소극적인 아동, 자주 울거나 기운
이 없고 슬퍼 보이는 아동 등)

⑤ 학교와 관련된 신체적 증상이나 공포가 있는 아동(예: 학교에 가려고 하면 배나 머리
가 아픈 등의 신체적 증상을 보이는 아동, 장기 결석 아동, 학교에 대한 공포가 있는 아동)

⑥ 자폐적 성향을 보이는 아동
  - 사회성이 부족한 아동(예: 사람들과 눈을 잘 맞추지 않는 아동, 친구들과 어울려서 놀
    기보다는 주로 혼자 노는 아동, 요구하기나 거절하기의 의미로 상호작용을 시도하는 아
    동, 대부분의 상호작용이 일회성 상호작용으로 그치는 아동)
  - 사회적인 의사소통의 어려움을 지닌 아동(예: 자기의 이름을 부르는 등의 언어적인
    요구에 거의 반응을 없는 아동, 자발적으로 언어적인 표현을 거의 하지 못하는 아동, 하
    더라도 같은 소리나 말을 되풀이하는 아동, 어떤 때는 계속해서 타인의 말을 앵무새처럼
    반복해서 하는 아동, 대화를 시도하고 지속하는 데 어려움이 있는 아동, 대화 시 다른 사
    람의 언어 및 비언어적인 제안에 반응이 부족한 아동)
  - 특이하고 반복적인 행동상의 특징이 있는 아동(예: 손을 흔들거나 박수를 치거나
    머리를 어디에 박는 등의 행동을 반복하는 아동, 무슨 일이든 항상 자신이 하던 방식대
    로 하려고 심하게 고집을 부리는 아동)

정서 · 행동장애아동의 특성을 간단히 살펴보면, 평균 지능은 일반아동의 하위 평균
인 약 90정도다. 대부분 학업활동에 어려움을 겪어 학습장애를 함께 가진 것으로 보이기
도 하며, 공격성이나 위축된 행동을 보이는 아동도 있다. 만족스러운 인간관계를 발달시
키는 데 어려움이 있어 사회적으로 고립되기 쉽고 사회성 기술의 결핍을 보인다. 일반적
으로 정서 · 행동장애아동은 과다행동, 산만함, 충동성을 보이며 기타 기능적 목적 없이
동일한 행동을 반복하거나 자신을 상해하는 행동을 보이기도 한다.

자폐성 장애아동은 평균 또는 그 이상의 지적 기능을 하는 아동도 있지만, 상당수는
지적장애를 함께 보인다. 일부 자폐성 장애아동은 특정 영역에 뛰어난 능력이나 기술을

보이기도 한다. 이러한 능력이 전반적인 지적능력이나 일반 기능과는 무관하게 나타나지만 직접교수와 집중적인 연습을 통해서 최근 회화, 공예, 디자인 부분 등 다양한 미술영역에서 다채로운 성과를 나타내고 있다. 자폐성 장애아동이 보이는 사회적 행동의 결함은 상호적 교환의 맥락에서 필요한 기본적인 규칙을 이해하거나 사용하는 데 어려움으로 나타나기도 한다. 또한 구어 및 비구어적인 의사소통의 문제 외에도 하나의 활동에 집중하기도 하고 환경의 변화나 일과의 변경에 매우 민감하게 반응한다. 미술활동에 이러한 특성에 대한 고려가 요구되며 의사소통적인 기능을 대신해 줄 수 있는 대체행동의 교수가 필요하다.

제3절 정서 · 행동장애아동과 자폐성 장애아동을 위한 미술활동 지도

1. 구 성

1) 사회적 의사소통적 관점

우리가 장애아동을 대상으로 미술교육을 실시할 때 그 목표가 무엇인가가 이후 활동프로그램을 결정하게 되므로 그에 대한 의지와 인식은 학생뿐 아니라 교사에게도 대단히 중요하다. 미술교육에 대한 목표는 여러 가지가 있을 수 있겠으나, 이 장에서는 최근 강조되고 있는 시각문화의 이해의 측면을 강조하고자 한다. 이는 미술활동이 지닌 효과적인 의사소통의 가능성(Gaistskell, Hurwitz, & Day, 1982)에 관한 것이다. 특히 사회적 의사소통적 관점에서 정서 · 행동장애와 자폐적 특성과 그 문제점을 개선하고 그들이 미술활동에 즐겁게 참여하는 데 집중하여 살펴보고자 한다. 즉, 중요한 것은 아동들의 발달 단계에 맞는 언어적 비언어적 기술을 향상시키고 서로 재미있는 시간을 함께 보내며 사회적 상호작용과 의사소통의 기회를 증진시키는 것이 목표이며, 거기에 반드시 완전한 미술작품에 도달해야 한다는 기대가 없다는 것을 이 장을 읽어 가는 독자들이 기억해야 하는 점이다.

2) 놀이로서의 미술활동

정서 · 행동장애에 문제가 있는 아동을 지도한 경험이 많은 심리학자나 교육학자 등의 임상가들은 아동이 설명적 지식에 관심이 있는 것이 아니라, 무엇보다도 보고, 만지고, 조작하고 발산하는 놀이적 활동에 관심이 있다고 한다(Konrath, 1997). 이러한 관점을 반영하여 이 장에서는 미술활동을 하나의 기술로 보는 것이 아니라 지적인 자기표현활동의 관점에서 학생들의 그리기, 만들기, 꾸미기 등의 활동이 자유로이 실시될 수 있는 놀이의 형태로 본다. 무엇을 창작하는 것이 아니라 재료와의 자연스러운 만남과 탐색을 통해서 그것을 다루는 경험을 즐기게 되고 그 과정을 배우고 활용하게 되는 데 주안점을 두었다. 이처럼 미술활동과 놀이를 일체화한다는 것은 학생이 지니는 본래적인 활동과 놀이에 표현 성향을 높이고 조형활동의 즐거움을 유발해 일상생활 속에서 미술을 향유하게 됨을 의미한다.

3) 내용 체계

이 장은 교육과정에 의한 미술과 내용의 체계에 맞추어 체험, 표현, 감상의 3개 영역으로 구성하여(교육과학기술부, 2011) 정서 · 행동장애아동과 자폐성 장애아동들이 즐겁게 참여한 활동을 소개하여 실제 교육현장에서의 활용성을 높이고자 한다.

4) 이 장의 구성

이 장에 수록된 활동의 사진은 모두 필자가 교육 현장에서 실제 활동을 중심으로 기록한 사진이어서 선명한 작품사진이나 미술활동의 구성을 위하여 따로 그 과정 전체를 사진으로 남기지 못한 아쉬움이 있다. 다양한 활동 중 무엇을 선별해야 현장에서 활용하는 데 도움이 될 것인가 고민하여, 아동들이 좋아했고 참여도가 높으면서 교육과정의 내용 체제를 담을 수 있는 활동을 중심으로 선정하였다. 몇 장의 사진과 활동 설명으로 그 활동에 대한 이해를 전부 할 수 없다는 한계점이 있지만 수정된 활동사진을 첨부하여서 이를 참고로 하여 보다 더 창의적이고 심화 발전된 미술활동을 구성할 수 있게 구안하였다.

특히 장애아동을 대상으로 감상활동을 하기에 어려운 점이 있으나 상시 전시코너를 마련해 줄 경우 이러한 문제를 극복할 수 있다. 자신들의 활동을 보도 자료화하는 것은 평가에 도움이 될 것이다. 현장에서 미술활동을 선정할 때 잊지 말아야 할 것은 교과서를 중심으로 일상생활에서 학생들이 쉽게 접근하면서도 막상 할 수 없었던 활동을 삽입하는 것이 중요하다는 점이다.

마지막으로 활동 설명 부분에서 유의점과 작품 설명을 지나치지 말고 읽어내려 간다면 보다 더 좋은 아이디어를 얻을 수 있으리라 믿는다.

2. 미술활동 계획하기

미술활동이 반드시 한 단위의 수업시간이어야 할 필요는 없다. 대부분의 정서·행동 장애아동이나 자폐성 장애아동은 곧 싫증을 내거나 한 가지 활동에 집착할지도 모른다. 잘 계획된 미술활동이 중요하고, 짧다고 해도 의사소통의 의도가 분명히 들어가 있다면 그것으로 충분히 가치가 있다. 교사는 아동이 언어로 표현하는 것에만 관심을 두지 말고 그 외의 표현에도 귀 기울일 수 있고 감지할 수 있는 능력이 있어야 하며 여러 가지 방법 으로 표현하는 아동의 몸짓이나 행동에 적절히 인내심 있게 반응해야 한다.

미술활동을 계획할 때에는 활동으로 시작하여 관련된 언어목표를 도달하게 할 수도 있고 설정된 언어목표의 달성에 도움이 될 만한 활동으로 전개할 수도 있으나 주의할 점 은 아동의 활동 수준에 대한 적절한 기준이 있어야 한다는 것이다.

- 처음에는 익숙하고 손쉬운 과제가 주어져야 한다.
  크레파스, 종이, 색종이, 풀 등 주변에서 손쉽게 구할 수 있고 익숙한 자료를 활용하 고 특별한 규칙이 없는 것부터 시작한다.
- 가능하면 이전에 주어졌던 과제와 흡사한 면이 많을수록 쉽게 흥미를 가질 수 있다.
  즉, 방법은 비슷하면서 약간의 규제가 있는 프로그램을 제시한다.
- 주어진 자료가 다양해야 한다.
  미술활동에서 사용되는 자료는 특별하거나 한정되는 것이 아니다. 집이나 학교에서 의 허드렛일 자체가 훌륭한 미술활동이며 자료가 될 수 있다. 미술활동을 위해서는 연필, 크레파스, 사인펜, 분필, 목탄, 립스틱 등의 화장품, 색종이, 비누거품, 스프 레이, 수수깡, 물감, 모래, 나뭇잎, 돌, 조개껍질, 섬유, 다양한 재질의 종이나 가죽, 스티로폼 등과 같은 재료는 물론 일상생활에서 접하는 상자, 실, 빈 병, 일회용 용 기, 리본, 끈, 구슬, 컴퓨터, 두루마리 화장지, 단추, 휴지 속심, 자연물, 솜, 사탕종 이까지 아동들의 상상력을 자극할 수 있는 또한 시대적 흐름을 반영할 수 있는 다양 한 자료를 경험하게 한다. 이를 위해서 교사는 아동들의 연령대에 맞는 책과 잡지를 참고하거나 공통되는 화제나 공학적 기자재 등에도 관심을 기울일 필요가 있게 된 다. 다만 학생들의 흥미나 동기유발에 초점을 맞추다 보면 사회 환경적인 요소를 등한시할 수 있기에 이에 대한 주의가 요구된다.
- 마음껏 즐길 수 있는 과제나 약간의 어려움을 동반하는 과제를 융통성 있게 제시한

다. 너무 쉽거나 어려운 과제는 동기유발에 어려움을 가지게 되고 학습된 무기력을 낳게 될 수 있다. 너무 복잡하거나 어려운 활동은 흥미와 더불어 자신감을 감소시키므로 필요하다면 수정된 접근방법을 사용하여 아동이 작업 자체에서 지니게 되는 어려움을 경감시켜 주어야 한다. 이에 교사는 아동의 요구와 흥미에 따라서 자신감과 새로운 것에 대한 탐험의 기회를 갖도록 적절히 배려해야 한다.

- 자발적인 진행이 어려운 정서 · 행동장애아동과 자폐성 장애아동의 경우 새로운 것에 대한 부적응성을 고려하여 일대일로 진행하거나 도움이 될 만한 또래친구나 자원봉사자를 통하여 원활한 진행이 되도록 한다.

3. 유의점

1) 먼저 그들이 누구인가를 알아야 한다

정서 · 행동장애아동과 자폐성 장애아동을 위한 미술활동을 계획 · 실행하기 위해서는 우선 그들이 지니고 있는 장애 특성과 미술활동을 위한 적절한 수정에 대한 정보가 있어야 한다. 이와 같은 과정은 1회적인 것이 아니라 단계적이고 지속적으로 이루어져야 할 것이다.

① 행동 특성을 파악하여 부적절한 행동과 긍정적인 행동을 지원하는 체계적인 방법이 요구된다. 이는 교사의 일관성 있는 지도방법이 요구됨을 의미한다. 미술활동에는 다양한 재료가 필요하고 안전과 관계되는 미술도구를 사용하기도 하여 활동에 따라서 반드시 순서를 지켜야 하거나 개인과 집단의 형태로 구분되기도 한다. 정서 · 행동장애학생이나 자폐성 장애아동의 일부는 미술활동에 요구되는 절차나 과정을 따르거나 기다리는 데 어려움을 가진다(김미선 외, 2011). 따라서 이와 관계되는 여러 가지 규칙이 요구된다. 학기 초에 미술시간에 지켜야 할 규칙을 만드는 것이 중요하다. 가능하다면 학생들과 함께 수립하고 실행하도록 한다.

② 정서 · 행동장애아동이 지니는 좌절감과 짧은 주의집중력 그리고 위축이나 불안과 같은 것을 인식해서 미술활동을 보다 세분화하여 제시하여 주고 큰 종이에 큰 그림도구를 주고 성격과 색의 관계를 고려하여 짙은 색과 크림색 등을 사용하여 흥분성과 피로를 예방하는 것도 처음 시작에서 도움을 줄 수 있는 방법이 된다.

③ 김동연과 한홍석의 연구(1993)에 따르면 자폐적 학생들은 초록색, 파란색, 주황색

을 많이 사용한다고 한다. 또한 강하면서 빨리 그린 선을 사용하는 특성이 나타났다. 또 어떤 학생들은 자신들이 좋아하는 그림(예를 들어, 지하철 노선 등)을 반복해서 그리기도 한다. 이럴 때는 그 활동을 중단하게 하는 것보다는 그 활동과 연계되는 활동으로 확장해 주는 것이 유용하다. 이러한 장애 영역에서 지닐 수 있는 특성들의 이해가 부족할 때 초기 아동에게 무리한 방법이 적용될 수 있음을 유의해야 한다.

2) 의사소통의 의도에 주목해야 한다

정서 · 행동장애아동이나 자폐성 장애아동의 큰 특징은 사회적 의사소통의 불안정성이다. 많은 경우 이들의 언어는 비구조화되어 있거나 조직적이지 않고 부정확하다. 따라서 아동들이 언어를 의미 있게 사용하고 자신의 의사소통 의도를 표현할 수 있도록 미술활동을 조직하는 것이 중요하다.

교실에서 활용할 수 있는 방법 몇 가지를 소개하면 다음과 같다.

① 활동에 꼭 필요한 재료는 먼저 주지 않는다.

우리는 미술활동을 계획할 때 보통 준비물을 완벽하게 갖추어 놓고 시작한다. 이러한 경우 아동은 단지 주어진 대로 활동을 하기만 하면 되기에 특별히 의사소통을 시도할 이유가 없게 된다. 만약 그림을 그려야 하는데 종이는 있고 크레파스가 없다면 학생은 분명히 어떠한 식으로라도 크레파스를 얻기 위한 시도를 할 것이다. 설사 그것이 문제행동일지라도 의사소통의 의도를 가지고 있는 것이기에 좋은 시작이 될 수 있다.

② 활동에 쓰일 재료의 양을 부족하게 둔다.

③ 함께 사용할 수 있는 도구는 하나씩만 준비해서 상호작용을 하고 순서를 배울 수 있게 한다.

④ 공동작품 구성 등 협동 활동을 하도록 유도한다.

여기서 강조하는 바는 미술활동을 구조화, 조직화할 수 있다는 것이다. 즉, 어떤 활동을 계획할 때 모든 것을 완벽하게 해서 더 이상의 준비가 필요 없게 하는 것은 의사소통의 관점에서는 도움이 크게 되지 않는다는 것이다. 무엇이 부족하고 그래서 도움을 받아야 하기에 그를 위한 표현을 아동이 시도해야만 하는 상황을 의도적으로 계획하라는 것이다. 또 서로 주고받기를 통해서 맥락 안에서 사회성을 증진시키고 자신들의 의사를 적절하게 표현할 수 있도록 교사가 적극적으로 도우라는 것이다.

3) 함께하도록 한다.

장애아동을 대상으로 하는 미술활동에서 아동 각자가 혼자서 작품을 창작하는 예술가적 입장을 우리가 지향하는 바는 아니다. 공동작품 활동은 의사소통과 관련해서도 언급한 바 있지만 교사와 아동, 아동과 아동, 교사와 아동과 친구들 등이 함께 작품을 만들 수 있다. 번갈아 가면서 한 번씩 그리기, 풀 붙이기, 순서대로 하기, 미술재료를 함께 나누어 쓰기 등을 통해서 의사소통에 기본이 되는 몸짓, 순서 주고받기, 도움주기, 집중하기, 신호 보내기, 운동 모방, 소리 모방 등 다양한 의사소통 기본 기술을 학습할 수 있다. 또한 함께한다는 것은 맥락 안에서 우리들로 하여금 수많은 기술들을 배우게 한다. 함께하면서 우리들은 사회적 능력에 대해서도 평가하게 된다. 공동작품 활동과 다양한 집단 강화를 연계하여 실시할 경우 평소 학생들 사이에서 사회적 능력이 부족하다고 여겨지는 경우도 개선할 수 있다.

4) 마음껏 활동하게 한다

교과 시간에는 시간적 제약이 있을 수 있고 장소 등 다른 여러 가지 제약이 따르게 된다. 그러한 가운데 교사는 미술활동을 시작할 때, 제한이 적은 환경을 제공해 주는 것이 중요하다. 필요하다면 학생들에게 작업복을 입게 하고 책상과 교실 바닥에 신문지나 종이를 깔아서 마음껏 활동할 수 있게 한다. 정서·행동장애아동이나 자폐적 성향을 지닌 아동 가운데 특정 감각에 민감하게 반응하는 경우가 있을 수 있다. 혹 무엇이 묻는 것을 싫어하는 경우에 쉽게 씻을 수 있도록 물을 묻힌 수건이나 스펀지, 물티슈, 물이 담긴 대야 등을 옆에 놓아 줄 수 있고, 상황에 따라서는 자주 씻고 오는 것을 허용해 줄 수도 있다. 그러나 아동들이 익숙해지면 점차 엄격한 규칙을 적용해 나아가거나 한계를 지어 주는 것도 필요하다. 기억해야 할 것은 마음껏 활동하게 하는 것 안에는 우리가 미술활동을 할 때 지키기로 한 규칙을 준수하면서 아동들의 자유를 보장해 준다는 점이다.

단순히 제작에서 그치지 않고 자신들이 만든 것으로 다음 활동에 연결하여 전시회나 판매에 대한 기획을 하는 것도 권장한다. 또한 제작품을 실제 놀잇감으로 활용하여 놀이활동으로 발전시킨다면 자신이 만들거나 참여한 활동에 대한 즐거움이 배가 될 수 있다.

5) 전문가를 초빙한다

일반 교사뿐만 아니라 미술을 전공한 교사라 할지라도 모든 미술활동에 능한 것은 아니다. 우리는 교육활동의 전문성을 살리기 위해서 특수한 분야에 종사하는 사람들을 초빙할 수 있다. 익숙하지 않은 전문가와의 만남은 평소 담임교사나 교과교사로 진행되던 수업전반에 호기심을 유발하고 새로운 맥락에 대한 이해와 실행 그리고 다양한 의사소통의 기회를 제공하게 된다. 더욱이 전문가를 초빙함으로써 교사는 전문적인 지식과 방법을 습득할 수 있을 뿐 아니라 관찰자로서 아동을 살펴볼 수 있는 기회를 지닐 수 있게 되어 아동의 흥미나 관심을 보다 잘 파악할 수 있고 그것을 계획에 반영시킬 수 있게 된다.

6) 감상의 시간을 갖는다

활동이 끝난 작품은 교실 한 곳이나 휴지통으로 가는 것이 아니라 교실에 잘 보이는 곳이나 혹은 학생의 작품 전시를 위해 마련된 전시코너를 기획하여 활용하는 것이 좋다. 이와 같은 활동은 주로 유치원에서 이루어지는 활동으로 간주하기 쉬우나, 각급 학교 수준에 따라서 충분히 상황에 맞게 이루어질 수 있으며 이러한 시간과 장소를 통해서 자주 감상하고 이야기할 수 있는 기회를 제공하도록 한다.

미술관 코너는 등교해서 지난 시간의 경험을 이야기하거나 다른 단원으로 넘어갈 때 지난 활동을 비교해서 이야기하는 등 여러 가지 방법으로 활용될 수 있다. 또한 아동들이 단순히 의사소통의 기회를 더 많이 갖게 되는 것에 더하여 미적인 안목을 키우게 된다. 또한 자신들의 작품이 소중히 여겨짐을 경험하게 되고 자신들 또한 다른 아동들의 그것을 조심스럽게 다루게 되어 더욱 풍부한 상호작용을 경험하게 된다.

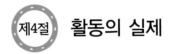

제4절 활동의 실제

이 장에서 소개하고 있는 미술활동들은 정서·행동장애아동과 자폐성 장애아동을 대상으로 표현, 체험과 이해 그리고 감상활동에 중점을 두고 자기표현, 개성과 창의성 존중, 의사소통 및 사회성 등의 능력들을 개발함과 동시에 일상에서의 재미를 발견하고 자신들이 속해 있는 환경을 미적으로 재구성할 수 있는 내용으로 구성하였다. 또한 이들 아동이 지니고 있는 개별성과 독특성을 고려하여 다양한 수정된 활동들을 제공함으로써 자발적이며 적극적으로 활동 전반에 참여할 수 있는 내용들을 수록하였다. 정서·행동장애아동들과 자폐성 장애아동들이 참여하는 교육현장에서 미술시간을 중심으로 하여 활용할 수 있는 활동의 실제들을 수록하였으며 실제 수업활동에서는 본 활동 및 다양한 수정된 활동의 아이디어들을 참고해서 탐구적 이해와 조형활동 그리고 감상의 영역을 포함해서 재구성한다면 교사와 아동 모두 만족할 수 있는 결과들로 이끌 수 있을 것이다.

표 6-1 활동구성표

영역	내용	활동명
꾸미기와 만들기	1. 종이로 가면 만들기 2. 여러 가지 모빌 만들기 3. 화보자료, 전단지를 이용하여 꾸미기 4. 우유팩을 이용하여 블록 만들기 5. 밀가루 점토와 점토로 여러 가지 만들기 6. 비닐을 이용하여 물고기, 선글라스 등을 꾸미기와 만들기 7. 다양한 크기의 상자로 우리 동네, 산타 꾸미기	6-1 내 얼굴 6-2 여러 가지 모빌 만들기 6-3 다양한 화보자료를 이용한 꾸미기 6-4 우유팩을 이용한 블록놀이 6-5 다양한 점토놀이 6-6 비닐을 이용한 꾸미기 6-7 상자로 꾸미기
그리기	1. 스티로폼, 점토, 사포, 돌, 삼베 등 다양한 재질에 그리기 2. 여러 가지 그리기와 작품 감상하기	6-8 다양한 재질에 그리기 6-9 그리기와 감상하기
자연을 이용하기	1. 봉숭아, 치자, 쑥을 이용한 여러 가지 물들이기 2. 마른 자연재료로 벽 장식물 만들기 3. 여러 가지 자연물을 이용하여 붙이기	6-10 여러 가지 물들이기 6-11 리스 만들기 6-12 여러 가지 자연물을 이용하기
접기	1. 색종이를 이용한 종이 접기로 이야기 만들기 2. 주제를 정하여 진행하는 다양한 종이 접기	6-13 쉬운 이야기가 있는 종이 접기 6-14 주제가 있는 종이 접기
행사	1. 손바닥 찍기와 다양한 자료를 이용한 크리스마스 장식 만들기 2. 문화상품 만들기	6-15 다양한 크리스마스 장식 만들기 6-16 문화상품
구입한 재료로 만들기	1. 여러 가지 띠 블록을 이용한 직조놀이	6-17 띠 블록을 이용한 직조놀이 활동
염색하기	1. 치자로 물들이기, 쑥 물들이기 2. 다양한 염색재료 다루기	6-18 염색 활동
본 장의 모든 활동에서는 전시와 감상, 평가하는 것을 권장한다.		

활동 1   내 얼굴

● 활동목표

① 다양한 재료로 가면 만들기를
   할 수 있다.
② 재료의 특성을 살려서 표현할
   수 있다.

● 재료

스킬 자수 실, 물감, 팔레트, 붓,

헌 색연필 통, 각종 튀밥, 수수깡, 뻥튀기, 접착제

● 활동방법

① 재료를 준비한다.
② 아동의 수준에 따라서 뻥튀기에 밑그림을 잡아 준다.
③ 아동의 수준에 따라서 눈, 코, 입에 표시를 해 준다.
④ 붓 뚜껑이나 색연필 깍지 끝에 물을 묻혀서 눈, 코, 입에 구멍을 낸다.
⑤ 머리 부분을 장식한다.
⑥ 눈, 코, 입 주위에 튀밥류나 다른 재료로 윤곽선을 장식한다.
⑦ 스킬 자수 실이나 튀밥, 강냉이, 수수깡 등으로 머리 장식을 한다.

● 작품설명과 유의점

   종이나 뻥튀기, 튀밥, 물감, 수수깡 등의 다양한 자료를 이용하여 내 얼굴을 만드는 활
동으로 정서·행동장애아동이나 자폐성 장애아동이 즐겁게 그리고 끝까지 참여하게 하
는 것이 주안점이 된다. 제공되는 재료에 식자재가 포함되어 우리 아동들이 그 과정에서
재료를 소모하는 경우가 종종 있기 때문에 재료가 부족하지 않도록 준비한다.
   바탕이 되는 뻥튀기에 구멍을 낼 때 색연필 통의 끝에 물을 묻혀서 녹여 낼 수 있지만
아동에 따라서 다른 도구(연필 등)를 사용할 수 있게 한다.

　　튀밥과 같은 재료는 상황에 따라서 먹으면서 진행할 수 있으나 손에 풀이 묻은 상태에
서 재료를 집어먹지 않도록 주의한다.

　　최근 미술활동에서도 사회 환경적인 이슈를 고려해야 한다는 논의가 있기 때문에 식
자재를 사용할 때는 이에 대한 고려가 필요하다.

1. 학생 수준에 맞게 밑그림을 그려 놓거나 눈, 코, 　　2. 먼저 눈, 코 입에 구멍을 낸다.
　 입 자리에 표시를 해 둔다.

3. 스킬 자수 실이나 튀밥류 혹은 수수깡을 이용 　　4. 다른 튀밥류로 눈, 코, 입 윤곽선을 따라 붙인다.
　 하여 머리카락을 붙인다.

5. 학생의 기호에 따라서 얼굴 바탕을 꾸민다.

완성 작품: 뻥튀기를 이용한 가면 만들기

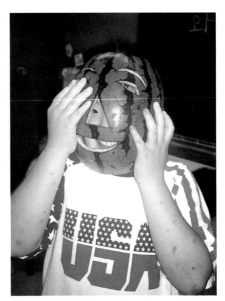

수정된 활동 1: 수박껍질을 이용한 내 얼굴

수정된 활동 2: 종이로 만든 가면

활동 2 여러 가지 모빌 만들기

● 활동목표

① 여러 가지 재료를 이용하여
움직이는 것을 만들 수 있다.

② 무게 중심을 잡을 수 있다.

③ 생활에서 감상하며 즐길 수
있다.

● 재료

줄이나 끈, 종이, 막대, 알루미늄 포일, 풍선, 지점토, 지점토 틀, 물감, 색종이, 종이컵

● 활동방법

① 다양한 매달 것에 대해서 관찰하고 적절한 준비물을 살펴본다.

② 지점토는 얇게 밀어서 틀을 이용하여 뜨거나 구슬로 만들어 마르기 전에 구멍을 뚫
어 둔다.

③ 적당한 자리에 구멍을 뚫어 재료와 어울리는 종이 장식을 이용하거나 끈이나 줄로
길이를 조절하여 매달 수 있도록 한다.

④ 교실 천장을 이용할 때는 입체적이 아닌 평면 그림도 사용하여 모빌 장식을 할 수
있다.

⑤ 특정 종교 행사를 위한 모빌도 만들 수 있는데, 종이컵으로 만든 소원기원 연등이
나 크리스마스 종도 아름답고 교육적으로 의미 있는 모빌이 될 수 있다.

⑧ 때로는 가벼운 마른 재료를 이용하여 모빌 장식도 할 수 있는데 이때는 색칠을 하
거나 그냥 이용할 수 있다.

⑨ 분위기에 따라서 처음에는 자연의 상태에서 사용하다가 시간이 지나면 다시 칠하
거나 스프레이 뿌리기 활동을 통해서 발전시킬 수 있다.

● 작품설명과 유의점

모빌은 바람이나 공기의 흐름에 따라 이리저리 움직이기에 관상미도 있을 뿐 아니라 학생들의 주의집중능력 향상에도 활용될 수 있는 미술활동이다.

여러 가지 모빌 만들기는 그동안 많이 접한 익숙한 활동이기에 그 과정보다는 다양한 결과를 위주로 설명하고자 한다.

완성 작품 4에서 처럼 풍선을 불어서 그 위에 종이를 붙여 만든 모빌이나 전개도에 따라서 만든 도형으로 만드는 모빌은 아동들이 조심스럽게 다루어야 하므로 모빌을 만드는 재료를 어떤 것으로 사용하느냐에 따라서 여러 수반되는 효과를 만들어 낼 수 있다.

모빌을 매단다는 것은 교실에서 또 하나의 공간을 연다는 의미를 가지고 있으며 천장이나 창가까지도 아동들의 작품의 전시관으로 작은 미술관으로 사용될 수 있음을 뜻한다.

지점토나 밀가루 등 무른 재료를 이용할 경우는 마르기 전이나 굽기 전에 구멍을 뚫을 위치를 잡아서 작업해야 한다.

완성 작품 1: 지점토와 학습활동 후 그림 글자카드 등을 모아 만든 학습결과물 모빌

완성 작품 2: 주름종이, 종이컵, 금박지, 은박지를 이용하여 만든 크리스마스 종 모빌

완성 작품 3: 곡류를 비닐 사이에 붙여서 만든 크리스마스 모빌

완성 작품 4: 종이컵으로 만든 소원기원 연등 모빌과 풍선, 삼각형 전개도를 활용한 모빌

완성 작품 5: 비닐 끈을 풀어서 만든 모빌

완성 작품 6: 실뜨기를 이용한 도형 모빌

완성 작품 7: 염색한 종이를 구겨서 모양을 만든 새 모빌

완성 작품 8: 여러 가지 그리기, 종이 접기, 입체 도형 작품 등을 막대에 달아 만든 모빌

활동 3   다양한 화보자료를 이용한 꾸미기

● 활동목표

① 여러 가지 화보자료를 이용하
여 붙이기를 할 수 있다.

② 협동작품을 구상할 수 있다.

③ 작품을 감상하고 즐길 수 있다.

● 재료

다양한 사진이나 잡지, 전단지,
풀, 종이, 가위, 필기구

● 활동순서

– 자연은 살아 있다

① 밑그림을 준비한다.

② 잡지나 전단에서 필요한 자료를 찾는다.

③ 쉽고 큰 그림부터 색칠을 한다.

④ 필요한 곳에 적절히 사진이나 잡지를 붙인다.

⑤ 바탕쪽으로 공룡 사진엽서를 붙인다.

⑥ 색칠이 덜 된 부분은 크게 종이 찢어 붙이기를 한다.

⑦ 필요하다면 색칠이 덜 된 부분에 물감을 칠할 수 있다.

⑧ 잘 말려서 전시한다.

● 작품설명과 유의점

다양한 콜라주는 활동의 과정이나 결과물을 제시할 때 많이 이용된다.

특히 글을 모르는 학생의 경우 그에 해당하는 그림이나 사진을 이용할 수 있어서 유용
하다.

대집단활동이나 소집단활동을 할 때 각자 수준에 맞게 이용될 수 있는 장점이 있다.

찢어 붙이기나 기타 다른 재료와 섞어서 붙이기 등 다양한 기법으로 활용된다.

큰 작품을 구상할 때는 교사의 적절한 도움이 필요하다.

1. 다양한 자료를 준비한다.

2. 밑그림을 그리고 색칠한다.

3. 밑그림에 따라서 필요한 전단지를 고르고 오리
는 등 여러 가지 구성을 한다.

완성 작품: 자연은 살아 있다

수정된 활동 1: 옛날 모습

수정된 활동 2: 우리 문화 탐구

수정된 활동 3: 우리들의 선생님

수정된 활동 4: 우리의 꿈

활동 4   우유팩을 이용한 블록놀이

● 활동목표

① 우유팩을 씻어서 관리를 할
   수 있다.
② 우유팩을 네모 블록으로 접어
   만들 수 있다.
③ 여러 가지 구성을 할 수 있다.
④ 작품을 감상하고 즐길 수 있다.

● 재료

깨끗이 씻어서 말린 우유팩

● 활동순서

① 우유팩을 준비한다.
② 물에 잘 씻는다.
③ 바람이 잘 통하는 그늘에 말린다.
④ 우유팩의 윗부분을 정리한다.
⑤ 우유팩 블록을 담을 통을 마련한다.
⑥ 자유롭게 구성한다.
⑦ 자리를 많이 차지하는 작품의 경우 전시 공간을 확보한다.

● 유의점

교실에서는 매일 급식활동을 통해서 수많은 우유팩이 나와서 일선 교사들은 이를 다
양하게 활용하고 있다.

우유팩을 다양하게 꾸며서 작업할 수도 있으나 이번 사례의 경우 우유팩 자체로 활용
하는 방법을 제안하고자 한다.

이는 사용하다가 망가질 경우 바로 찢어서 폐기 처분해도 재활용하는 데 지장이 없고

아동들의 수고가 많이 들지 않는 활동이다.

우유팩을 블록으로 사용할 때는 많은 양이 필요하다.

또한 우유팩을 잘 관리하는 것이 중요한데 먼저 팩을 잘 씻어서 말려야 한다.

말린 다음에 우유팩 여닫는 부분을 안으로 접어서 네모 블록 모양이 되도록 한다.

필요하다면 그 위를 마감해도 되나 그냥 사용해도 무방하다.

많은 양의 우유팩이 필요한 블록놀이 활동과 연계해서 근처에 있는 재활용 수집코너에 가서 재활용 휴지와 바꾸는 활동을 실시해 보는 것도 무척 유용한 활동이 된다.

1. 우유팩을 준비한다.

2. 씻는다.

3. 그늘에 말린다.

4. 우유팩 입구를 정리한다.

5. 정리함을 마련한다.

완성된 우유팩 블록

완성 작품: 우유팩 블록으로 만든 집

수정된 활동: 우유병이나 주스 깡통에 종이를 찢어 붙여서 만든 화병에 학생들이 직접 관리한 백합 키우기

활동 5 다양한 점토 놀이

● 활동목표

① 점토놀이를 할 수 있다.

② 모양 찍기를 할 수 있다.

③ 모양 빚기를 할 수 있다.

④ 모양 쌓기를 할 수 있다.

⑤ 점토로 만든 모양에 색을 칠
할 수 있다.

⑥ 점토로 만든 모양에 적당한
장식을 만들 수 있다.

⑦ 역할놀이를 할 수 있다.

● 재료

지점토, 점토, 밀가루 점토, 장식물

● 활동순서

- 쿠키 모양 만들기

① 점토를 민다.

② 점토에 틀을 이용하여 모양을 낸다.

③ 학생에 따라서 밀가루 점토 말아 쌓기와 같은 활동을 할 수 있다.

④ 작은 단추나 콩으로 쿠키나 빵 모양에 장식을 한다.

⑤ 작품에 따라서 원한다면 색칠을 하기도 한다.

⑥ 종이 위에 올려놓아서 말린다.

● 유의점

다양한 점토는 학생들이 좋아하는 재료인데 이는 여러 가지로 활용될 수 있다.

점토 작업 시에는 작업복을 착용하고 책상을 보호할 수 있도록 비닐이나 신문지로 깔고 작업하는 것이 좋다.

점토활동은 쿠키 만들기나 햄버거 만들기와 같은 요리활동에 모의학습으로도 이용될 수 있는데 이와 같은 활동 시에는 학생들이 먹는 경우가 있어서 주의가 필요하다.

밀가루 점토를 만들 때는 맛소금과 같은 가는 소금을 섞어서 사용하면 색이 선명하고 감촉도 좋으면서 잘 부서지지 않고, 여러 가지 작은 알갱이 곡류를 넣어서 만들면 다양한 촉감을 즐길 수 있다.

점토가 많이 필요한 작업을 할 경우는 스트로폼과 같은 심재를 사용하는 것도 가능하다.

시중에서 판매하는 다양한 질감의 점토를 활용해서 실생활에서 사용할 수 있는 장식품을 만들어 볼 수 있다.

지점토로 모양 만들기를 한다.

완성 작품 1: 수수깡을 이용해서 장식을 한 피자

완성 작품 2: 찰흙으로 쿠키틀 모양 찍기를 한 후에 색칠한 작품

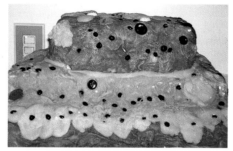

완성 작품 3: 밀가루 점토로 만든 케이크

완성 작품 4: 상품화된 색 찰흙으로 햄버거 만들기

완성 작품 5: 점토로 만든 촛대

수정된 활동 1: 위의 다양한 활동 후에 발전된 활동으로 쿠키 굽기

수정된 활동 2: 위의 다양한 활동 후에 발전된 활동의 생크림 케이크 만들기

활동 6   비닐을 이용한 꾸미기

● 활동목표

① 비닐을 이용하여 만들기와 꾸
    미기를 할 수 있다.

② 종이를 자르고 붙이며 다룰
    수 있다.

③ 비닐에 적당한 도구를 찾아서
    그릴 수 있다.

● 재료

종이, 색종이 포장 비닐, 투명 비닐, 일반 비닐봉투, 색 비닐봉투, 모루, 리본, 필기도
구, 가위, 풀, 끈, 코팅지, 투명테이프 전지

● 활동순서

– 여러 나라 사람 비닐 인형 만들기

① 만들 인종을 결정하거나 비닐에 들어갈 종이에 사람 얼굴 모양을 붙인다.

② 비닐 안을 색종이나 신문지를 찢어서 채운다. 종이를 비닐에 넣는다.

③ 비닐 입구를 리본이나 끈으로 묶는다.

④ 눈, 코, 입을 붙이거나 그리거나, 머리나 팔 다리를 모루 혹은 색종이 등으로 장식
    한다.

● 작품설명과 유의점

투명한 비닐은 안을 무엇으로 채우는지에 따라서 여러 가지 재미있는 연출을 할 수 있다.

여기 소개된 작품들은 단순히 비닐을 이용한 것도 있고, 그것에 종이나 모루를 연결하
여 더욱 구성이 돋보이게 한 작품들도 있는데 이 요소를 다 합하여 아동들의 능력에 따
라서 한 시간 동안 이루어지게 미술 시간을 구성해도 된다.

비닐의 바깥 부분에 색을 쓸 때는 유성펜 종류를 사용하게 되는데, 이때는 아동들의

손에 묻거나 입술 등 신체 부위에 색소가 닿지 않도록 한다.

마무리 리본이나 끈 매기가 어려운 아동의 경우 도와주어서 마무리하게 한다.

한 작품을 만드는 것도 좋지만 여러 개의 작품을 모아서 게시판 등을 이용해서 이야기를 구성해 볼 수 있다.

확장활동으로는 두꺼운 투명 테이프를 이용하거나 코팅지를 열처리하여 코팅작품을 만들 수 있는데, 본 활동 중에 소개된 작품은 전학 가는 친구에게 각자의 작품을 코딩하여 카드 책을 만들어 준 것으로 이러한 활동은 공동의 노력이 결실을 맺는 것이고 책처럼 만들어서 보관이 용이하며 두고 볼 수 있는 장점도 지니므로 현장에서 다양하게 활용될 수 있다.

또한 사진 1의 뒷쪽 사물함에 보이는 작품은 아동들이 좋아하는 사진이나 실물을 코팅하여 만든 것인데 자신의 사물함을 찾을 수 있는 단서로 사용하였다.

색종이에 얼굴 모양을 붙인 후에 비닐에 넣기

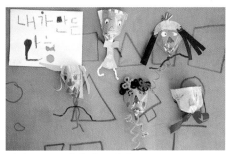

완성 작품 1: 내가 만든 인형

완성 작품 2: 색깔 비닐을 이용해서 흑인, 백인 황인종 꾸미기

완성 작품 3: 종이에 얼굴을 그려서 색종이 포장 비닐에 넣은 후에 리본으로 묶어 만들기

완성 작품 4: 종이 자르기를 한 후에 비닐에 채워서 물고기 만들기

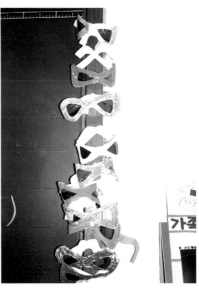

수정된 활동 1: 색 비닐과 종이를 이용한 선글라스로 학생들이 직접 써 보는 기회를 제공

수정된 활동 2: 코딩하여 만든 선물(카드 책)

수정된 활동 3: 전학 가는 친구에게 쓰고 싶은 이야기가 담긴 카드 책

활동 7   상자로 꾸미기

● 활동목표

① 상자를 가지고 만들기를 할
　　수 있다.

② 칠하기 스프레이 뿌리기를 할
　　수 있다.

③ 전시활동을 할 수 있다.

● 재료

색종이, 여러 가지 크기의 상자, 색종이, 비닐테이프, 풀, 전지, 달걀 판, 솜, 포장가방

● 활동순서

- 우리 마을 꾸미기

① 상자에 종이나 비닐을 감싼다.

② 건물이나 집의 형태에 맞추어 상자를 뚫거나 종이를 붙여서 형태를 잡는다.

③ 마을 꾸미기에 필요한 다양한 부속물을 만든다.

④ 게시판에 구성하여 붙인다.

- 산타 만들기

① 두 개의 크기가 다른 상자에 흰색 전지를 붙여서 전체를 감싼다.

② 빨강색 물감으로 칠하거나 스프레이를 한다.

　　바탕을 칠하기 전에 여러 가지 그림 그리기나 다른 활동을 통해서 흰색 바탕을 활
　　용할 수 있다.

③ 산타 꾸미기에 필요한 다양한 부속물을 만들어 붙인다.

④ 머리와 몸통을 연결한다.

● 작품설명과 유의점

소개되는 활동은 크게 두 가지인데 하나는 미술활동을 이용해서 게시판을 단원에 맞추어 꾸며 가는 것이고, 다른 하나는 상자를 다양하게 활용하고 난 후에 계절에 맞추어서 산타를 만든 것이다.

이와 같은 활동은 학급 구성원 전체가 참여하게 되어서 특히 정서 · 행동장애아동 및 자폐성 장애아동의 상호작용과 사회성 증진에 유용하다.

소개된 사례와 같은 경우 시간이 걸리는 활동이기에 수업 시간 배분에 유의해야 한다.

상자에 창문을 내거나 문을 내는 등 칼이나 가위를 이용하게 되어서 도구에 대한 세심한 주의가 필요하다.

또한 스프레이 뿌리기에는 아동들이 냄새에 영향을 받지 않도록 실내보다는 운동장 등 야외활동을 하는 것이 좋다. 응용하여 물감 뿌리기를 스프레이 뿌리기와 혼용하여 사용할 수도 있겠다.

1. 상자에 포장을 한 후에 창문 내기를 한다.

2. 마을에 있는 건물과 기관을 만든다.

3. 건물의 특징을 살린 부속물을 그리기, 만들기, 칠하기를 이용하여 꾸민다.

4. 게시판을 이용하여 작품을 구성하여 붙인다.

5. 상자를 포장한다.

6. 머리와 몸통 부분을 꾸미고 색칠한다.

완성 작품 1: 우리 마을

완성 작품 2: 큰 상자로 만든 산타

활동 8   다양한 재질에 그리기

● 활동목표

① 여러 가지 재질에 그리기를
   할 수 있다.

② 다양한 재질에 가장 잘 맞는
   도구를 선택할 수 있다.

③ 생활에서 감상하며 즐길 수
   있다.

● 재료

얇은 스티로폼(약품 병 안이나 링거 통 안에 들어 있는 보호제), 돌, 삼베, 점토, 사포, 크
레파스, 색연필, 물감, 붓 등

● 활동방법

– 돌에 색칠하기

① 색칠하기 좋은 크기와 모양의 돌을 선별하는데 이를 위하여 따로 재료를 구하기 위
   한 활동을 마련하는 것도 좋고, 여름에 학생들과 물가에 수련활동을 갔다면 그때
   주워 와서 사용하는 것도 좋다.

② 책상에 보호 장치를 하고 난 후에 돌의 형질에 맞게 도구를 골라 색칠한다.

③ 단품으로 색칠할 수도 있으나 색칠해진 돌을 이용하여 조형활동을 할 수도 있다.

– 완충제로 사용한 얇은 스티로폼에 색칠하기

① 이와 같은 재질은 푹신한 감으로 인하여 색연필이 먹어 들어가는 느낌이 일반 종이
   에 그릴 때와는 다른 느낌을 받을 수 있다.

② 모양이 있는 도화지로 생각하고 그림을 그릴 수 있도록 하는데 만약 학생이 원한다
   면 그 형태에 변화를 줄 수 있다.

③ 여럿이 함께 그리면서 이어서 한 그림을 나타낼 수도 있고, 그린 것을 돌려 가면서

덧붙여서 그릴 수도 있다.

④ 점토를 밀어서 모양을 만들어서 그 위에 그림을 그리거나 색칠하게 한다.

⑤ 각기 전시하든지 모아서 하나의 작품으로 구성할 수 있다.

● 유의점

다양한 재질을 다루는 활동은 그 재질을 충분히 탐구하는 과정이 중요하다. 학생들에게 시간을 충분히 주어서 어떤 도구를 활용할 때 가장 잘 표현될 수 있는지 구상해 보도록 한다. 이질적 재료를 사용할 때는 교실 책상 위에 신문지나 기타 종이나 작업용 비닐을 깔아서 책상을 보호하는 것이 필요하다.

다양한 재질의 그리기 자료도 한꺼번에 구하려고 하기보다는 틈틈이 기회가 날 때마다 준비해서 연결하여 활동을 구성하는 것도 좋다. 이렇게 미술활동을 구성할 경우는 이어지면서 재료의 특성들을 비교할 수 있는 수업을 할 수 있어서 단발로 끝나는 것보다 효과적이다.

1. 돌, 스티로폼, 지점토, 헌 잡지 등의 다양한 재료를 준비한다.

2. 책상 위에 신문지 등의 보호막을 깔고 돌에 색칠하기

3. 링거 통 안에 들어 있는 얇은 보호제에 그림 그리기

4. 여러 명이 돌려 가면서 작품 만들기

완성 작품 1: 지점토나 점토로 모양 만들어 색칠하기

완성 작품 2: 1회용 스트로폼 접시에 색칠하여 만든 부엉이

수정된 활동 1: 사포에 색칠하여 만든 액자

수정된 활동 2: 삼베에 크레파스로 그린 바다 풍경

활동 9   그리기와 감상하기

● 활동목표

① 주위의 사물을 감상할 수 있다.

② 그리기를 할 수 있다.

③ 그림과 글씨로 활동을 나타낼 수 있다.

● 재료

종이, 필기구

● 활동순서

– 자연에 나아가서 그리기

① 그릴 대상을 정하면 적당한 장소를 찾는다.

② 아동들의 취향에 따라 자리를 잡는다.

③ 그림을 그린다.

– 박물관에서 묘사하기

① 그릴 대상을 정하면 적당한 장소를 찾는다.

② 아동들의 취향에 따라 자리를 잡는다.

③ 그림을 그린다.

● 작품배경에 대한 이해와 유의점

미술활동에 있어서 주위의 사물을 감상하거나 자연미와 조형미를 감상하기는 중요한 요소다. 장애를 지닌 아동이라고 해서 이와 같은 활동을 배제하는 것보다는 자주 기회를 주는 것이 좋다.

가까운 공원이나 놀이동산에 가서 보고 자연이나 물상을 그리기와 박물관이나 미술관에 가서 전시된 작품을 보고 그리는 활동 혹은 교실에서 사진을 보고 세밀하게 보고 그리는 활동은 주의집중뿐만 아니라 관찰력을 키워 주기에 상당히 좋은 활동이기 때문에 실제 아동들이 했넌 활동을 간단히 소개한다.

현장 학습을 이용하여 이런 활동과 연계할 수 있는데, 우리 아동들의 경우 자연을 대상으로 그리는 것은 상당히 어려운 작업이 된다. 따라서 처음에는 한 가지를 정하여 주고 그리게 하는 것도 좋다.

그림을 그리는 자세도 중요하지만 타인에게 방해되지 않는 범위에서 처음에는 아동들이 편한 자세를 허용하고 자유로운 위치에서 그리게 하여 흥미를 유발하고 참여도를 높이는 것이 좋다.

수정된 활동에 소개된 것과 같이 확장해서 현장 학습 중에 그림과 글씨를 함께 이용하여 순서도를 그려 보는 것도 좋고 자연을 이용한 직접 그리기도 시도해 볼 수 있을 것이다. 또 대지미술을 활용하여 운동장을 화지처럼 사용하여 물주전자로 그리기 등도 즐거운 활동이 될 수 있다.

1. 자연을 연필로 그리기

2. 벤치에 앉아서 감상하기와 그리기

3. 박물관에서 보고 크레파스로 그리기

4. 가까이서 그리기

수정된 활동 1: 그림 그리던 토끼풀을 이용한
활동과 설명

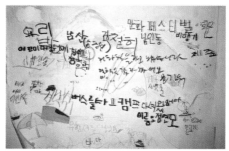

수정된 활동 2: 현장학습 일지

수정된 활동 3: 청계산 오르기와 순서도
　- 자신이 등산을 하는 동안 보았던 것을 그림
　으로 나타냄.

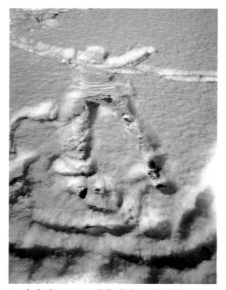

수정된 활동 4: 눈 위에 나의 몸 찍어서 그리기

활동 10 여러 가지 물들이기

● 활동목표

① 다양한 원예활동을 할 수 있다.

② 준비된 재료를 전시하거나 사용할 수 있는 방법을 모색할 수 있다.

③ 염색활동(물들이기)을 할 수 있다.

④ 생활에서 즐길 수 있다.

● 재료

봉숭아 꽃, 치자, 쑥, 한지, 물들일 옷, 냄비, 고무장갑, 백반, 소금, 휴대용 가스레인지, 비닐 랩, 다양한 크기의 그릇

● 활동방법

- 치자 물들이기

① 준비물을 살펴본다.

② 치자를 물에 넣고 10분 이상 끓인다.

③ 소금을 넣는다.

④ 옷을 넣고 잘 젓는다.

⑤ 맑은 물이 나올 때까지 잘 헹군다.

- 한지에 쑥 물들이기

① 준비한 쑥을 씻는다.

② 잘게 썬다.

③ 냄비에 끓이면서 매염제로 백반을 넣는다.

④ 망에 거르고 난 쑥물을 종이에 들인다.

- 손톱에 봉숭아 물들이기

① 꽃과 잎을 딴다.

② 그릇에 매염제를 넣는다.

③ 잘 섞어서 물들이고자 하는 손톱 위에 올려놓고 랩으로 감싼다.

● 작품설명과 유의점

이 장에서는 수업시간에 이루어진 세 가지의 활동을 함께 소개하였으나, 실제에서는 각각의 활동으로 이루어질 것이다.

치자로 물들이기에서는 화기를 다루므로 그에 대한 학습이 선행되어야 한다. 봉숭아 물들이기에서는 기다리는 시간이 필요하기에 학생들이 손톱 물을 들이는 시간 동안에 이루어져야 하는 학습에 대한 고려도 필요하다. 손톱 물들이기 과정에 대한 활동을 간단한 안내서로 만들어 볼 수도 있을 것이다.

쑥을 물들이기 전의 준비활동으로 직접 산과 들에 나가는 현장 학습을 실시할 수도 있고 시장에서 사올 수도 있는데 이는 아동들의 특성과 교실의 형편에 맞추어 준비한다.

특히 봉숭아 물들이기는 식목일에 씨앗이 트는 것부터 시작하여 연계될 수 있는 재미있는 활동이며 학생들이 서로의 손가락에 물을 들여 줄 수 있어서 상호작용의 증진에 매우 효과적인 활동이다.

1. 우리가 찾은 자연의 색 설명서

2. 물들이기에 대한 안내도를 만들어 활동에 대한 길잡이로 활용한다.

3. 봉숭아꽃과 잎을 그릇에 넣고 찧기

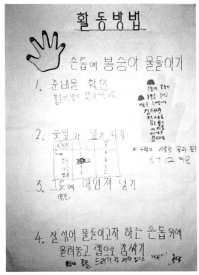

4. 안내도에 따라 활동하기

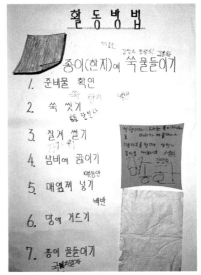

5. 한지에 쑥 물들이기 안내도에 따라 활동
　하기

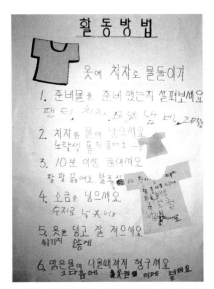

6. 옷을 치자로 물들이기 안내도에 따라 활
　동하기

완성 작품: 치자로 물들인 우리 옷

수정된 활동: 쪽과 잇꽃으로 물들인 이불

활동 11 　리스 만들기

● 활동목표

① 마른 자연 재료를 성질에 맞
　게 다룰 수 있다.

② 재료를 생활에서 이용할 수
　있다.

③ 감상의 방법을 찾을 수 있다.

● 필요한 재료

넝쿨가지, 가을철에 나는 견과류(호두, 은행, 밤 등), 솔방울, 은행잎, 단풍잎, 감나무
잎, 접착제, 도토리, 각종 작은 열매

● 활동방법

① 준비된 재료에 대한 탐색과정을 거친 후에 각각 따로 담아 둔다.

② 가는 넝쿨나무를 둥글게 엮으면서 중간에 철사(제과점에서 쓰는 철사 실 이용)를
　묶어 가면서 모양을 잡는다.

③ 둥근 모양은 학생들의 정도에 따라서 완성품을 제시할 수도 있고 교사와 함께 만들
　어 갈 수도 있으며 보다 쉬운 방법으로는 재료상에서 반제품을 구할 수도 있다.

④ 모양을 잡은 리스를 바닥에 놓고 각 재료를 하나씩 붙여 간다.

⑤ 먼저 솔방울로 군데군데 자리를 잡아 두는 것이 작업을 용이하게 한다.

⑥ 호두나 밤 등 크기순으로 붙여 간다.

⑦ 은행 등 보다 작은 것을 사이사이에 공간을 채우듯이 붙인다.

⑧ 어느 정도 자리가 차면 마른 소재의 나뭇잎을 빈 곳에 끼워 넣듯이 붙인다.

⑨ 완성된 작품은 하루 이상 잘 말린 후에 걸어 두는 것이 좋다.

● 작품설명과 유의점

이번 활동은 가을을 즐기고, 이어서 학생들이 크리스마스를 준비하는 활동이다.

이러한 활동을 위해서는 재료 순비에 시일이 필요한데, 한꺼번에 준비하기보다는 한 가지씩 차례로 학생들과 현장학습을 통해서 마련하는 것이 좋다. 가장 권장할 만한 방법은 직접 가을 동산에 나가 여러 가지 재료를 살펴서 준비하는 것이고, 그것이 여의치 않다면 시장이나 백화점이나 꽃 상가 등에 직접 나가서 경제활동과 연결하는 것도 하나의 방법이 될 것이다. 필자의 경우는 가을학기 동안 학생들과 동산에 나아가 재료를 구하고 여러 가지 방법으로 탐색하는 활동을 즐겼으며, 리스 재료 중 동산에서 주운 밤과 은행은 삶거나 굽거나 그냥 까서 먹기도 하였고 남은 것은 교실에 전시해 두었다가 이 모든 활동이 끝나고 크리스마스가 다가왔을 즈음 리스 만들기를 하였는데 이러한 활동 진행 과정은 교실 상황에 따라서 다양하게 활용될 수 있을 것이다.

1. 재료를 찾으러 나선다.

2. 넝쿨가지에 스프레이를 뿌린다.

3. 원한다면 다른 장식에도 스프레이를 하여 여러
가지 바구니 장식도 만들 수 있다.

4. 넝쿨 장식을 말린 후에 여러 가지 중 중심이 되
는 솔방울을 군데군데 붙인다.

5. 호두나 밤 등 큰 것에서 작은 것 순으로 붙여 간다.

6. 거의 붙여지면 사이를 채우는 식으로 나뭇잎을
장식한다.

완성 작품: 가을 재료로 만든 리스

수정된 활동: 소라 껍질로 만든 크리스마스 장식

활동 12   여러 가지 자연물을 이용하기

● 활동목표

① 여러 가지 자연물을 탐색할
　수 있다.

② 자연물로 구성을 할 수 있다.

③ 작품을 감상하고 즐길 수 있다.

● 재료

다양한 자연물(곡류, 나뭇잎, 씨앗
류), 접착제 종류, 종이, 가위

● 활동순서

– 곡류를 붙여서 그림 채우기

① 밑그림을 준비한다.

② 접착제를 곡류 붙일 자리에 조금씩 바른다.

③ 색깔에 맞추어서 곡류로 그림을 채운다.

④ 작품이 완성된 위에 투명 본드를 덧발라 접착력이 강하게 만들어 준다.

⑤ 그늘진 곳에서 잘 말린다.

⑥ 감상할 수 있도록 전시를 한다.

● 작품설명과 유의점

자연에서 만나는 재료를 이용한다.

붙일 재료에 따라서 다양한 접착제가 사용될 수 있고 학생들이 다루기 쉬운 접착제의 선정에 유의해야 하는데 일반적으로 자연물은 오공 본드를 이용하여 붙일 수 있다.

책상 위에 보호막을 깔아야 접착제가 묻어서 일어나는 문제를 해결할 수 있다.

학생들의 손에 접착제가 묻었을 경우는 바로 처리하도록 하고 다른 학생에게 장난을 치는 일이 없도록 해야 한다.

작은 곡류를 실에 끼워서 구성하는 방법을 사용할 수도 있다.

변형작품으로 소개된 거북이는 일종의 토피어리로 철사로 형태를 만든 후에 그 안에 물이끼를 넣어 채우고 물을 주면서 키울 수 있는 원예활동과 연결하여 활용할 수 있는 작품이다. 이를 활용하면 잔디 씨앗을 솜에 붙여서 여러 가지 모양을 만들어 가면서 싹이 트게 할 수 있다.

1. 다양한 자연물을 준비하고 밑그림을 그린다.

2. 밑그림을 따라서 곡류를 붙인다.

완성 작품: 곡류로 표현한 가을 들판

수정된 활동 1: 거북이 모양 철사 틀에 물이끼를 붙여서 만든 작품

수정된 활동 2: 깃털과 밤, 도토리를 이용하여 만든 동물

수정된 활동 3: 조개껍질을 이용하여 붙인 도형 꾸미기

수정된 활동 4: 잣에 실 끼우기를 통해서 만든 여러 가지 형태의 작품

수정된 활동 5: 나뭇가지와 마른 풀을 이용하여 구성한 우리 동네

활동 13　쉬운 이야기가 있는 종이 접기

● 활동목표

① 여러 가지 크기의 색종이를 이용하여 종
　이 접기를 할 수 있다.

② 작품에 맞게 이야기를 구성할 수 있다.

③ 이야기에 맞추어 종이 접기 작품을 구성
　할 수 있다.

④ 작품을 전시하고 감상할 수 있다.

● 재료

다양한 크기의 색종이, 풀, 가위

● 활동방법

① 종이 접기 기호를 익힌다.

② 기본 접기를 한다.

③ 책을 보고서 접을 작품을 정한 후에 순서에 따라 작품을 접는다.

④ 학생에 따라서는 자신이 접은 작품에 이야기를 만들면서 새로운 작품을 구상해 간다.

⑤ 게시하여 감상하고 이야기 글을 쓴다.

● 작품설명과 유의점

　종이 접기는 어디서나 종이만 있으면 간편하고 쉽게 접할 수 있고, 재료의 유연성을 가지는 것이 장점이며, 각 귀를 정확히 맞추어야 좋은 작품이 나오기에 기본적으로 도형에 대한 이해가 필요한 훌륭한 수학적 활동이다. 또한 평면과 입체의 구성이 가능하기에 공간에 대한 지각을 높이며 주의집중에 도움이 되고 상상력을 키워 주며 순서와 법칙에 대한 이해를 높일 수 있다. 교사는 다양한 크기와 재질의 종이를 준비해 두어야 하고, 종이 접기 순서에 대한 설명이 분명한 작품 설명집이 도움이 된다.

　필자의 경우 아동들과 직접 서점에 가서 학생들의 취향에 맞는 종이 접기 책을 고르게 히었는데 본인들이 직접 고른 책이어서 너 좋아하는 모습을 보였다. 이 경우도 재료를 다 제공하지 않는 원칙에 따라서 처음 책을 다 구입하는 것이 아니라 여러 가지 책 중에서 한 가지를 먼저 사고, 그 이후에 다시 구입하는 방법을 사용하였는데 아동들이 구입하러 갈 때를 기다리는 모습과 빨리 책을 보러 가기 위해서 접기 방법 숙지에 애를 쓰는 모습을 보이기도 하여 종이 접기를 활용한 학습활동이 다양하게 전개될 수 있음을 알 수 있다.

이번에 소개하는 활동의 주안점은 종이 접기를 통해서 글자를 익히고 문장을 만들어 가는 다양한 과정으로, 더불어서 주의집중에 향상을 가지고 왔고 읽기에도 좋은 결과를 보였다.

아동의 상태에 따라서 도움을 주어야 하는 경우가 있는데 도움의 양과 질을 조정하여 계속적인 흥미를 유발하는 것이 대단히 중요하다.

1. 재료 준비하기

2. 네모 접기, 세모 접기 등 기본 접기를 익힌다.

완성 작품 1: 그림과 기본 접기를 이용하여 이야기 구성하기

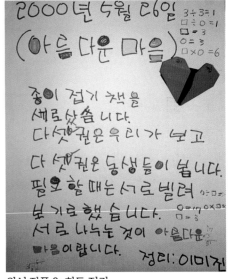

완성 작품 2: 하트 접기

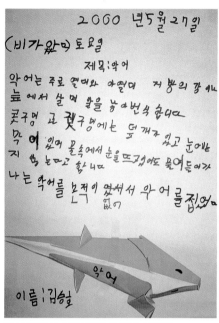

완성 작품 3: 악어 접기와 악어 이야기

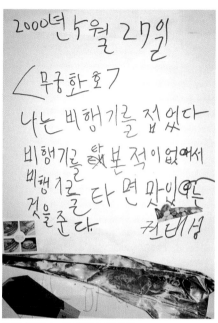

완성 작품 4: 기내식과 비행기

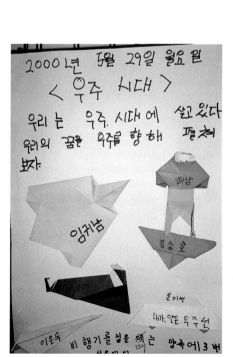

완성 작품 5: 우리들이 만든 우주선

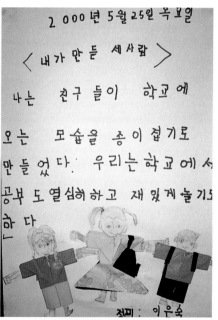

완성 작품 6: 친구들

활동 14　주제가 있는 종이 접기

● 활동목표

① 여러 가지 크기의 색종이를
　이용하여 종이 접기를 할 수
　있다.

② 주제에 맞게 이야기를 구성할
　수 있다.

③ 이야기에 맞추어 종이 접기
　작품을 구성할 수 있다.

④ 작품을 전시하고 감상할 수
　있다.

● 재료

다양한 크기의 색종이, 풀, 가위

● 활동방법

① 종이 접기 기호를 익힌다.

② 종이 접기 책을 읽을 수 있다.

③ 책을 보고서 접을 작품을 정한 후에 먼저 읽고 순서에 따라 작품을 접는다.

④ 자신이 접은 작품에 이야기를 만들면서 새로운 작품을 구상해 간다.

⑤ 게시하여 감상하면서 추가로 이야기를 발전시키고 작품을 만들어 간다.

⑥ 이야기 글을 쓰고 읽어 본다.

● 작품설명과 유의점

이번에 소개되는 사례는 특별히 마녀와 귀신에 관심이 많은 정서 · 행동장애 6학년 아동이 작품을 발전시켜 나간 것이다.

이 아동은 초기에 기본 접기를 할 수 있는 수준이었다. 특히 한글에 대한 이해가 없어서 단지 그림을 보고 접기 때문에 아동이 가지고 있는 접기활동의 목록이 적었는데, 이 활동을 통해서 한글을 깨우치게 되었다.

또한 한글을 알게 되어, 그동안 수업에 흥미가 없었던 것에서 벗어나서 수업에 적극 참여하게 되었고 문해능력이 향상되자 전에는 읽을 수 없어서 풀 수 없었던 응용수학문제까지 해결하게 된 경우다.

이 아동의 경우 학습된 무기력의 상태에서 어떤 것에도 흥미를 보이지 않았으나, 종이 접기 활동을 한 달 이상 실시하고 발전시킨 결과가 고무할 만하고, 이후 다른 학생에게 종이접기를 가르쳐 주는 등의 사회성이 증진되었다. 자신감을 회복하여 상급학교에 진학하고자 하는 마음도 없었던 아동이 중학교에 진학할 때는 일반학급에 완전히 통합되어 초등학교 시절부터 받았던 특수교육 서비스를 받지 않게 되었다.

이런 아동을 접하게 될 때 교사는 아동이 흥미를 잃지 않고 활동을 전개시키기 위한 다양한 준비를 해야 하고 그 과정에서 아동 개인의 의견이 무시되지 않도록 대화와 타협을 통해서 전개해 나가는 자세가 필요하다.

1. 다양한 종이 접기 책을 준비한다.

2. 마녀 접기를 하고 전지에 붙인다.

3. 종이와 장식물을 이용해서 귀신 접기를 한다.

4. 각각 접은 작품을 연결하여 붙이기를 하고 집과 교회를 접어 붙인다.

5. 작품을 배치하여 붙이면서 부족한 부분을 채운다.　완성 작품: 유령마을

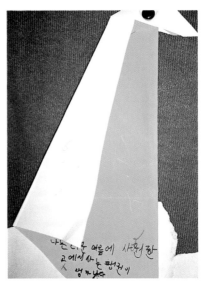

수정된 활동 1: 악어와 펭귄이 있는 마을
만들어 가기

수정된 활동 2: 펭귄

활동 15 다양한 크리스마스 장식 만들기

● 활동목표

① 주제에 따른 다양한 활동을 할 수 있다.

② 그리기를 할 수 있다.

③ 오리기를 할 수 있다.

④ 리본 끼우기를 할 수 있다.

⑤ 스프레이 물감 뿌리기를 할 수 있다.

⑥ 다양한 재질의 재료를 칼로 자를 수 있다.

⑦ 손바닥 찍기를 할 수 있다.

⑧ 점토로 모양을 만들 수 있다.

● 재료

종이, 크리스마스 장식, 물감, 스티로폼판, 작업용 칼, 끈, 핀, 지점토, 초, 컬러스프레이, 우드락, 골판지, 리본테이프, 색 융철사, 그림자료

● 활동순서

① 각자의 판에 손도장 찍기를 한다.

② 모아서 크리스마스트리 모양을 만든다.

③ 다시 한 번 손도장을 찍는다.

④ 화분의 부분을 물감으로 칠한다.

⑤ 종이에 손도장 찍은 것을 오려서 화분 장식을 한다.

⑥ 크리스마스트리에 여러 가지 장식을 핀으로 고정한다.

● 작품설명과 유의점

크리스마스나 부처님 오신 날 등은 아동들이 다양한 종교문화에 접할 수 있는 때다. 이런 때를 이용하여 각종 종합적인 활동을 준비할 수 있는데 이번 사례는 크리스마스 잔치에 관한 것이다. 이 활동은 약 한 달에 걸쳐서 이루어졌으며 학생들은 이 기간 동안 예

수 탄생에 대한 것뿐 아니라 함께 나누는 기쁨과 선물 만들기, 카드 만들기, 파티 음식 만들기 등 다양한 활동을 하는 기회를 가졌다.

본 활동에서는 그중에서 각종 크리스마스트리 만들기를 중심으로 소개하고자 한다.

크리스마스트리는 우리가 12월이 되면 다양하게 일상에서 만나는 것인데 아동들이 좋아하고 다 함께 참여할 수 있기에 권장할 만하다.

스티로폼을 이용한 크리스마스트리는 각자 네모난 판 한 장에 자기 손바닥을 찍고 그것을 모아 붙인 후에 다시 찍기를 하여 완성하였는데 색다른 재질에 물감이 묻어나는 것에 대해서 아동들의 반응이 좋은 작품이었다.

1. 각자의 스티로폼 판에 손도장을 찍는다.

2. 각자 찍은 네모 판을 합친 후에 크리스마스트리모양으로 손바닥을 다시 찍는다.

완성 작품: 손바닥 찍기로 만든 크리스마스트리

수정된 활동 1: 우드락에 종이 고리와 색칠 고리로 연결하여 만든 크리스마스트리 장식

수정된 활동 2: 골판지로 달력을 만들어 만든 크리스마스트리 장식

수정된 활동 3: 종이를 고깔 모양으로 만들어 손바닥 그린 것을 붙인 크리스마스트리 장식

수정된 활동 4: 리본 끈과 골판지 끼우기를 이용해서 만든 크리스마스트리 장식

수정된 활동 5: 상자 포장하기와 학습자료에 끈 끼워 매달기를 한 크리스마스트리 장식

활동 16   문화상품

● 활동목표

① 문화상품에 대한 이해를 할 수 있다.

② 간단한 문화상품을 만들 수 있다.

③ 전시활동을 기획할 수 있다.

● 재료

종이, 부채틀, 한지, 뚜껑이 있는 빈 종이 통, 조롱박, 한방차 재료, 주전자, 휴대용 열기구, 문양 틀, 연근

● 활동순서

– 단오 부채 만들기

① 부채 틀을 준비한다.

② 부채 틀에 맞추어 한지를 자른다.

③ 자른 한지를 부채 틀 위에 붙인다.

④ 태극 문양의 장식을 붙인다.

⑤ 아동에 따라서 교사가 태극 문양을 마련하여 줄 수 있다.

⑥ 그늘에서 말린 후에 니스 칠을 한다.

⑦ 아동에 따라서 투명 스프레이를 뿌릴 수 있다.

● 작품배경에 대한 이해와 유의점

이 활동은 약 1년에 걸쳐 이루어진 우리 문화에 대한 이해와 감상 그리고 문화상품에 대한 경쟁력을 이용한 미술활동의 결과물을 학기 말에 전시한 것으로 초·중등학교에서 확장되어 다루어질 수 있는 영역이다.

정서·행동장애아동이나 자폐성 장애아동이라고 교육과정에서 배제될 수 없으며 또한 그 내용이 어렵다고 해서 적용될 수 없는 것이 아니다.

교육과정의 수정 적용이 필요하지만, 아동들이 대단히 흥미 있어 했던 활동이기에 사진을 이용한 다양한 활동 위주로 소개를 하고자 한다.

유의해야 할 점은 잘 계획된 활동으로 아동들의 수준을 고려해서 제공되어야 하고 계절 감각에 맞으면 더욱 좋다.

부채 만들기를 할 때 단오에 들어서면서 단오의 유래와 왕이 신하에게 여름을 잘 지내라는 선물로 제공됨을 먼저 학습하고 난 후에 자신들이 만든 부채를 교장 선생님과 교과 선생님들에게 선물하게 하여 그 의미를 높였고, 여름 내내 학급에 비치하여 더운 여름날 수업 시간에 자발적으로 사용할 수 있게 하였는데 아동들이 모두 즐거워했던 활동이다.

활동 안내 포스터: 문화상품전 기획 안내물 만들기

완성 작품 1: 단오 부채

완성 작품 2: 한지로 만든 문화상품으로서의 우리 연

완성 작품 3: 오미자로 물들인 한지로 차통 만들기

완성 작품 4: 여러 가지 차통

완성 작품 5: 천연 염색을 한 색종이

완성 작품 6: 전통 문양 찍기

수정된 활동 1: 포장 디자인(가방)

활동 17   띠 블록을 이용한 직조놀이 활동

● 활동목표

① 여러 가지 띠 블록을 이용하
여 가로 세로 연결할 수 있다.

② 입체적 작품을 만들어서 착용
할 수 있다.

③ 생활에서 활용하며 즐길 수
있다.

● 재료

다양한 모양의 띠 블록

● 활동방법

- 갑옷 만들기

① 긴 띠 블록을 가로 세로로 연결하여 몸 판을 짠다.

② 어깨가 들어갈 부분을 남겨 두고 몸통 옆 부분을 가로로 연결한다.

③ 몸판 위에서 머리가 들어갈 부분을 남겨 두고 양쪽 어깨 부분에 가로와 세로로 어
깨 견장을 달고 끝 부분을 남겨 두어 날개로 둔다.

④ 작업 중에 틈틈이 입어 보고 치수를 늘이거나 줄여서 몸에 맞춘다.

⑤ 허리띠나 왕관 등 부차적인 장식물을 만든다.

⑥ 착용하고, 놀이활동을 즐긴다.

● 작품설명과 유의점

때로는 특수교육 현장에서 아동들의 자료 근접성을 고려하여 기존의 놀잇감을 이용
해서 다양한 미술활동으로 연결시키기도 한다. 이는 익숙하고 재미있는 놀이활동이 될
수도 있지만 자칫하면 식상한 놀이로 변질되기 쉽다.

이 장에서 소개하는 활동은 아동이 자발적으로 띠 블록을 활용하여 직조의 기법을 이

용한 입체 구성을 통하여 작품을 만들어 완성된 것을 본인이 착용하고 더 나아가 교사의 몸에 맞게 구성하여 입혀 주고 연극활동을 하자고 제안한 것의 일부다.

이 아동은 갑옷을 만들었는데 TV 사극을 보고 만든 것이다. 때때로 아동들이 미술활동의 주제를 정할 때는 시대적 배경이나 중요 사건 그리고 그들이 관심 있는 영역을 표현한다. 이를 이용하여 이야기 나누기 등의 가지치기 학습으로 발전시켜 나간다면, 미술활동의 폭이 넓어짐과 동시에 학생들이 쉽게 타인과 교실 전체 구성원에게 다가갈 수 있게 되기도 한다.

수정된 활동은 띠 블록을 이용한 직조와 연결시켜서 교실 수업에서 많이 하는 종이 직조를 소개하였다. 종이 직조 또한 입체적인 면을 사용한 다양한 작품을 만들 수 있고 아동들에게 친근한 소재이며 주의집중과 소근육 활동을 강화하고 패턴을 익히게 하는 등 학습에 필요한 다양한 장점을 가지고 있는 활동이다.

1. 여러 가지 띠 블록을 준비한다.

2. 가로 세로로 직조하여 몸통을 만든다.

3. 입어 보면서 수정한다.

4. 허리를 이어 만든다.

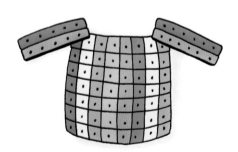

5. 어깨의 견장을 만든다.

6. 왕관과 부속 장식물을 만든다.

완성 작품: 띠 블록을 연결하여 직조한 갑옷

수정된 활동: 종이 직조를 통한 크리스마스 액자 만들기

활동 18 염색 활동

● 활동목표

① 다양한 염색 재료를 다룰 수 있다.

② 다리미나 드라이어 등 열기구를 다룰 수 있다.

③ 그림을 그릴 수 있다.

④ 생활에서 즐길 수 있다.

● 재료

전사 물감, 면섬유로 된 천이나 옷, 종이, 붓, 부풀어 마커, 다리미, 드라이어

● 활동방법

① 준비물을 살펴본다.

② 종이에 전사 물감으로 간단한 그림을 그린다.

③ 아동의 능력에 따라서 간단한 도형의 형태만 그린 경우에도 그것을 오려서 재배열하여 쓸 수 있으므로 교사의 의도와 다를지라도 무엇이든 그릴 수 있게 하는 것이 좋다.

④ 전사본에 물감이 잘 마르게 둔다.

⑤ 염색할 옷이나 천에 전사그림이 밑으로 가게 뒤집어서 다리미로 열처리를 한다.

⑥ 그림이 나온 옷에 장식을 부풀어 마커로 한다.

⑦ 장식한 것을 하루 이상 말린다.

⑧ 드라이어를 가까이 대고 말리면 장식이 부풀어 오른다.

⑨ 작품에 따라서 눈 스프레이, 염색 물감 등을 뿌리거나 다른 장식을 하여 꾸민다.

● 작품설명과 유의점

이번에 소개하는 활동은 학생들이 상당히 신기해하며 즐거워하는 활동 중 하나다.

염색이 우리 생활에 멀리 있을 것 같지만, 실제는 대단히 쉽게 접할 수 있는 활동으로 다양하게 응용될 수 있다.

염색이 잘되는 것은 천연 섬유이므로 면이나 실크 등을 이용하는 것이 좋은데 열처리 과정에서 온도에 민감하지 않은 면 종류가 용이할 것이다. 또한 열처리 과정에서 열기구를 다루므로 이에 대한 사전지도가 반드시 필요하다.

부풀어 마커를 사용할 때는 짜는 힘을 많이 주게 될 경우, 물감이 쏟아져 나오는 경우가 있으므로 주의를 해야 한다.

염색활동에서는 교사 혼자 하기보다는 전문가를 초빙해서 할 수도 있는데, 필자의 경우 실크스크린 활동으로 냅킨 만들기에서는 전공자를 강사로 초빙하여 먼저 함께 배우는 시간을 가졌다. 새로운 교사가 교실 안에 들어온다는 것은 정서·행동장애아동이나 자폐성 장애아동들에게 또 다른 경험이 되는데 이때는 먼저 초빙한 전문가와 친숙해지는 시간을 갖고 본 활동에 들어가는 것이 좋다.

1. 종이에 전사 물감으로 그림을 그린다.

2. 다 마른 전사본을 염색할 곳에 뒤집어서 대고 열처리를 한다.

3. 글씨본 위에 부풀어 마커로 따라 쓰기를 한다.

완성 작품: 전사염을 하여 만든 미술활동복

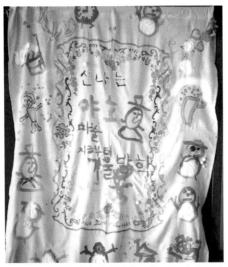

수정된 활동 1: 전사염과 염색물감으로 직접 그리기를 통한 신나는 겨울방학 안내문.

수정된 활동 2: 비틀기 기법을 이용한 손수건 염색

수정된 활동 3: 염색물감으로 직접 그리기를 통하여 만든 손수건

수정된 활동 4: 실크스크린 염색하기

참·고·문·헌

김미선, 박주연, 심상옥, 이경면, 임지향, 정동영, 홍금녀(2011). 특수교육 미술교육론. 서울: 교육과 학사.

김동연, 한홍석(1993). 자폐성아동의 심리치료를 위한 미술치료의 적용, 행동장애아의 진단과 교육조치. 한국 정서학습장애아 교육연구회, 67-83.

교육과학기술부(2011). 특수학교 교육과정. 서울: 미래앤.

교육부(2013). 특수교육 기본교육과정 미술 교사용 지도서. 서울: 미래앤.

박은선(2002). 발달장애를 가진 아동을 위한 미술치료. 자폐성 장애 연구, 4(1), 89-102.

Barlo, W. G. (1975). Group reports: instruction and curriculum Group A. *Art Education, 28*(6), 13-14.

Forness, S. R., & Knitzer, J. (1992). A new proposed definition and terminology to replace "serious emotional disturbance" in Individuals with Disabilities Education Act. *School Psychology Review, 21*, 12-20.

Gaitskell, C. D., Hurwitz, A., & Day, M. (1982). *Children and their art: Methods for the elementary school* (4th ed). NJ: Harcourt Brace Jovanovich.

Kauffman, J. M. (2001). Characteristics of emotional and behavioral disorders of children and youth (7th ed). Upper Saddle River, NJ: Prentice-Hall.

통합 환경에서의
발달지체 유아를 위한 미술활동 지도

곡식과 재활용품 사진 등으로 꾸민 가을풍경

※ 이 장에 수록된 사진은 곡교어린이집, 곡교-레코텍 장난감도서관 활동 장면입니다.

제1절 들어가는 말

통합된 환경이란 모든 유아(All children)들이 포함된 환경으로 발달지체 유아라는 이유로 그 어떠한 기회도 제한되지 않는 환경을 의미한다. 통합 환경 속에는 즐거운 활동이 마련되어 있고, 상호작용할 또래가 있고, 행동에 반응을 해 주는 성인이 있어야 한다. 이런 질적인 통합 환경 안에서 발달지체 유아도 성장하고 발달하게 된다. 유아 미술활동은 어떤 특정 기준의 기술이 요구되기보다는 미술활동의 전 과정이 유아에게 동기를 부여하고 즐거운 경험을 준다는 의미에서 중요한 교육활동이다.

미술활동은 재료를 선택하게 할 수 있고 계획하는 데 유아의 의견을 반영할 수 있다는 점에서 발달지체 유아에게 동기를 줄 수 있고 완성하는 기쁨을 줄 수 있다. 또한 좋아하는 활동은 얼마든지 반복할 수 있어야 한다. 이러한 미술활동들은 발달지체 유아의 개별적인 목표를 구체적으로 연습할 수 있는 중요한 기회를 제공한다. 중요한 점은 통합된 환경에서의 발달지체 유아의 참여를 위한 계획을 잘 세우는 것이고 참여도를 확인하는 평가로 이어져야 한다는 점이다.

통합 환경에서 진행되는 교육과정은 모든 유아에게 적용하는 보편적 교육과정 설계(Universal Curriculum Design)를 중심으로 진행되는 것을 권장하고 있다. 우리나라도 2012년 이후에 만 3, 4, 5세의 국가수준의 유아교육과정을 '누리과정'으로 제시하고 있는데 2012년 만 5세의 유치원/어린이집 공통 교육과정이 고시되었고, 이어서 만 3세와 4세의 누리과정도 국가 수준에서 제시되었다. 누리과정은 신체운동·건강, 의사소통, 사회관계, 예술경험, 자연탐구의 다섯 가지 영역으로 구성되어 있으며, 유아 미술활동은 예술경험영역과 가장 연관을 가지나 다른 영역과의 유기적인 관련을 가지고 연령별 생활 주제 중심으로 다양한 활동이 권장되고 있다. 개별 유아의 발달과 특성에 따라 누리과정의 내용 범주를 개별적으로 적용할 수 있다.

통합 환경에서 진행되는 미술활동을 통하여 많은 발달지체 유아들은 의미 있는 도전에 직면하게 된다. 활동을 이해하지 못할 수도 있고 활동에서 요구되는 많은 행동(기술)들을 수행하지 못할 수도 있다. 그러나 교사가 적절한 교수적 지원을 계획한다면 발달지체 유아들도 즐겁고 의미 있는 미술활동에 성공적으로 참여할 수 있게 될 것이다.

발달지체 유아도 또래들이 즐겨 하는 미술활동에 참여해 보는 기회를 충분히 제공해야 한다.
(소집단으로 찰흙놀이하는 모습)

작업치료사가 통합교실에 들어가서 작업활동을 지원한다.(pull-in service)
(찰흙으로 메주 모양 만들기)

제2절 통합 환경에서의 발달지체 유아 미술활동

1. 유아 중심 환경의 중요성:
자유선택활동과 지시적인 직접 교수 상황과의 관계

통합된 유아교육기관은 다양한 일과와 활동으로 구성되어 있다. 통합된 발달지체 유아가 집단활동이나 책상 위에서 하는 활동에 대한 참여도가 낮은 경우에는 교사 주도의 일과나 활동보다 '자유선택놀이'와 같이 능동적으로 활동을 선택하는 시간을 활용하는 것이 더 효과적이다. 제한된 행동 양상을 보이고 있는 발달지체 유아도 교사가 선호도를 파악하고 이를 환경에 배치하는 것이 바람직하며 자신의 선호물을 직접 고를 수 있도록 하는 '선택의 기회'가 반드시 마련되어야 한다.

또한 자유놀이 상황에서 교사가 자연스럽게 개입한다면 다른 아이들과 같은 맥락의 일과 안에서도 통합된 발달지체 유아는 교사에게 직접적인 교수를 받을 수 있다. 이런 상황이 발달지체 유아를 따로 다른 환경에 분리시키고 다른 아이들과 다른 활동을 제공하는 것보다 더 자연스럽게 개별적인 발달지체 유아의 목표에 접근하면서 동시에 다른 아이들에게도 더 수용적인 태도를 가질 수 있게 한다. 그러므로 같은 환경에 있으면서도 각자의 개별적인 목표가 지도되는 상황이 통합된 환경에서 권장된다. 이를 통해 발달지체 유아는 통합 환경 일과에 참여하게 되고 일반 유아들은 특별한 요구를 가진 친구를 더욱 이해하게 되고 오히려 어떤 가능성을 발견하고 이를 지지해 줄 수 있게 된다.

◆ 참고: 조형 영역 구성

유아들이 다양한 자료와 매체를 가지고 활동함으로써 감각적인 활동을 경험할 환경 영역으로 실내와 실외 모두 구성할 수 있다. 주로 자유선택활동 시간에 유아들이 영역을 선택하여 활동한다. 그림그리기, 종이자르기, 풀칠하기, 만들기 등의 자료를 준비하고 이젤과 테이블을 놓아 준다. 다양한 그리기 도구(수성/유성펜, 물감, 붓, 종이, 헝겊, 골판지, 아크릴판, 비닐 등)를 두고 헌 신문이나 잡지, 달력, 빈 플라스틱 통, 휴지 속심 등 재활용이 가능한 사물도 준비하여 유아들의 창의적 표현활동을 격려한다.

2. 통합 환경 미술활동의 방향

첫째, 의미 있는 활동을 제공하고 조정과 수정을 통하여 미술활동에 참여할 방안을 다양하게 모색하도록 한다

예를 들어, 붓을 잘 쥘 수 없는 뇌병변 유아에게 손잡이를 특수하게 만든 붓을 쥐어 줄 수 있고, 시각발달지체 유아에게는 향기 있는 물감을 제공할 수 있다. 이러한 개별 유아에게 필요한 수정을 준비하고 과제의 연속성을 잘 분석하여 미술활동을 통하여 여러 가지 개념과 어휘를 늘려 가도록 해야 한다.

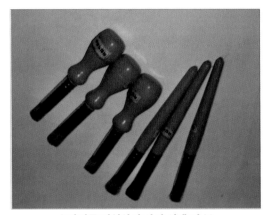

손잡이를 변형하여 잡기 쉽게 된 붓

잡는 부분에 보조장치를 한 붓

둘째, 즐거운 감각적인 경험, 인과 관계를 인식하게 하고 반복 활동할 수 있게 한다

미술활동은 인과 관계를 알 수 있는 감각적으로 다양한 경험이 제공되는 활동이다. 쉽게 반복할 수 있는 점도 발달지체 유아에게 꼭 필요한 기술을 연습할 기회를 준다. 예를 들어, 노란색 물감과 파란색 물감이 섞여서 초록색이 되는 과정을 보면서 시각적 변별력과 변화에 대한 이해력을 기를 수 있다. 네모난 덩어리의 점토가 작고 동그란 형태로 변

화되는 과정을 인식하면서 사물에 대한 개념 이해력이 증진될 수 있다.

셋째, 개별화 교육프로그램(IEP) 목표를 학습할 수 있는 중요한 내용이 된다

유아가 각자 가지고 있는 능력과 잠재력은 다 다르다. 개별적인 교육적인 목표를 미술활동을 통해서 성취할 수 있다. 특별히 미술활동은 소근육, 인지, 자조 기술, 사회성, 의사소통, 인지 영역 등의 개별화 교육(IEP) 목표가 적용되어 지도되는 데 효과적이다.

표 7-1	개별화 교육목표와 평가의 예 (활동명: 활동 14 '물고기 모자이크')
개별화 교육목표	인지― 기본 색을 구별할 수 있다. 언어― 전지의 밑그림을 보고 '물고기'를 이야기하거나 지적할 수 있다. 사회성―5세 일반 교실 친구와 짝을 이루어 작업할 수 있다. 소근육― 재료를 하나씩 손가락으로 잡아 종이 위에 올려 놓을 수 있다.
평가	1. 기본 색을 이야기하거나 지적할 수 있는가? 2. 물고기를 이야기하거나 지적할 수 있는가? 3. 친구와 재료를 나누어 사용할 수 있는가? 4. 각각의 재료를 손가락으로 잡을 수 있는가?

3. 미술활동을 통한 발달지체 유아의 발달 촉진

통합 환경에서 일반 유아들과 함께하는 다양하고 재미있고 창의적인 미술활동은 발달지체 유아의 발달에 많은 잠재적인 혜택을 주게 되며, 미술활동은 발달지체 유아의 개별적인 발달 목표를 성취하는 데에도 효과적이다.

1) 소근육/대근육 기술 발달 촉진

소근육 기술은 유아교육기관과 나아가 학교 생활에 반드시 필요한 여러 가지 기술을 포함하고 있다. 미술활동은 붓, 크레파스와 같은 그리기도구를 잡고 사용하는 기술과 풀칠을 하고 접거나 가위로 자르는 것 등이 포함된다. 특별히 근육 긴장도가 낮은 다운증후군 유아나 뇌성마비 유아처럼 신체 발달이 느린 유아의 경우 이러한 기술은 매우 어려울 수 있다. 이러한 기술 수행에 관한 현행 수준을 면밀하게 관찰하여 성취 목표를 잘 설정하고 체계적으로 지도하여 이러한 기술들을 점차 습득하도록 도와야 한다.

미술활동에 관련된 운동 기술은 손과 팔의 움직임과 눈과 손의 협응력의 소근육적인

기술과 앉기와 균형 잡기, 머리와 목, 몸통 가누기 등의 대근육적인 기술들이다. 소근육 발달이 떨어지는 경우 미술활동에 참여하는 것은 쉽지 않은 일이다. 소근육이 요구되는 자르기, 색칠하기, 접기, 풀칠하기, 젓기, 따르기 등을 지원하기 위해서 체계적인 지도 방안이 있어야 한다.

**알루미늄 포일을 사용한 소근육 연습기회의 장면
(포도알 만들기)**

① 작업치료사와 물리치료사와의 협력

작업치료사(occupational therapist: OT)와 물리치료사(physical therapist: PT)는 유아의 운동성 지연에 관련하여 자세 지도나 현행 능력과 관련된 특별한 지도 방법을 상의할 수 있는 관련자들이다. 만약에 유아가 혼자서 앉기 어려워한다면 다음과 같은 점에 유의해야 한다. 교사는 미술활동 중의 다양한 자세지도 방법과 이동에 대한 구체적인 방법을 알고 있어야 한다.

- 균형을 잡기 위해 에너지들을 집중하고 있으므로 미술활동에 열중하기 어려울 수 있다.
- 부적절한 자세를 취하고 있다면 참여에 대한 동기가 감소될 수 있다.
- 머리를 가누고 조절하는 데 방해를 받는 곳에 있다면 재료나 교사에게 시선을 집중하기 어려울 수 있다.

팔걸이와 책상이 달린 의자는 편안한
자세를 잡는 데 도움을 준다.

90° 각도를 유지하며 편안한 자세를
취할 의자를 제공한다(작업치료사가
A4 상자로 제작한 자세교정의자).

유아는 90도 각도를 유지하며 의자에 앉아야 하며 팔꿈치와 무릎, 엉덩이가 편안한
자세를 유지하도록 한다. 작업, 물리치료사의 도움을 받아 필요한 설비나 자세 유지에
관련된 도움을 받는 것이 바람직하다.

② 과제 분석을 통하여 구체적인 참여 행동을 명시

과제를 마치기 위해 요구되는 연속적인 행동기술을 나타내기 위해 각각의 행동을 구
체적으로 적어 보는 것은 발달지체 유아의 개별적인 구체적인 과제 수행도를 평가하고
지도하기 위해 효과적인 방법이 된다. 미술활동에서 요구되는 기술을 독립적으로 수행
하기 위한 단계를 적어 봄으로써 교사는 구체적인 지원계획을 세울 수 있고 이러한 항목
에 근거한 평가계획을 세워 볼 수 있다. 다음의 표는 '붓에 물감 묻히기' 행동을 위한 과
제 분석의 예다.

표 7-2 과제 분석의 예

과제 분석 항목	① 붓의 손잡이를 잡는다. ② 붓 끝을 물감통에 담근다. ③ 붓 끝을 물감통 가장자리에 대고 위-아래로 문지르며 물감이 흐르지 않게 한다. ④ 도화지 위에 붓을 대어 물감을 칠한다. ⑤ 위의 단계를 반복한다.
평가 항목	- 붓의 손잡이를 잡을 수 있는가? - 붓끝을 물감통에 담글 수 있는가? - 붓끝에 물감을 가장자리에 대고 적절하게 문지를 수 있는가? - 붓을 도화지에 칠하는 게 가능한가?

화분 보고 물감으로 꽃 그려 보기

③ 미술 과제수행 정도를 관찰하고 평가

구체적인 활동을 과제 분석하여 관찰하는 것도 필요하지만 일반적인 미술활동 수행력을 알아보는 것도 필요하다. 다음의 평가표를 통해 개별 유아의 미술 관련 현행 수준을 평가해 볼 수 있다.

| 표 7-3 | 미술활동 수행에 관한 초기 단계 평가 항목 |

수행 내용	예	때때로	전혀 못함
___ 1. 붓을 잡을 수 있고 물감을 사용할 줄 아는가?			
___ 2. 가위를 잡을 수 있고 종이를 자를 수 있는가?			
___ 3. 적절한 양의 풀을 바를 수 있는가?			
___ 4. 색 이름을 듣고 바른 색을 찾을 수 있는가?			
___ 5. 세 가지 색 이름을 아는가?			
___ 6. 이름을 듣고 세 가지 혹은 더 많은 색을 구별할 수 있는가?			
___ 7. 그림을 시작하는 첫 시도에 완성할 수 있는가?			
___ 8. 크레파스를 잡을 수 있는가?			
___ 9. 사용 후 정리할 수 있는가?			
___ 10. 과거에 배운 미술활동을 이야기하고 그 과정을 말할 수 있는가?			

＊참고:

출처: Anderson, F. E. (1992). *Art for the all the children: approach to art therapy for children with disabilities*. Illinois: Thomas, p. 191.

표 7-4   트뢰거의 미술 기술 기록표

이름	성별	생년월일	기록날짜

그리기(Drawing)
___ 도구를 손에 쥐고 종이에 눈을 두는 손과 눈의 협응 능력이 있다.
___ 평면에 굵은 펜으로 그릴 수 있다.
___ 동그라미를 그릴 수 있다.
___ 세모를 그릴 수 있다.
___ 네모를 그릴 수 있다.
___ 얼굴을 그릴 수 있다.
___ 사람을 그릴 수 있다.
___ 머리, 몸통, 팔, 다리가 있는 사람을 그릴 수 있다.
___ 도식적 단계를 넘어선 사람을 그릴 수 있다.
___ 다른 사람 앞이나 뒤에 있는 물건을 그릴 수 있다.
___ 다양한 형태와 세부 사항을 활용한다.
___ 여러 가지 선을 활용한다(연결되는, 짧은, 가느다란, 넓은 것 등).

칠하기(Painting)
___ 붓을 쥘 수 있다.
___ 큰 붓으로 종이에 자유롭게 칠할 수 있다.
___ 일정 부분을 색칠할 수 있다.
___ 가로선을 그린다.
___ 세로선을 그린다.
___ 색을 구별할 수 있다.
___ 색들을 섞어서 새로운 색을 만든다.
___ 집, 사람, 자동차, 나무, 동물 등을 그린다(상징적으로).
___ 형태, 선, 색을 색칠한다.
___ 그림을 그리면서 언어를 사용한다.

종이 작업(Art Paper)
___ 가위를 잡는다.
___ 가위를 열고 닫는다.
___ 직선을 자른다.
___ 동그라미를 자른다.
___ 다양한 형태를 자른다.
___ 자른 형태의 뒷부분에 풀칠을 한다.
___ 그려져 있는 부분에 자른 형태들을 붙인다.
___ 형태를 자르고 풀칠하는 것을 할 수 있다.
___ 간단한 형태와 기하학적 형태를 연결한다.
___ 촉감, 색, 형태가 다른 종이를 사용해서 다양한 디자인을 만든다.
___ 삼차원적인 형태를 만든다.

점토(Clay)
___ 점토를 쥔다.
___ 조각조각 자른다.
___ 점토의 모양을 변형시킨다(두드리고 찌르고 주무른다).
___ 공을 만든다.
___ 나선형을 만든다.
___ 덩어리를 형태로 만든다.
___ 반죽 방망이로 점토를 넓게 한다.
___ 두 개를 뭉치거나 떼어 낸다.
___ 점토(지점토나 찰흙 등)를 굳지 않게 하기 위해 물을 묻혀 놓는다.
___ 동물, 사람, 자동차, 그릇 등 익숙한 물건을 만든다.
___ 표면의 감촉을 틀리게 하기 위해 간단한 도구를 사용한다.

출처: 한기정(1997). 아동미술과 특수아동미술. 서울: 교육과학사, pp. 117-118.

④ 과제 완수를 위한 도움(촉진) 수준 조정

과제를 완수하기 위해서는 시범을 보여 주거나 필요한 도구를 마련해 주는 것이 요구된다. 도화지를 고정해 놓기 위해서는 네 면이 막혀 있는 쟁반 속에 도화지를 넣을 수도 있고 바닥에 고정용 고무판을 깔 수도 있다. 도움을 줄 때에는 개별 유아의 수행 정도나 장애 정도에 따라 체계적인 지원방안을 가져야 한다. 무조건 도와주는 것은 독립적인 수행을 위한 연습 기회를 박탈하는 것일 수도 있다. 언어적인 도움을 어떻게 줄 것인지(예: "여기 잡고 하세요"), 신체적인 도움을 어떻게 줄 것인지(예: 색칠할 때 오른쪽 팔꿈치 잡아주기), 도구와 자료는 어떻게 수정해 줄 것인지를(예: 특수가위 준비) 잘 계획해야 한다. 또한 수행 정도에 따라 지원의 양을 줄여 나가거나 늘려 나가는 계획도 세워 볼 수 있다.

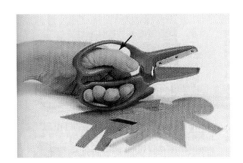

소근육이 약한 유아를 위한 특수가위의 예

2) 인지 기술 발달 촉진

인지능력이나 정보처리능력이 낮은 경우 과제의 연속성에 대한 인식이 낮을 수 있다. 활동을 완수하기 위해서는 과제의 연속적인 관계를 이해해야 한다. 교사는 활동의 단계를 하나씩 설명하고 직접 보여 주고 설명하는 과정을 통하여 인지적 과정의 발달을 지원하게 된다. 예측할 수 있는 단서를 제공하는 것은 활동에 대한 참여도를 높이게 되며 단순히 수동적으로 기다리는 상황이 아니라 유아 스스로 능동적인 예측을 통하여 활동에 대한 기대를 갖게 되는 중요한 단서다. 단계를 나타내는 사진이나 그림자료 등을 활용할 수 있으며 재료들이 어떻게 변화되는지의 예를 직접적인 구체물을 준비하여 제시하는 것이 바람직하다.

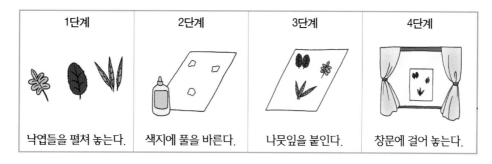

1단계	2단계	3단계	4단계
낙엽들을 펼쳐 놓는다.	색지에 풀을 바른다.	나뭇잎을 붙인다.	창문에 걸어 놓는다.

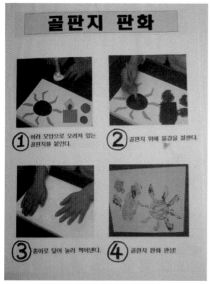

골판지 판화 순서도

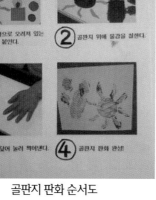

종이 인형 꾸미기 순서도

[그림 7-1] 시각적 자료 제시의 예

(1) 인과 관계 학습

원인과 결과에 대한 이해가 어려운 인지적 결함이 있는 유아를 위해서는 극적으로 형태가 변화되는 것을 보여 주는 것이 필요하다. 예를 들어, 식초와 베이킹 소다를 섞으면 거품이 일어난다. 이 과정을 지켜보게 하고 이러한 변화를 말로 명확하게 표현해 준다. 표현 언어력이 있는 경우 이러한 변화를 표현해 보도록 하는 것도 바람직하다. 인지적 능력에 따라 예측할 수 있도록 교사가 다음에 일어날 상황을 묻는 것도 이러한 인과 관계를 학습하는 데 효과적이다.

(2) 표상 기술 발달 촉진

그림을 통하여 사물을 표현하는 것은 정상 발달을 보이는 유아에게는 자연스러운 발달 과정이다. 그러나 발달지체 유아의 경우 주의집중력, 인지적인 지체, 시각적 정확성의 부족으로 사물이나 활동을 그림으로 표현하는 것이 어려울 수 있다. 이러한 표상기술은 이후의 문해능력 발달과도 관련이 깊다. 즐겁고 질적인 상호작용을 통하여 다양한 표현활동을 격려해야 한다.

성인이 동화책을 읽어 주는 것도 표상능력을 발달시키는 데 필수적이다. 미술활동을 통해서 개념 발달을 도울 수 있는 내용은 다음과 같은 것들이 있다.

- 간단한 도형, 사물 그리기(동그라미, 얼굴, 집, 꽃)
- 신체 부위 그리기(손, 발, 몸 전체)
- 잡지에서 사물 그림이나 사진 오리기(오린 것들 분류해 보기)
- 즉석 사진기로 사진 찍기/앨범 만들기

3) 의사소통 기술 발달 촉진

발달지체 유아에게는 의사소통능력을 기를 기회를 제공하는 것이 매우 중요하다. 미술활동은 다양한 의사소통의 기회를 제공하고 사물의 개념을 이해하고 다양한 어휘를 기르는 데 효과적인 활동이다. 이를 위해서는 교사가 중요 낱말을 반복적으로 사용하고 개개의 발달지체 유아의 능력에 적절한 어휘와 개념을 직접적인 활동 안에서 지도해야 한다.

- 1단계: 계획하기
활동에 필요한 어휘나 문장을 목록화한다(예: '노란색' '접어요' '똑같아요').

- 2단계: 반복하기
낱말이나 문장을 반복하여 들려주고 따라하도록 한다. 활동이 진행되는 중간에도 교사는 반복하여 들려준다.

제3절 행동 조절력이 약한 유아에 대한 미술활동 참여 지원

일반적으로 통합된 환경에 적응하는 데 행동적인 조절력이 약한 유아는 참여에 어려움을 보이는 경우가 많다. 좀 더 구조화된 환경 구성과 함께 교사는 이러한 행동에 대한 이해가 있어야 한다. 이런 경향을 보이는 유아는 다른 발달 영역에 비해 두드러지게 사회성 영역 발달에 지체를 보이며 또래와 교사 등의 성인과 함께 같은 물리적 공간에서 이루어지는 모든 사회적 적응 행동의 습득에 특별한 지원을 필요로 하고 있다. 특별히 감각적인 조절 능력에서 많은 특이성을 보이는데 이는 특정 감각에 대한 민감성이나 둔감성을 보이는 경우를 말한다. 자폐성 장애아동에게서 이러한 경향이 두드러질 수 있다.

촉각적인 자극에 대해 지나친 민감성을 보여 자극에 대한 거부가 심한 경우 교사는 다양한 재료가 제공되는 미술활동을 계획할 때 신중해야 한다.

다음은 이러한 "촉각적 방어 기제(tactile defensiveness)"를 보이는 유아를 대상으로 효과적인 교수 접근방법들이다. 단지 여기 소개된 전략들이 촉각적 방어 기제를 보이는 유아에게만 해당되기보다 발달지체 유아의 전반적인 미술활동 지도에 효과적인 교수 전략이 되므로 이를 현장에서 활용하려는 교사의 노력이 필요하다.

1. 효과적인 교수 전략

1) 성인의 손 위에 유아의 손 올려놓기(Hand-Under-Hand Guidance)

교사는 활동이 진행되는 동안 교사의 손 위에 유아의 손을 올려놓고 필요한 곳으로 유아의 손을 유도하여 움직이는 방법을 말한다. 이 방법은 유아에게 스스로 활동을 이끌어 나가는 듯한 경험을 줄 수 있고 자기 스스로 조절하고 있는 느낌을 줄 수 있다. 활동이 점점 익숙해지게 되면 유아 스스로 하도록 격려해 준다.

2) 프리막(Premack)의 원리

이 방법은 자신이 좋아하거나 하고자 하는 활동의 앞서서 요구되는 활동을 하도록 하는 것이다. 교사는 별로 좋아하지 않는 활동에 조금이라도 참여하게 격려해 주고 바로 이어서 유아가 좋아하는 활동을 할 수 있도록 해 준다. 예를 들어, 손으로 무언가를 만지기를 거부한다면 교사가 요구하는 사물을 얼른 만지도록 하고 바로 이어서 유아가 좋아하는 손 씻기 공간으로 데리고 가서 손을 씻도록 한다. 혹은 콜라주 활동에 두세 개의 꽃을 풀칠하게 하고 바로 좋아하는 블록 영역으로 가게 할 수 있다.

3) 선호도 활용

활동 안에 그 유아가 좋아하는 사물을 포함시키는 것도 효과적이다. 예를 들어, 어떤 유아가 작은 플라스틱 인형을 좋아한다면, 그것을 계속 들고 다니려고 할 것이다. 점토를 가지고 활동해야 할 시간에 그 작은 곰 인형만 가지고 있으려고 한다면, 교사는 점토 안에다가 그 작은 인형을 점토 속에 묻는다. 유아는 잠깐 화를 낼 수 있지만 교사가 얼른 점토 속에 있는 곰 인형을 꺼내 보여 주며 찰흙을 만질 수 있도록 해 준다. 자기가 좋아하는 사물을 가지고 미술활동을 하게 된다면 유아의 참여를 유도할 수 있게 된다.

4) 명확한 전이 제공

미술활동 중에 명확한 전이—활동이 바뀌는 각각의 단계—에 필요한 단서를 제공하는 것은 필수적이다. 재료들을 보여 주고, 각 단계마다 시범을 보여 주고, 완성된 결과를 제시해 주는 과정이 잘 진행될 때 발달지체 유아들은 좀 더 집중하여 이해하면서 미술활동에 참여하게 된다.

진행되는 활동에 집중하기 어려워하는 유아의 경우, 재료들을 놓고 너무 오래 기다리게 하는 것은 바람직하지 않다. 교사는 미술활동에 필요한 모든 준비를 철저하게 해 놓고 너무 오래 기다리지 않은 상태에서 유아가 활동을 시작하도록 하여야 한다. 이야기 나누기 시간에 작업을 설명하고 완성물을 보여 준 후 바로 이어서 미술활동을 하는 것도 효과적인 일과 구성이 된다.

활동 간의 전이를 보다 쉽게 하기 위해서는 발달지체 유아의 스트레스 수준이 높아지기 전에 구조적으로 도움을 제공해야 한다.

- 1단계: 모든 재료들은 작업 공간에 준비해 둔다.
- 2단계: 미술활동이 진행될 것임을 알린다.
  활동을 알리는 노래도 효과적이다.

- 3단계: 미술활동복(헌 셔츠 등)을 입는다.
- 4단계: 각 재료들을 보여 주며 이름을 말해 준다. 재료들의 사용방법을 보여 준다.

2. 지도 사례

사례 소개: 아영이의 거부

만 5세인 아영이는 자폐성향이 있는 여자아이로 유치원의 만 5세반인 기린반에 통합되어 있다. 기린반 선생님을 좋아하고 기린반에 오는 것을 좋아한다. 그러나 새로운 반에 온 지 이제 두 달째로 아영이는 교실에 들어선 처음부터 흥분된 상태로 몸과 손을 흔들고, 플라스틱으로 된 자음 글자에 집착을 보인다. 다른 또래들이 하는 활동에는 참가하지 않고 있다. 아영이를 주의 깊게 관찰한 결과, 물놀이를 좋아하지만 물감이나, 풀, 반짝이 풀과 같은 재료에도 관심을 보이지 않고 그런 재료를 가지고 하는 활동에도 무관심해 보였다. 또한 다른 아이들이 북적거리는 상황을 좋아하지 않는 듯 보였다.

아영이의 행동을 보다 체계적으로 관찰한 특수교사는 아영이에게는 '촉각적인 방어(tactile defensiveness)' 기질이 있고 이를 위해서는 촉각 자극에 대한 계획적이고 체계적인 경험이 제공되어야 한다고 생각했다. 하나하나의 재료에 대해서 단계적인 수용을 위해 교사는 아영이가 다양한 재료에 대한 거부를 줄이도록 조금씩 탐색할 기회를 마련해 주어야 하는 것이다.

아영이가 좋아하는 기린반 선생님은 아영이가 좋아하는 물을 이용하여 앉은 자세로 물놀이가 가능한 물통을 마련하고 여기에 아영이가 좋아하는 플라스틱 글자들을 집어넣는다. 물속에서 글자가 가라앉는 과정을 지켜보게 한다. 물속에 옥수수 가루를 넣어 물의 농도도 변화시켜 보고 식품 착색제를 넣어 물의 색깔이 변하는 것도 관찰하게 한다. 관심을 가지지 않는 다른 물놀이 도구도 가져와 아영이가 볼 수 있도록 물에 띄워 보거나 가라앉혀 본다. 교사는 물감을 손가락에 묻혀서 물속에 저어 보면서 물의 색이 변하는 것을 보여 주며 종이 위에 물감을 묻힌 손가락으로 그림을 그려 보여 준다. 아영이는 글자 쓰기를 좋아하기 때문에 주의를 집중하고 볼 수 있었다. 교사가 아영이의 손을 잡고 신체적인 촉진을 통해서 물감에 손가락을 담근 후 꺼내어 아영이가 좋아하는 자음인 'ㄹ'을 종이에 썼다. 아영이의 손가락에 물감을 묻히려 할 때 저항이 있었으나, 교사가 책상 위에 따뜻한 물이 담긴 그릇을 놓고 재빨리 글자 'ㄹ'을 쓰게 하고 바로 이어서 "잘했어, 이제 얼른 씻자."라며 아영이가 저항을 보이고 있는 물감 묻은 손을 씻도록 하였다. 시간이 지나면서 촉각적 방어 기질이 있는 아영이는 풀이나 반짝이 풀, 기타 다른 미술 재료를 이용하여 글자를 쓰는 것에 흥미를 보였고 아영이의 불안 수준은 현저히 감소되었다.

출처: Klein, M. D., Cook, R. E., & Richardson-Gibbs, A. M. (2001). Tabletop and art activities. In Strategies for Including Children with Special Needs in Early Childhood Settings (pp. 179-191). Albany, NY: Delmar.

3. 사례에 나타난 중재(교수 전략)

(1) 교사 협력

아영이가 좋아하는 기린반의 교사와 함께 행동을 체계적으로 관찰한 특수교사가 어떻게 할 것인가를 논의하는 과정에서 보다 효과적인 활동을 계획하고 실행, 평가할 수 있다. 행동 관찰을 한 것은 특수교사이지만 교사가 직접 교수를 할 때에는 기린반 교사가 아영이와 함께 활동을 진행한다.

(2) 유아의 강점 활용

좋아하는 플라스틱 글자를 활용하여 낯선 물질을 만지기를 거부하고 두려워하는 아영이에게 물놀이를 제안하였다. 손에 쥐고만 있으려는 글자를 물속에 넣어 뜨고 가라앉는 것을 관찰하게 한다.

(3) 직접 교수(시범 보이기)

다른 아이들도 선택한 활동에 몰두하고 있는 자유놀이시간이지만 교사는 한쪽에서 아영이만을 위한 일대일의 상호작용 기회를 마련하여 직접 교수를 실시하였다.

(4) 교사의 신체적인 촉진

거부감과 두려움을 교사가 인정해 주고 아영이를 교사의 손 위에 올리고 시도해 보도록 하였다.

(5) 흥미 유발을 위한 재료 활용

착색제를 물에 넣어 물의 색이 변하는 것이나 옥수수 가루를 넣어 농도가 변하는 것을 관찰하게 한다. 변화를 통한 주의집중을 시도하였다.

(6) 단계적 접근

교사는 촉각적 방어를 보이는 물체를 점차적으로 증가하여 적응하도록 한다. 먼저,

- 여러 가지 물체를 물에 준비한다.
- 좋아하는 특정 물체('ㄹ' 자음)를 물에 넣어 본다.

- 다른 물질들도 점차로 물에 넣어 본다.
- 옥수수 가루나 색소를 넣어 물의 성질을 변화시킨다.
- 손가락에 물을 묻혀서 종이에 써 보게 한다.
- 다른 물질도 시도해 본다(손가락에 묻혀서 적어 보기).

(7) 행동의 강점과 지도점 분석

① 강점 분석하기

- 플라스틱으로 된 글자에 관심을 보이고 특히 'ㄹ'과 'ㅅ'을 좋아한다.
- 물놀이를 좋아한다.
- 공격적이거나 자해적인 행동 문제를 보이지 않는다.
- 정서적으로 친밀한 성인의 말을 잘 듣는다.

② 지도점 분석하기

- 몸, 손, 발을 흔들고 움직이는 상동 행동이 있다.
- 특정 교구에만 집착한다(글자 'ㄹ'과 'ㅅ')
- 책상 위에서 하는 활동에 참여도가 낮다.
- 낯선 물질을 만지는 것에 저항한다.
- 사람들이 많이 있고 다소 시끄러운 상황에 불안해한다.
- 또래와의 상호작용도가 낮다.

(8) 일반화 계획

보다 다양한 물질을 만져 보도록 빤짝이나 풀 등이 제공된다.

(9) 긍정적 강화

교사의 제의에 거부하지 않고 글자 쓰기를 해 보았을 때 바로 칭찬을 해 주며 행동을 강화해 주었다(예: "잘했어……").

(10) 프리막 원리(좋아하는 활동에 앞서서 싫어하는 활동을 배치)

손가락으로 물감을 만지게 하고 바로 물로 씻도록 하였다.

4. 적용 활동의 예

앞서 소개된 미술활동에 대한 정보를 바탕으로 보다 구체적인 개별 목표를 세우고 이에 적절한 다양한 재료의 여러 가지 연계 활동을 계획하는 것도 바람직하다. 이러한 과정을 통하여 촉각적인 거부감을 줄이고 미술활동에 대한 참여도가 증가될 수 있으며 관련된 사회적 기술도 향상될 수 있다.

개별적인 목표 선정하기

• 새로운 물질에 대해 관찰하고 만져 보는 시도를 할 수 있다.

• 다른 또래들 옆에서 자신도 같이 있으면서 활동에 참여할 수 있다.

• 또래와 차례를 지키며 참여할 수 있다.

활동 1 풀그림

• 방법:

– 종이에 좋아하는 글자인 'ㄹ'을 써 놓고 물감과 풀을 혼합한 것을 손가락에 묻혀서 그려 보게 한다.

– 거부할 경우 또래나 교사가 하고 지켜보도록 하고, 몇 번만 시도해도 격려해 준다.

– 바로 씻을 수 있게 하여 거부감을 줄인다.

– 종이 이외의 타일 등의 표면에도 표현해 본다(아크릴 물감 이용).

활동 2 거울(유리) 그림

• 방법:

– 작은 거울(가로, 세로 30cm 정도)을 책상 위에 놓고 물감으로 그린다.

– 손가락으로 해도 되며 붓을 이용할 수도 있다.

– 교사나 또래가 좋아하는 글자를 이용한 모양을 표현해 준다(예: 'ㅅ'으로 지붕 그리기).

활동 3 낚시 놀이

• 방법:

– 아영이가 좋아하는 글자에 물고기 그림이나 사진을 붙여서 낚시 놀이를 해 본다.

– 또래가 먼저 낚시하는 행동을 시범 보인다.

- 좋아하는 글자를 위로 하여 바로 보면서 작은 그물로 물고기 글자를 건지도록 한다.
- 건져 낸 물고기 글자를 손에 계속 쥐고 있지 않고 물고기 담는 통에 넣도록 한다.
- 차례가 한 번 돌아오고 난 후 기다리면서 다른 친구가 하는 것을 보게 한다.
- 물통 안에 모래를 넣어서 모래도 만져 보도록 한다(젖은 모래와 마른 모래).

낚시놀이 장면
(좋아하는 글자모양 고기 낚기)

활동4   사포 그림

• 방법:

- 사포 위에 크레파스로 좋아하는 글자를 써 보거나 색칠해 본다.
- 글자를 이용한 그림을 교사나 또래가 같이 그려 본다.
- 촉각 자극이 적은 파스텔 가루를 손에 묻히고 사포 위에 써 본다.

활동5   글자 콜라주

• 방법:

- 다양한 재료로 글자 모양을 꾸민다(천, 고무, 나무 조각 등).

활동6   쿠키 만들기

- 방법:

  - 우유, 밀가루, 계란, 버터, 설탕 등 필요한 다양한 재료들을 느낄 수 있도록 한다
    (만져 보기, 맛보기, 냄새 맡기 등).

  - 반죽을 함께 만든다.

  - 쿠키의 모양을 만든다(글자 만들기).

  - 쿠키 위에 건포도나 호두, 땅콩, 젤리, 초코칩 등 다양한 재료를 얹도록 한다.

제4절   활동의 실제

표 7-5   활동구성표

영역	내용	활동명
누리과정과 연계한 활동	1. 이야기 나누기 2. 조형 영역 3. 자유선택활동 4. 조형활동, 개별활동 5. 공통수준활동, 소집단활동	7-1 미술도구가 이렇게 많아요? 7-2 롤러 그림 7-3 어린이 미장원 7-4 안개 그림 7-5 우리 같이 마음대로
감각자극을 통한 미술활동	6. 시각 7. 시각 8. 시각, 청각 9. 시각, 청각 10. 촉각	7-6 꽃봉오리 만들기 7-7 도형으로 꾸미기 7-8 바퀴 굴려 표현하기 7-9 내가 만든 북 7-10 모래 조각
소집단 활동	11. 천 물들이기 12. 표현활동 13. 조형활동 14. 모자이크 15. 표현활동	7-11 무지개 보자기 7-12 낙엽 그림 7-13 사진액자 만들기 7-14 물고기 꾸미기 7-15 봄 나무 꾸미기

1. 누리과정과 연계한 활동(활동 1~5)

누리과정의 예술경험은 아름다움 찾아보기, 예술적 표현하기, 예술 감상하기의 3가지 내용 범주를 두고 미술적 요소 탐색하기, 미술활동으로 표현하기, 통합적으로 표현하기 등의 구체적인 내용을 제시하고 있다.

발달지체 유아 미술활동은 소근육 기술을 발달시킬 뿐 아니라 창의성과 표현력 그리고 즐거운 경험을 가지게 하는 중요한 역할을 한다. 그러나 일반 유아들을 위한 미술활동을 그대로 적용하기에는 많은 어려움이 있을 수 있다. 개별적인 차이를 보이는 발달지체 유아의 발달수준과 수행능력을 고려한 특별하고 구체적인 조정과 수정 과정이 요구되며 이를 통해서 즐거움과 교육적인 가치를 극대화하려는 노력이 필요하다.

제시된 활동의 예—활동 1, 2, 3, 4, 5—는 누리과정 중 예술경험에 관련된 것 중에서 발달지체 유아의 개별적인 목표를 삽입하고 참여를 위한 교수 전략을 명시해 본 것으로 통합된 환경에서 발달지체 유아의 미술활동 참여 방법을 나타내고 있다.

2. 감각 자극을 통한 미술활동(활동 6~10)

미술활동은 발달지체 유아에게 자기 표현과 자존감을 중진시킬 수 있게 해 준다. 또한 재료들을 탐색하고 사용하면서 감각적인 조절력을 기를 수 있으며 유아의 호기심과 창의력을 기를 수 있는 기회를 제공하게 된다. 시각과 청각, 촉각과 미각에 이르기까지 미술활동의 재료와 과정은 다양화될 수 있으며 이런 과정 속에서 필요한 어휘와 여러 가지 사물의 관계와 개념을 익힐 수 있다. 소개되는 5개의 활동은 각각 시각과 청각, 촉각 자극에 대한 유아의 반응을 유도하는 미술활동의 사례들이다.

3. 일반 또래들과의 소집단활동(활동 11~15)

통합 환경에서는 다양한 집단 구성을 통해 활동이 전개된다. 통합된 환경의 발달지체 유아의 참여를 돕고 또래와의 상호작용을 보다 원활하게 하기 위해서는 발달지체 유아와 또래가 일대일로 짝을 이루어 진행하는 소집단 활동도 효과적이며 전체적인 참여 유아의 수가 10명 미만인 소집단 활동이 미술활동에서도 적용될 수 있다. 구체적인 상호작용 전략이 포함된 소집단 활동안을 통해 발달지체 유아의 미술활동을 소개하기로 한다.

활동 1   미술도구가 이렇게 많아요?

● 활동목표

– 미술도구의 종류와 용도에 대하여 안다.

– 창의적으로 문제를 해결해 본다.

> * 누리과정 내용: 미술활동에 필요한 재료와 도구를 다양하게 사용한다.

> **개별목표의 예**
> • 도구를 또래와 함께 사용할 수 있다.
> • 이름을 듣고 적절한 도구를 고를 수 있다.

● 재료 및 준비

준비물: 조형 영역에 준비되어 있는 각종 도구들

　　　　　그리는 도구 – 크레파스, 색연필, 사인펜, 연필, 붓 지우개 등

　　　　　붙이는 도구 – 풀, 본드, 셀로판테이프, 스테이플러 등

　　　　　자르는 도구 – 가위, 펀치, 칼 등

● 활동방법

① 유아들과 함께 조형 영역에 모여 앉아, 조형 영역에서 할 수 있는 활동(했던 활동, 하고 싶은 활동)에 대해 이야기를 나눈다.

② 교사는 하고 싶은 활동에 대해 이야기할 때 몇 가지 예를 준비하여 유아가 실물을 보고 이야기할 수 있도록 한다.

③ 미술활동을 할 때 사용하는 도구에 대하여 알아본다.

　　"그림을 그릴 때(붙일 때, 자를 때) 무엇을 사용했니?"

　　"스테이플러는 어떤 때 사용하는 걸까?"

④ 그림 그리기는 교사의 행동을 보고 사용하는 도구를 실물들 중에서 찾는다.

　　"○○을 할 때 사용하는 도구들을 모두 찾아볼까?"

⑤ 유아들이 찾은 도구의 이름과 용도에 대해 알아본다.

● 개별목표 지도 방안

- 혼자서 사용하기 어려운 도구를 또래와 교사와 같이 사용해 보도록 한다.
  (예: 스테이플러로 작은 책 묶음 찍어 보기)
- 교사가 말하는 도구를 찾아보도록 한다.
- 도구를 이용한 결과물을 보고 실물 도구를 찾아 대응해 보도록 한다.

다양한 미술도구를 사용하여 책과 상자 꾸미기

완성 작품: 펀치, 스테이플러로 만든 작은 책과 상자

활동 2 롤러 그림

● 활동목표

– 롤러의 특성을 이해한다.

– 롤러를 굴려 만들어지는 모양을 감상한다.

– 다양한 자료를 경험한다.

> * 누리과정 내용: 미술활동에 필요한 재료와 도구를 다양하게 사용한다.

개별목표의 예

• 같은 색을 고를 수 있다.

• 굴러간 모양을 보고 롤러를 찾을 수 있다.

● 재료 및 준비

롤러, 다양한 재질과 굵기의 끈, 3~4가지 색의 물감, 부직포를 깐 물감 접시, 도화지, 신문지, 색연필, 걸레, 작업 순서도

롤러 만들기

• 다양한 굵기와 재질의 끈을 준비한다.

• 각각의 롤러에 끈을 다양한 방법으로 붙인다.

• 롤러에 색 테이프를 붙여 색 구분을 할 수 있도록 한다.

• 롤러를 굴려 잘 구르는지 확인한다.

● 활동방법

① 작업복을 입는다.

② 롤러의 색깔을 확인한 후, 하나씩 물감을 묻힌다.

　여러 가지 색깔 중에서 그리고 싶은 색을 선택한 후 이름을 말한다.

③ 종이에 여러 방향으로 자유롭게 문지른다.

④ 롤러를 바르게 쥔다.

⑤ 같은 색을 찾아 롤러를 올려놓는다.

⑥ 롤러에 감긴 줄에 따라 다르게 찍힌 모양에 대해 살펴본다.

⑦ 다른 친구가 어떻게 했는지 그림을 보면서 이야기한다.

⑧ 건조대에 말린다.

확장활동

모조지, 전지 혹은 자동찻길 모양의 종이를 준비해서, 보다 큰 면적에 자유롭게 찍어 보거나 공동 작업으로 할 수 있다.

● 개별목표 지도 방안

– 친구들이 표현한 모양을 보고 롤러를 찾아보도록 한다.

– 같은 색의 사물을 보고 같은 색을 찾아보도록 한다.

또래와 함께 롤러 그림 그리기

활동 3 어린이 미장원

● 활동목표

– 여러 가지 재료와 도구를 이용하여 머리를 장식하여 본다.

– 간단한 미용 도구를 사용할 줄 안다.

> * 누리과정 내용: 소품, 배경, 의상 등을 사용하여 협동적으로 극놀이를 한다.

개별목표의 예
- 친구가 요구하는 물건을 건넬 수 있다.
- 행동을 모방하여 맡은 역할을 할 수 있다.

● 재료 및 준비

여러 종류의 유아 헤어 모델 사진(화보), 큰 인형, 큰 거울, 모형 헤어드라이어, 모형 가위, 빗 ,머리핀, 리본, 도자기, 여러 종류의 가발, 미용사 앞치마, 간판

준비사항
- 미장원에서 미용사가 일하는 모습을 비디오카메라로 녹화하여 유아들에게 보여 주고, 미장원에서 사용하는 미용 도구의 종류와 쓰임새에 대하여 알아본다.
- 역할놀이 영역에 상반신을 볼 수 있는 큰 거울과 책상을 이용하여 "어린이 미장원"을 꾸며 준다.

● 활동방법

– 가발 만들기

　일회용 라면 용기에 색 털실과 신문지, 비닐 끈 등을 이용하여 여러 종류의 가발을 만든다.

　이때, 가발의 크기는 준비된 인형의 머리에 맞도록 조절한다.

– 미용실이 어떤 곳인지 그림자료나 도구들을 사용하여 다녀온 경험을 기억하고 다양한 도구들을 사전에 탐색하는 시간을 교사와 충분히 갖는다.

– 미장원놀이에 필요한 역할을 정한다(예: 엄마, 어린이(인형), 미용사 등).

– 역할에 따라 미장원 놀이를 해 본다.

　(예: 엄마가 인형을 안고 미장원에 가서 머리를 손질해 달라고 한다.)

　처음에는 교사가 함께 상호작용해 주면서 도구의 사용법이나 언어 등을 모방하여

　활동하도록 한다(예: "어서 오세요." "어떤 머리를 해 드릴까요?").

– 미용사는 인형 머리를 빗질하고 다양한 미용 도구들을 이용하여 예쁘게 꾸며 준다.

● 개별목표 지도 방안

– 도구 사용이나 상징놀이가 쉽지 않은 발달지체 유아는 손님의 역할을 주도록 하고
　촉감이 예민하거나 머리 만지는 것을 싫어하는 유아는 도움을 주면서 미용사 역할
　을 해 보도록 한다.

– 다양한 미용도구 사용을 어려워하는 유아는 빗으로 친구의 머리를 빗겨 주는 등 간
　단한 역할을 맡도록 한다.

– 친구들과 함께 미용사 역할을 공동으로 맡아 친구가 하는 간단한 동작이 도구 사용
　등을 모방하여 따라해 보도록 한다.

직접 만든 가발을 가지고 미장원놀이를 하는 장면

활동 4   안개 그림

● 활동목표

– 일상용품과 자연물을 이용하여 창의적으로 표현한다.

> * 누리과정 내용: 미술활동에 필요한 재료와 도구에 관심을 가지고 사용한다.

> **개별목표의 예**
> • 하고 싶은 것을 선택하여 표현하고 무엇인지 말할 수 있다.
> • 칫솔과 체를 사용하여 문지르기를 할 수 있다.

● 재료 및 준비

나뭇잎, 나뭇가지, 단면으로 잘라 놓은 열매, 물감, 체, 칫솔, 종이, 신문지 등

– 책상 위에 신문지를 깔아 준다.

● 활동방법

① 종이 위에 나뭇잎, 열매의 단면 등을 원하는 형태로 적절히 놓는다.

② 칫솔에 물감을 찍어 체에 문지른다.

③ 나뭇잎, 열매 등을 떼어 낸다.

④ 종이를 그대로 옮겨 물감이 흐르지 않는 곳에 놓아 말린다.

● 개별목표 지도 방안

– 두 가지 중에 선택하는 것으로 시작하여 선택할 개수를 늘려 나간다.

– 유아가 이름을 아는 것과 모르는 것을 함께 포함하여 새로운 낱말을 지도할 수 있다.

　(예: 사과–아는 단어/오렌지–모르는 단어)

– 종이 위에서 체를 사용하여 물감 묻은 칫솔을 사용하는 것을 충분히 연습하게 하고 본 활동에 들어가도록 한다.

– 체를 잡고 하는 것을 힘들어하는 경우 다른 사람이 잡아 주고 칫솔로 문지르기만 하도록 한다.

활동 5	우리 같이 마음대로

● 활동목표

– 다양한 재료와 도구 중 하나를 선택해서 바르게 사용할 수 있다.

– 자신의 작품을 친구들 앞에서 소개할 수 있다.

> * 누리과정 내용: 협동적인 미술활동에 참여하여 표현 과정을 즐긴다.

> **개별목표의 예**
> • 친구가 표현한 완성품을 보고 사용한 재료를 고를 수 있다.
> • 전지를 이용하여 친구와 함께 표현활동에 참여할 수 있다.

● 재료 및 준비

비닐, 골판지, 전지, 스펀지, 매직, 물감, 파스텔 등

● 활동방법

① 활동에 필요한 재료들을 소개한다.

　"이 재료들의 이름은 뭘까?"

　"이 재료들을 어떻게 사용할까?"

　"이 재료들을 가지고 어떤 활동을 할까?"

② 마음에 드는 재료를 골라 표현해 본다.

　(예: 골판지/비닐 위에 그리기, 스펀지에 물감 묻혀서 찍어 보기 등)

③ 두 가지 재료를 함께 사용하여 표현해 본다.

　(예: 매직으로 그리고 파스텔로 색칠하기, 골판지 위에 비닐 그림 붙이기, 크레파스와 물감

　을 같이 사용하기 등)

④ 자신의 작품을 친구들 앞에서 발표한다.

● 개별목표 지도 방안

– 표현한 완성품을 보고 사용된 재료를 고르게 하되 너무 여러 가지 재료를 쓴 경우보

다 명확하게 재료의 특성이 드러나는 것으로 제시한다.

– 두 가지 이상의 재료를 사용한 경우 한 가지는 교사가 골라 주고 나머지 재료를 찾아보게 한다.

– 전지에 다른 친구와 함께 자유화를 표현하게 한다.

– 영역을 정해 주어 서로 다른 친구의 표현을 방해하지 않도록 한다.

활동6　꽃봉오리 만들기

● 활동목표

– 색이 섞이는 것을 경험한다.

– 수채 물감을 사용한다.

– 색이 변하는 것을 관찰한다.

– 색 이름을 익힌다.

● 재료 및 준비

하얀색 커피필터, 초록색 색지(줄기 부분)
조각, 가위, 연필, 풀, 재활용 플라스틱
용기, 붓, 신문지 등

● 활동방법

준비물: 물감, 커피필터, 줄기 외

준비하기:

각각의 플라스틱 통에 물감을 담고 붓을 2~3개 준비한다. 책상 위에 신문지를 덮고
휴지를 옆에 둔다.

– 꽃 만들기

• 각 유아에게 커피필터를 나누어 준다.

• 커피필터에 유아 이름을 써 준다(유성펜).

• 커피필터 가운데에 색을 떨어뜨리듯 칠한다.

• 다른 색의 물감을 떨어뜨려 색이 변하는 것을 보게 한다.

– 줄기 만들기

• 초록색 색지를 나누어 준다.

• 세로 줄을 내려 그리고 옆에 나뭇잎 모양을 그린다.

• 가위로 모양을 오린다.

꽃 부분의 필터가 다 마르면 줄기 부분의 끝에 풀을 칠하여 붙인다.

● 수정의 예

– 소근육 기능에 어려움이 있는 경우, 손가락 구멍이 하나 더 있는 특수 가위를 사용
  하도록 한다.

– 앉아 있는 자세를 하기 어려운 경우, 바닥에 누워서 할 수 있도록 매트와 쿠션을 준
  비한다.

– 청각장애의 경우, 일련의 순서를 나타내는 그림을 준비한다.

◀ 원두커피 필터를 준비한다.

커피필터

◀ 붓으로 물감 번지기를 한다.

◀ 말린 꽃봉오리에
  줄기를 오려서 붙인다.

◀ 완성된 꽃봉오리

활동 7　도형으로 구미기

● 활동목표

– 기하학적 도형을 이용하여 창의적인 형태를 만든다.

– 다양한 도형의 형태를 구별한다.

– 그리고, 색칠하고 풀칠하면서 소근육 기술을 연습한다.

– 지시 따르기를 한다.

● 재료 및 준비

다양한 크기와 색의 도형 조각, 크레파스, 풀, 신문지 등

● 활동방법

① 준비하기:

　여러 가지 도형을 색깔이나 모양별로 분류하여 담아 놓는다.

　완성품을 전시할 배경을 준비해 둔다.

② 여러 가지 도형으로 꾸며진 형태를 보여 준다(사람이나 동물, 집 등).

③ 도형 뒤에 풀칠한다.

④ 흰 종이 위에 도형들을 붙이면서 모양을 완성해 나간다.

⑤ 마른 후에 크레파스로 모양을 더 그린다(예: 눈, 장식 등).

⑥ 모양대로 오릴 수도 있다.

● 수정의 예

– 시각 기능에 어려움이 있는 경우, 촉각적인 재질로 된 도형조각을 준비한다.

　(예: 사포, 천 등)

– 청각 기능에 어려움이 있는 경우, 주위의 소음을 줄이고, 집단의 수를 줄여 준다.

– 혼자서 꾸미기를 못하는 경우, 짝과 함께 협동 작업을 하도록 한다.

활동 8　바퀴 굴려 표현하기

● 활동목표

– 청각적인 단서를 인식한다.

– 언어적인 지시를 따른다.

– 색이 겹쳐지는 것을 탐색한다.

● 재료 및 준비

전지 크기의 종이, 아크릴 물감, 미니카, 미니카가 들어갈 크기의 용기, 녹음테이프, 신문지, 젖은 종이 타월, 물 등

● 활동방법

① 준비하기: 용기에 물감을 담고 다른 준비물들을 배치해 둔다. 자동차 소리가 나는 녹음테이프를 준비해 둔다.

② 세 가지 색의 물감이 담긴 용기를 보여 준다(빨강, 노랑, 파랑).

③ 미니카를 용기에 담가 바퀴에 물감을 묻힌다.

④ 자동차 소리를 듣고서 종이 위에 바퀴를 굴려 본다.

⑤ 녹음기에서 소리가 멈추면 자동차를 멈추도록 이른다.

⑥ 다른 색을 가지고 위의 과정을 반복해 보면서 색이 겹쳐지는 것을 보도록 한다.

● 수정의 예

– 소근육 기능이 어려운 경우, 크기가 큰 자동차를 가지고 한다. 종이를 고정시켜 밀리지 않도록 한다.

– 대근육 기능이 어려운 경우, 바닥에서 활동하도록 한다.

– 청각 기능에 어려움이 있는 경우, 시각적인 단서를 이용한다(손전등 비추기). 소리의 울림을 느끼도록 스피커와 앰프의 기능을 조정한다.

활동 9 내가 만든 북

● 활동목표

- 자기 고유의 악기-북을 만든다.

- 그리기, 풀칠하기, 자르기 등의 소근육 기술을 연습한다.

- 지시를 따른다.

● 재 료

종이로 된 재활용 통, 벽지나 색지, 풀, 크레파스나 매직펜 등

● 활동방법

① 색지를 나누어 주고 그림을 그리도록 한다.

② 통 둘레에 풀칠을 하고 그린 그림을 붙인다.

③ 윗면에는 네모형의 벽지를 대고 가장자리에 칼집을 넣고 풀로 붙여 고정한다.

④ 완전히 말린다.

⑤ 완성된 후 음악에 맞추어 북을 쳐 본다.

● 수정의 예

- 소근육 기능에 어려움이 있는 경우, 종이 대신에 시트지에 유성펜으로 그림을 그리
  고 붙이도록 한다.

- 시각 기능에 어려움이 있는 경우, 풀 그림이나 사포 위에 그림을 그려서 붙인다. 혹
  은 부직포로 통을 감싼다.

부직포로 깡통을 감싸서 만든 북

활동 10 모래 조각

● 활동목표

- 자연환경에서 조형활동을 하는 경험을 갖는다.

- 모래로 형태를 만든다.

- 지시를 따른다.

- 모래의 질감을 경험한다(마른 모래와 젖은 모래).

● 재 료

모래, 물, 손잡이 달린 바스켓, 꽃삽, 컵, 다양한 용기, 플라스틱 숟가락과 포크, 용기, 연필, 수건 등

● 활동방법

① 조형활동을 할 장소에 대해 안내한다(경계 안내).

② 숟가락, 용기 등의 도구를 고른다.

③ 물을 담아와 모래에 부어 젖은 모래를 만든다.

④ 다양한 용기에 모래를 꾹꾹 눌러 담아서 다시 엎어 놓는 것을 시범 보인다.

⑤ 포크나 연필, 빨대, 나무 조각 등으로 표면을 장식한다.

● 수정의 예

- 소근육 기능에 어려움이 있는 경우, 크기가 큰 도구를 사용하도록 한다.

- 대근육 기능에 어려움이 있는 경우, 휠체어에 앉아서 할 수 있도록 모래를 담아서 휠체어에 달린 책상 위에 놓는다.

도구를 가지고 또래들과 함께 모래놀이 하는 장면

활동 11 무지개 보자기

● 활동목표

- 붓을 사용하여 천에 그리기를 할 수 있다.

- 협동 작품을 완성할 수 있다.

● 재료 및 준비

천(면 소재: 가로×세로, 50cm~1m), 수채물감, 붓, 신문지, 헌 셔츠 외

● 활동방법

무명 천에 색 물감을 붓으로 번지게 하여 자연스러운 형태로 퍼지게 한다.

① 신문지를 깔고 천을 펼쳐 놓는다(압정 등으로 고정시킨다).

② 물감이 든 컵에서 붓을 꺼내어 너무 흐르지 않을 정도로 하여 천 위에 그린다.

③ 물감이 퍼지면서 번지는 것을 본다.

④ 다른 색의 붓으로 천에 물감을 입힌다.

⑤ 바람이 부는 곳에서 말린다.

● 또래와의 상호작용 형태

- 물감과 도구(붓, 천)을 나누어서 같이 쓴다.

- 같은 공간에 꾸미기를 해 본다.

- 완성된 보자기를 역할놀이, 게임 등에 사용해 본다.

● 교사의 상호작용 촉진

- 도구를 나누어 쓰도록 한다.

- 색을 선택할 때 서로 물어보게 한다.

- 완성물을 서로 보여 주도록 한다.

- 과정 중에 시범을 보이는 과정에서 유아를 참여시킨다.

- 다른 또래의 작업 과정을 관찰하도록 한다.

- 둘 이상의 유아가 천 하나에 같이 공동 작업을 하도록 격려한다.

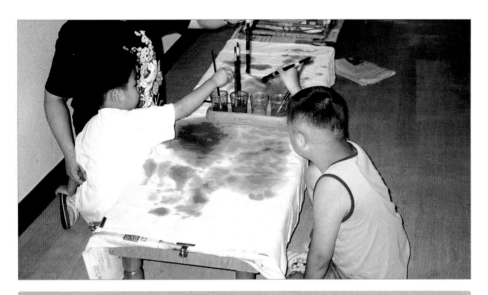

무지개 보자기 만들기 장면
(붓에 물감 묻혀서 천에 그리기)

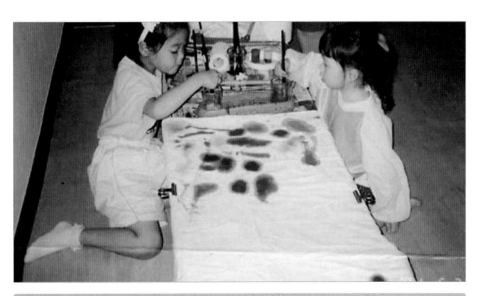

한 천에 둘 이상이 공동작업을 하면서
또래가 시범을 보이도록 교사가 촉진한다.

활동 12 낙엽 그림

● 활동목표

– 낙엽 모양에 따라 유성펜으로 표현할 수 있다.

– 협동 작품을 완성할 수 있다.

● 재료 및 준비

낙엽 말린 것, 색 도화지, 투명 시트지, 유성펜, 헌 셔츠 외

● 활동방법

색과 형태가 다양한 낙엽을 투명 코팅지에 깔고 그 위에 유성펜으로 그림을 구성하여 꾸민다.

① 말린 낙엽에 대해서 이야기를 나눈다(이름, 형태, 색, 크기 등).

② 색도화지 위에 낙엽을 놓는다.

③ 낙엽이 움직이지 않도록 색도화지와 같은 크기의 투명 시트지를 위에 덮는다.

④ 잘 문지르면서 낙엽과 시트지가 잘 붙도록 한다.

⑤ 형태를 보고 연상하여 유성펜으로 그림을 그린다(교사가 이야기 적어 주기).

⑥ 완성된 것을 보고 감상한다.

● 또래와의 상호작용 형태

– 선택할 낙엽에 대해서 서로 물어본다("너 어떤 것 할 거야?").

– 그림으로 꾸밀 내용(자기의 생각)을 서로 이야기해 본다.

– 완성품을 전시하고 감상해 보며 자신의 느낌을 이야기한다.

– 둘 이상이 같이 공동 작품을 꾸며 본다.

● 교사의 상호작용 촉진

– 서로 상대방의 낙엽을 골라 주게 한다.

– 유성펜이나 새 도화지를 선택할 때 서로 물어보게 한다.

- 완성물을 서로 보여 주게 한다.

- 과정 중에 시범을 보이는 과정에서 유아를 참여시킨다.

- 다른 또래의 작업 과정을 관찰하도록 한다.

- 둘 이상이 한 도화지에 같이 공동 작품을 만들도록 격려한다.

짝과 함께 낙엽 위에 그림 그리기

낙엽으로 그림 완성하기

활동 13   사진 액자 만들기

● 활동목표

– 여러 재료를 활용하여 조형물을 만들 수 있다.

● 재료 및 준비

재활용 상자(두께가 10cm 미만), 플라스틱 용기(네모형이나 둥근 것), 양면 테이프, 시트지 조각, 스티커, 털실이나 리본 등의 끈, 유성펜, 헌 셔츠 외

● 활동방법

짝과 같이 사진을 찍고 사진으로 액자를 꾸민다.

① 짝을 지어 함께 사진을 찍어 현상하여 준비해 둔다.

② 양면테이프로 재활용 용기 가운데에 사진을 붙인다.

③ 사진 가장자리를 장식한다(시트지, 스티커, 유성펜 등).

④ 리본이나 털실로 윗부분에 매달 수 있는 걸이를 만든다.

⑤ 완성된 것을 감상한다.

● 또래와의 상호작용 형태

– 정다운 자세로 사진을 찍는다(예: 어깨동무 해 보기).

– 사진을 보고 즐거운 경험을 나눈다.

– 어떻게 만들지 의견을 나눈다(예: "여기 이것 붙일까?" "노란색으로 하자." 등).

– 완성품을 서로 보여 준다.

– 도구를 나누어 쓴다(예: 한 명이 끈을 잡고 한 명이 자르기).

● 교사의 상호작용 촉진

– 짝과 사진을 찍을 때 다정한 자세를 취하도록 한다.

– 어떤 재료를 사용할지 서로 물어보게 한다.

– 사진에 관한 경험을 나누도록 한다.

– 완성품을 감상하도록 한다.

– 시트지나 스티커를 선택할 때 서로 물어보게 한다.

– 다른 또래의 작업 과정을 관찰하도록 한다.

재활용품으로 꾸민 액자의 예

활동 14 물고기 모자이크

● 활동목표

– 선 안에 같은 재료로 꾸미기를 할 수 있다.

– 다양한 재료를 이용해 본드를 사용할 수 있다.

– 협동 작품을 완성할 수 있다.

● 재료 및 준비

전지, 콩, 뿅뿅, 스팽글(반짝이 장식물), 잡지, 본드, 풀 등

● 활동방법

10여 명이 함께 물고기의 각 부위를 모자이크 하고 합하여 공동작품을 만든다.

① 전지의 뒷면을 제시하며 전지의 색과 모양에 대해 이야기 나눈다.

② 전지의 물고기 그림을 보여 주며 무엇인지 질문한다.

③ 물고기의 각 부위에 대해 이야기 나눈다.

④ 물고기를 가위를 이용해 여러 조각으로 나눈다.

⑤ 세종대왕반과 사자반의 짝을 정해 주고 팀을 나누어 조각 뒤에 팀원의 이름을 적는다.

⑥ 각각의 재료의 이름과 특성(모양, 색, 촉감)에 대하여 이야기 나눈다.

⑦ 아동의 특성에 따라 팀별로 재료를 나누어 주고 종이 위에 붙인다(예를 들어, 반짝이
   는 물건에 관심이 많은 아동에게는 스팽글을, 소근육 조절에 어려움이 있는 아동에게는 크
   기가 큰 뿅뿅을 제시해 준다.)

⑧ 조각을 모아 물고기 모양 위에 다시 맞추어 붙인다.

⑨ 작품을 감상하며 자신이 작업한 부분을 지적해 본다.

● 또래와의 상호작용 형태

– 둘이서 함께 모자이크를 완성하며 기쁨을 나눈다.

– 무슨 재료를 선택할지 의견을 나눈다.

– 전체 완성품에서 자신과 짝이 한 부분에 대해서 만족감을 나눈다.

● 교사의 상호작용 촉진

‒ 어느 부분을 할지 둘이서 같이 결정하도록 한다.

‒ 어떤 재료를 사용할지 서로 물어보게 한다.

‒ 물고기에 관한 경험을 나누도록 한다.

‒ 완성품을 감상하도록 한다.

‒ 시트지나 스티커를 선택할 때 서로 물어보게 한다.

‒ 다른 또래의 작업 과정을 관찰하도록 한다.

● 응용활동

‒ 물감을 이용한 모자이크: 물감 색칠하기, 물감 불기, 스펀지로 찍기, 실 그림, 붓으
로 찍기

‒ 여러 종이(신문, 잡지, 휴지, 색종이)를 이용한 모자이크: 구겨 붙이기, 찢어 붙이기,
가위로 잘라 붙이기

물고기 모자이크 완성 작품

활동 15 봄 나무 꾸미기

● 활동목표

– 손가락에 물감을 묻혀서 표현할 수 있다.

– 협동 작품을 완성할 수 있다.

● 재료 및 준비

전지, 크레파스, 물감, 접시

● 활동방법

① 전지에 나무줄기와 가지만 그린 나무를 보여 준다.

② 잎이 어떻게 달려 있는지 이야기 나누기를 한다(새순, 어린잎).

③ 붓이 없이 물감을 사용하는 방법을 물어본다.

④ 손가락 끝에 물감을 묻혀서 종이에 찍어서 시범을 보여 준다.

⑤ 유아 한 명씩 찍어 보도록 한다.

⑥ 자리를 정해 주고 같이 둘러서서 찍으면서 나뭇잎을 무성하게 표현한다.

● 또래와의 상호작용 형태

– 한 접시에 물감을 두고 둘이서 같이 쓰도록 한다.

– 같은 가지에 함께 나뭇잎을 꾸며 본다.

– 친구끼리 손바닥, 손가락을 대어 보게 한다.

– 다른 집단의 완성품을 서로 감상하고 '멋있다'라고 이야기를 나눈다.

● 교사의 상호작용 촉진

– 어느 부분을 할지 둘이서 같이 결정하도록 한다.

– 서로 차례로 하는 부분에 도움을 준다.

– 손바닥을 서로 대어 보게 한다.

– 완성품을 감상하도록 한다.

– 다른 또래의 작업 과정을 관찰하도록 한다.

● 응용활동

– 스펀지에 물감을 묻혀서 나뭇잎을 나타내기(계절에 따라 다르게 표현: 가을은 주황색,
   겨울은 하얀색 등)

– 다른 재료로 표현하기(셀로판 종이 붙이기, 잡지 찢어 붙이기 등)

– 조각을 나누어서 한 사람씩 하여 모자이크로 표현하기

교사가 물감을 손가락에 묻히는 것을 도와준다.

완성된 봄나무

참·고·문·헌

교육부(2012, 2013). 누리과정지도서.

양경희(1997). 21C를 위한 열린 미술교육. 서울: 학지사.

이소현, 박은혜(2001). 발달지체 유아 통합유치원 교육과정. 서울: 학지사.

한기정(1997). 아동미술과 특수아동미술. 서울: 교육과학사.

Anderson, F. E. (1992). *Art for the all the children: approach to art therapy for children with disabilities*. Illinois: Thomas.

Davalos, S. R. (1999). *Making sense of arts*. Shawnee Misson, Kansas: APC.

Klein, M. D., Cook, R. E., & Richardson-Gibbs, A. M. (2001). Tabletop and art activities. In *Strategies for Including Children with Special Needs in Early Childhood Settings* (pp. 179-191). Albany, NY: Delmar.

Part III

장애아동을 위한 미술치료의 기초

여덟째 마당

장애아동을 위한 미술치료

제1절 들어가는 말

제2절 미술치료의 이론적 기초

제3절 미술교육과 미술치료

제4절 장애아동과 미술치료

제5절 장애아동 미술치료 사례

제1절 들어가는 말

다양한 장애 유형과 연령대의 장애아동을 대상으로 미술치료를 하는 경우가 많은데, 이 경우 '치료'라는 용어가 주는 일반적인 인식 때문에 장애 자체가 치유되는 것으로 오해를 하게 되는 경우도 있고, 미술교육과는 어떤 차이가 있는지 궁금해하기도 한다. 이에 이 장에서는 지금까지 이 책에서 설명한 미술교육적 입장과는 조금 다르지만 관련된 주제인 미술치료에 대해 일반적인 미술치료에 대한 내용과 장애아동 미술치료의 사례를 제시함으로써 보다 정확하게 장애아동의 미술치료와 미술교육의 의미와 접근방법에 대한 이해를 할 수 있도록 하고자 한다. 일반적인 미술치료의 내용에서는 이론적 기초를 정신분석이론을 중심으로 소개하고, 미술치료의 개념 및 필요성과 미술치료에서 사용하는 접근 방법을 살펴보고 장애아동과 미술치료에 대하여 간단히 살펴보았다. 미술치료 사례로는 두 가지를 제시하였는데 하나는 뇌성마비아동의 사회성 발달을 위한 미술치료 사례이며, 또 다른 한 가지는 다운증후군 아동의 미술치료 사례다.

제2절 미술치료의 이론적 기초

1. 미술치료 이론: 정신분석이론

장애아동은 그들 자신이 가지고 있는 장애로 인해 일반아동보다 더 많은 갈등과 좌절에 부딪힌 경험을 가지고 있다. 장애아동에 대한 미술치료(Art Therapy)는 창작을 통하여 심리적·정서적 갈등을 완화해 주고 발달을 촉진함으로써 원만하고 창조적인 삶을 살도록 도와주는 심리치료의 한 방법이다. 간단히 말하면 미술치료란 미술활동을 치료의 목적으로 응용하는 것이라 볼 수 있고, 미술활동을 치료의 형태나 평가 보조 수단으로 활용하기도 한다. 미술치료에서는 행동수정, 인지심리학, 비지시적 인본주의 심리학, 실존주의 심리학, 융의 분석심리학, 프로이트의 정신분석학, 여러 후기 프로이트 학파들의 이론, 발달이론, 인지적 이론 등을 치료에 적용하고 있다.

인간정신과 심리치료에 대한 다양한 심리학적 관점을 정리해 보면 다음 〈표 8-1〉과 같다. 상담과 심리치료 이론의 많은 부분이 정신분석이론의 영향을 받았으며, 대부분의 접근법이 정신분석 모형을 확대하거나 그 개념이나 절차를 수정하는 등 정신분석이론의 원리와 기법을 빌리거나 통합시켰다. 이러한 여러 관점 중 가장 많은 영향을 주고 있는 정신분석이론을 중심으로 살펴보고자 한다.

표 8-1   인간정신과 심리치료를 보는 각 심리학파들의 상이한 관점

학파	중심적 개념	중심개념의 특징	중심개념의 기능	치료의 의미
정신분석학	무의식	본질적으로 생물학적: 생존을 위한 이기적, 동물적, 원초적, 근친상간적 욕구, 경쟁 상대를 죽이려는 본성을 포함. 인간의 속성: 부정적	주로 성적인 에너지로 표현되는 리비도의 근원: 억제된 충동을 저장하는 곳: 어떤 반응에 증상을 만들어 내는 기능	무의식을 의식의 내용으로 끌어올리는 것. 충동적 본능의 요소를 사회적으로 받아들일 수 있는 내용으로 수정함
분석심리학	무의식	본질적으로 심리학적: 집단적, 초개인적, 신성력적, 원형적, 누미노제적인 것	정신에게 원칙을 제시: 개인적인 기억과 경험을 저장하는 곳: 집단적인 구조적 이미지인 "원형"을 저장하는 장소	무의식 요소가 의식화되는 것으로 그 방향이 전체적인 인격으로 통합하는 개성화 과정. 초개인적인 요소에 중점
행동수정학	무의식부정 인간 행동에 중심	인간행동은 생물학적, 생체신경학적 차원의 영향을 받는 신체의 조건반사: 인간행동은 객관적으로 측정할 수 있으며, 주로 주위환경의 우발적인 사건에 의해 좌우됨. 인간의 속성: 중립적	행동은 일차적으로 개인의 경험에 의한 요소: 행동은 개인의 활동상을 미리 볼 수 있게 하고 조절할 수 있는 근원: 독립적으로 시행되는 인간의 행동은 강화에 의한 현상으로 봄	사회에서 요구되는 적절한 행동을 하게 하는 것: 새로운 행동 양식이나 감정적인 반응의 패턴을 배우는 것. 주로 자아 차원에 중점
인본주의 심리학	무의식에 대해서 중립적 자아실현에 중점	자아실현의 본질이 경험적, 통합적, 일원(一元)적 성격임. 인간의 속성: 긍정적	인간 삶 속에 살아가야 할 동기를 부여하는 원칙: 인성의 일차적 의미를 몸과 마음의 통합: 개인이 살아가는 의미와 성숙의 일차적인 근원으로 봄	개인의 감성적, 신체적인 잠재력을 차단하고 있는 요소를 제거하므로 잠재력이 드러나도록 하는 것. 이미 가지고 태어난 모든 능력을 활용, 강화하는 것
인지적인 심리학	무의식은 부정 또는 중립적 입장 인지기능에 중점	신경학적: 인지는 배워진 것으로 바꿀 수 있음	인지는 경험을 일차적인 결정소라고 믿고 있는 체계에서 일차적인 중재자 역할	전인적인 인격구현에 중점. 인지의 기능을 점검하게 하는 것: 현재 문제나 증상을 초래하고 있는 개인의 믿음을 바꾸거나 버리게 하는 것. 자아 중심
에릭슨 심리학	무의식	무의식의 본질은 배워진 것: 경험된 것: 자율적인 것. 인간의 속성: 중립, 긍정적	무의식은 모든 경험, 기억, 배움을 저장하는 곳: 개인에게 가장 높은 잠재력을 가져다줄 수 있는 근원: 심리적 문제, 증상 해결에 근원	무의식의 내용, 자원, 잠재력을 간접적인 방법으로 활성화함으로써 문제, 증상을 해결하고 개인의 잠재적인 기능을 강화하는 것. 전인적인 성격 구현에 중점

출처: 김진숙(2001). 그림을 통한 예술치료, 한국인성개발원 원격강의안, p. 237.

1) 프로이트(Freud)

프로이트의 정신분석의 체계는 성격발달의 모형이며 심리치료의 한 방법이다. 그는 심리학에 새로운 전망을 부여하고, 행동의 동기에 있는 심리역동적 요인과 무의식의 역할에 초점을 두었으며 인간의 기본적인 성격의 구조를 이해하고 수정하기 위한 치료 절차들을 발달시켰다. 그 주요 개념은 인간이란 마음 깊이 감추어진 충동에 의해 움직이며 말의 실수나 꿈은 모두 자신의 무의식적 원하는 바를 나타낸다는 것이다.

프로이트의 정신분석적 관점에 의하면 성격은 세 가지 조직으로 구성되어 본능(Id), 자아(Ego), 초자아(Super-ego)로 설명되며, 인간행동을 결정하는 것이 의식적 사고보다는 무의식의 과정 특히 원초적인 성충동과 공격성이 더 큰 역할을 한다고 보았다. 초기의 프로이트 학파는 신비 속에 갇혀 있는 무의식세계를 찾아내기 위하여 꿈, 백일몽과 그림 등을 사용했는데 이러한 것이 모두 무의식의 영상을 통한 표현이라는 것에 그 공통점이 있다. 이러한 관점에서 초기의 프로이트학파 치료사들의 치료방법은 억압되어 있던 마음의 상처나 무의식의 내용을 의식화하는 것이 신경쇠약 등의 증상으로부터 회복될 수 있는 길이라고 했다(Rubin, 1999). 프로이트는 예술에 관심은 있었으나 그림을 미술치료적인 방법으로보다는 그의 치료 대상자들의 심리를 분석하는 도구로서 사용하였다(김진숙, 1993).

그림이나 놀이를 이용한 치료법 등은 소아 정신분석자로 활동한 프로이트의 딸인 안나 프로이트에 의하여 실시되었다. 그림이나 놀이를 사용하게 된 이유는, 아동들의 경우는 언어 차원의 자유연상이 불가능하므로 그림 등의 창작과 놀잇감을 가지고 하는 놀이가 치료사와의 간격을 메워 주고 심리적 저항의 벽을 허무는 좋은 도구가 되기 때문이었다.

2) 융(Jung)

융에게 있어서 정신분석의 궁극적 목표는 정신통합이고, 정신은 '의식' '무의식' '집단 무의식'의 세 가지 수준으로 구별될 수 있다고 보았다. 융은 자신이 발견한 집단 무의식으로 인해 프로이트와 결별하였으며, 분석심리학과 심리치료에 조형적 수단을 적용하게 하는 원인을 제공하였다. 프로이트와 결별한 후 그가 한 조형적 활동들은 자신의 내적 방향을 찾는 데 결정적인 도움을 주었다. 융은 꿈에서 본 영상들을 그림으로 옮겼고, 자신의 치료 대상자에게 꿈이나 환상에서 보았던 것을 실제로 그려 보도록 요구하는 방법을 설명하였다. 미술치료에서 행하여지는 것은 능동적 상상을 넘어 상상을 형상화하는 것이다. 즉, 창작된 미술작품을 자기 앞에 세워 놓고 바라보며 무의식의 어떤 것을 끄집어내는 것이 중요한 것이다(정여주, 2002).

융 학파는 인간이 자신을 실현하고자 하는 자기실현의 본능과 삶의 의미를 알고자 하는 본능이 있다고 보며, 자기실현을 위한 개성화과정을 치료 및 성장과정으로 보고 있기에, 이러한 성장과정을 중요하게 다루고 있다. 대부분의 미술치료사들은 인간의 집단 무의식 차원을 경험으로 느낀 바 있기에 융의 견해에 동조하는 현상을 보인다고 보고되고 있다(김진숙, 1993; 임호찬 역, 2014; Malchiodi, 1997).

3) 나움버그(Naumberg)

마가렛 나움버그는 치료적 모형으로서의 미술을 소개한 사람이다. 그녀는 정신분석적 이론에 기초한 미술치료를 시작하였으며(Naumberg, 1953), 미술표현을 무의식의 이미지를 드러내기 위한 방법으로 인식하였다. 즉, 치료대상자가 즉흥적인 미술표현을 통하여 자신의 무의식 세계를 표출함으로써 치료가 이루어진다고 보는 것이다. 그녀는 치료대상자에게 자신의 꿈과 이미지를 단순히 언어만으로 표현하게 하기보다는 그림으로 그리게 함으로써 프로이트의 개념을 한 걸음 발전시켰다. 나움버그의 시각에서 미술치료의 최우선적인 가치는 의사소통과 진솔한 표현에 있다(김양순, 2003; 김진숙, 2013). 그녀는 치료 대상자가 만들어 낸 이미지들이 상징적인 대화의 한 방법이 된다고 생각했다(Malchiodi, 1997).

4) 대상관계이론

정신분석학의 분파 중의 하나인 대상관계이론(object relations theory)은 성과와 관련된 억압된 갈등 대신 대인관계의 중요성을 강조한다. 즉, 생후 첫 3년 동안의 경험은 대부분 언어를 통한 것이 아니라 감각적인 경험, 상징적인 물체, 색깔, 동작 등 비언어적인 것에 의하여 이루어진다고 본다. 그리고 언어가 미분화된 상태에서 비롯된 정신적 문제를 가진 치료 대상자의 정신세계를 이해하는 데에는 어려움이 있고, 미술치료는 미술을 사용하여 치료 대상자가 유아 시절의 상태로 안전한 퇴행을 하게 할 수 있다는 것이다. 또한 이 상태에서 치료사는 상징적인 어머니로서 그동안 해결하지 못하였던 병리적인 역동적 성장관계에서 대상관계 상황을 회복하는 것이다. 대상관계이론은 1940년대와 1950년대에 클라인(Klein)의 연구로부터 독자적으로 발달하였다(김양순, 2003; 김진숙, 김창대, 이지연, 2014).

2. 아동 미술치료의 개념과 필요성

1) 아동 미술치료의 개념

미술치료는 상담과 심리치료 기법 중의 하나라고 보는 것이 일반적일 것이다. 그중 아동미술치료는 20세기 초 정신분석치료와 함께 생겨났다고 볼 수 있으며 초기 정신분석과 함께 사용된 미술매체는 미술치료라기보다는 정신분석을 위해 환자가 그린 그림을 통해 더 객관적인 분석을 하여 효율적인 결과를 얻기 위한 것이었다. 김동연(2002)은 미술치료란 "조형 활동을 통해서 개인의 갈등을 조정하고 자기표현과 승화과정을 통해 자아성장을 촉진시키며, 자발적인 조형 활동으로 개인의 내적 세계와 외적 세계 간의 조화를 이룰 수 있도록 돕고, 비언어적인 의사소통기법으로서 지금까지의 자기 상실, 왜곡, 방어, 억제 등의 상황에서 보다 명확한 자기 발견과 자기실현을 꾀하게 한다."고 하였다.

2) 아동 미술치료의 필요성

아동은 자신의 내적 상처에 대해 스스로 말로 표현하기가 힘드므로, 마음의 병은 더욱 깊어지고 스스로 해결할 능력이 많이 부족하다. 그렇게 억눌려 있던 공격성이나 갈등을 미술활동으로 분출시키며 문제의 진행을 예방할 수 있다. 더구나 이미 장애로 판정받은 아동들에게는 장애의 진행과 퇴행을 막기 위하여 약물치료나 정신과 치료에서 지치고 허약해질 수 있는 자아를 보살피는 치료적 차원에서 미술치료가 필요하다고 보고 있다(정명주, 전현주, 안태희, 2002; 최은영, 정명선, 박지순, 이진숙, 2013). 이에 「장애인 등에 대한 특수교육법」에서는 특수교육대상자가 필요로 하는 경우에는 치료지원을 제공하여야 한다고 정하고 있다.

3. 미술치료의 기대효과

미술치료는 다른 종류의 심리치료와 비교했을 때, 미술작품을 통해 비언어적 의사소통이 가능하고, 대상 아동의 생각과 느낌을 치료사가 더 깊이 파악할 수 있으며, 보존이 가능한 구체적 결과가 있고, 자존감을 높여 준다는 장점이 있다(정여주, 2015; 주리애, 2000). 또한 융의 분석심리학을 기초로 한 임상경험에 의하면 미술치료의 효과는 다음의 네 가지 과정에서 얻을 수 있다고 하였다. 첫째, 그림을 그리는 형상화 과정 자체, 둘째, 그림을 그리는 과정에 수반되는 상상 과정 및 상징화 과정, 셋째, 대화 과정과 해석 과정, 넷째, 그림을 그리면서 또한 그림을 그린 후에 대화를 통해서 치료사와 대상아동 혹은 집단구성원과 대상 아동 사이에 이루어지는 만남과 관계의 과정에서 얻을 수 있다(정여주, 2002). 이러한 장점 및 과정을 정리하면 미술치료의 기대효과는 다음과 같다(박주연, 백은희, 1999). 첫째, 효과적으로 심리 진단을 할 수 있다. 둘째, 방어가 감소하고 통합을 이룰 수 있는 효과적인 치료의 도구로 사용될 수 있다. 셋째, 그리기, 칠하기, 만들기, 종이접기 등의 과정을 이용하여 발달장애아동의 정상발달을 촉진시킬 수 있다. 넷째, 미술치료의 가족 그리기, 자녀 그리기 등의 작업을 통하여 대인관계와 커뮤니케이션 등의 기능을 높일 수 있다는 것이다.

4. 미술치료의 과정

미술치료의 과정에서 치료사는 비언어적인 의사소통을 통하여 대상아동의 가장 원초적이며 근본적인 부분과 접촉하고, 그의 여러 가지 감정표현을 함께 경험하게 된다. 대상 아동은 미술활동 안에서 상징적인 표상을 통해 자신을 표현하고, 이 과정에서 사랑과 미움, 접촉의 필요성, 들어주는 것, 표현하는 것 등이 다양하게 분리되어 나타나게 된다. 치료사는 이렇게 나타나는 것들을 수선하고 새로운 것을 다시 생산해 내기 위하여 초기의 발달과정을 함께 경험해야 하며, 이 과정은 비언어적인데 놀이를 할 수 있고, 상징화를 할 수 있고, 다양한 감각적·공간적인 모든 양식들을 나타낼 수 있는 치료사의 개별적인 능력에 따라 달라진다(김진숙, 1993; 김진숙 역, 2013; 정여주, 2015). 미술치료사는 이러한 미술활동에서 그림을 발달적, 투사적 측면에서 진단도구로 이용하기도 하는데, 대표적인 검사로는 인물화검사, 동적 집·나무·사람(KHTP)검사, 동적가족화(KFD) 심리진단 등이 있다.

미술치료 기간은 일반적으로 단기는 6개월 정도, 장기는 1년에서부터 몇 년까지 걸릴 수가 있다. 일반적으로 회기간격은 1주일에 1회를 하게 되며, 1회기 시간은 개인치료인 경우 1시간, 집단치료의 경우 90분~120분 정도다.

5. 미술치료의 환경과 매체

미술치료실은 채광이 좋고 적당한 크기의 작업공간에 작업책상과 의자, 작품 보관장, 매체 진열대 등이 필요하며 아동의 특성에 따라 환경을 조절한다. 물을 쓰는 경우가 많으므로 급수대와 개수대가 있으면 좋다. 미술치료에는 모든 미술매체를 활용할 수 있으며, 매체는 그리기매체, 판화매체, 콜라주매체, 조형매체, 종이매체, 협동표현매체, 기타 미술매체로 나누어 볼 수 있다(이근매, 조용태, 2014). 미술치료에 매체로 쓰이는 미술도구 및 재료의 선택은 대상 아동의 발달 수준과 증상의 정도, 연령, 선호도, 치료시간의 구성 및 그 밖의 요소들에 따라 선택하는데, 각 아동의 특성에 맞는 매체 및 기법활용이 중요하다.

미술과제를 위해서는 비교적 간편한 파스텔, 크레파스, 붓 등이 적절하다. 미술매체의 선택 시 촉진과 통제라는 중요한 두 요소를 고려해야 하며 아동의 요구에 따라 치료사는 민감하게 반응해야 한다. 즉, 물감이나 점토 등은 퇴행을 촉진시킬 수 있는 재료이므로, 충동적인 아동은 더 충동적이 될 수 있으므로 피해야 한다. 반면 연필이나 사인펜 등은 높은 통제력을 지닌 재료이므로 충동적 성향을 통제하는 데 좋다. 미술매체를 바꾸어 주는 것은 타성에 빠져 있는 아동의 표현을 촉진시킬 수 있다.

6. 미술치료를 위한 접근방법

미술치료에서 미술작품을 만드는 데에는 다음과 같은 두 가지 접근방식이 있다 (Malchiodi, 1997). 첫째는, 지시적 방법으로 아동에게 특정한 주제를 그리게 하거나 또는 특정하게 그리도록 지시를 내린다. 이 예로 아동에게 가족을 그리라고 하는 것을 들수 있다. 둘째는, 비지시적 방법으로 특정한 주제가 없거나 그림을 그리는 방식도 특정하게 지시하지 않는다. 비지시적 방법의 예로는 아동이 좋아하는 그림을 그리라고 하는 것을 들 수 있고, 그림은 자유미술표현이라고 불리는 경우도 있다. 지시적 방법이나 비지시적 방법이 다 유용하며, 이에 따라 미술치료에서는 두 가지 방법이 모두 사용되고 있다. 미술치료사는 아동의 특성과 치료목적에 따라 지시적 방법이나 비지시적 방법 중한 가지를 선택하는 경우가 많다(전영신, 2003). 이러한 미술치료는 그 대상자의 구성에 따라서 개별 및 집단, 가족미술치료의 형태로 실시할 수 있으며 이에 따라 프로그램을 다르게 구성하여 실시하게 된다.

7. 집단 미술치료

집단 미술치료는 인간은 사회적인 존재이고 인간의 문제는 기본적으로 사회적인 것이라는 관점에서, 사회적 집단 안에서 미술을 매개체로 하여 생활문제 해결에 필요한 태도와 자기 관리능력을 습득하고 대인관계 기술을 향상시키는 데 그 목표를 두고 있다. 미술치료를 집단으로 하는 것은 자기표출이 위협적으로 느껴져서 집단을 회피하는 사람에게도 그들의 감정을 미술재료를 통해 거부감 없이 표현하도록 하고, 집단구성원 모두가 동시에 참여할 수 있어 개인적 경험과 집단경험을 함께 제공하기 때문에 유용하다고 볼 수 있다. 보다 구체적으로 집단 미술치료에 대해 살펴보면 다음과 같다.

1) 집단의 크기와 구성

집단은 보통 6~12명 정도로 구성하지만 문제행동이 있거나 통제가 어려운 아동의 경우는 2~4명 정도가 적당하다(정여주, 2015). 치료기간이 단기적이거나 집단구성원들의 자아가 미성숙할 때, 시작하는 데 어려움이 있는 경우는 지시적 방법으로 치료사가 주제나 재료를 제공하는 것이 유용하다. 치료가 장기적이고 집단원의 자아가 성숙한 경우는 주제와 재료를 마음대로 선택하게 하는 비지시적 방법이 알맞다. 지시적 미술치료에서 프로그램의 선택은 집단의 성격과 상황에 따라 다르게 적용된다. 즉, 집단 초기에는 서로 친밀하고 자기표현이 원활해지도록 하는 서로 소개하는 프로그램이나 재료 관찰 프로그램을 적용한다. 중기에는 집단에서 위치확보를 위한 경쟁적 관계에 들어가므로 공동 작업을 해서 갈등을 해소하고, 종결단계에서는 그동안의 치료과정에서 나온 작품을 감상하며 자신과 집단의 변화를 인식할 수 있는 프로그램이나 미래 지향적 프로그램을 제시한다(한국미술치료학회, 2000). 그러나 대부분의 집단 미술치료에서는 비지시적 방법과 지시적 방법을 함께 구성하여 쓰는 경우가 많다.

2) 집단 미술치료에서 사용되는 일반적인 기법들

많은 집단 미술치료 기법들이 참가자들 간의 교류를 장려하고, 치료사로 하여금 집단구성원 간의 상호작용을 관찰하고 자극하게 하기 위해 사용된다. 집단으로 그리기(drawing), 콜라주, 조각하기, 함께 조립하기 등이 사용되는데, 예를 들면, 두 사람이 한 종이 위에 그리도록 하여 '대화'를 촉진시키는 것을 들 수 있으며, 구체적 프로그램의 예를 두 가지 들어 보면 다음과 같다(최재영, 김진연, 2000).

- 돌려 그리기: 각자 자신의 그림을 5~10분 동안 그린 후 서로 그림을 바꾸어 다른 집단구성원들이 그린 그림 위에 덧붙여 그린다. 자신의 그림이 다시 돌아왔을 때 그림을 정리한 후 그림의 내용을 설명한다.

- 선물: 집단구성원들이 서로 상대방에게 주고 싶은 것을 그리거나 만들어 선물한다 (콜라주를 사용하기도 한다). 이때 선물은 희망, 사랑, 등 정신적인 것부터 집, 자동차, 장신구 등 무엇이나 가능하다.

3) 진행과정

집단 미술치료의 과정은 대략 도입, 활동, 토론의 순서로 진행되는데, 첫째 도입부분은 서로 친밀해지고 편안한 분위기를 조성하도록 긴장이완을 위한 호흡법이나 음악을 사용하기도 한다. 두 번째 활동시간에는 활동 자체에 몰입하여 깊은 경험을 할 수 있도록 불필요한 대화는 삼가고 시간제한에 대해 언급해 준다. 토론 부분에서는 자신의 작품을 다시 살펴보는 것이 필요한데 이때 치료사와 집단 구성원, 집단 구성원과 작품 사이에 상호작용이 일어난다. 토론 시 주의할 점은 작품의 진단이나 분석을 삼가야 한다는 점이다. 진단이나 분석은 호기심과 흥미를 가질 수는 있지만 다음 작품을 만들 때 부담과 불편을 느끼게 해 자유로운 표현을 할 수 없게 한다. 그러므로 중요한 것은 작품에 대한 진단이나 분석보다 느낌을 나누는 것이다. "갑영이는 그것에 대해 어떻게 느끼니?" "그것을 만들 때 어떤 느낌이었니?" 등으로 질문함으로써 집단 구성원 간의 상호작용을 격려하고 감정을 공유할 수 있게 해야 한다(한국미술치료학회, 2000).

8. 미술치료의 최근 동향

현대의 미술치료는 두 개의 서로 다른 접근이 있다. 하나는 미술을 사용한 심리치료로 미술표현을 정신분석적으로 연구하며, 매개체의 역할로서의 미술을 강조하고(Art in Therapy), 미술작품이 대상 아동의 내면을 통찰할 수 있는 기초를 형성한다고 보는 것이다. 즉, 치료 속에서 미술을 도구로 활용하는 것으로 볼 수 있으며, 치료과정에서는 말보다 그림으로 자신에게 일어나는 내적 욕망이나 꿈, 환상을 직접적으로 표현하도록 한다. 그림으로 나타난 것은 영속성이 있어서 내용이 망각되지 않으므로 그 내용을 부정하기 힘들기 때문에 통찰을 촉진한다고 본다. 나움버그(Naumberg)의 입장이 이것을 대변한다.

다른 하나는 미술을 중시하는 입장으로써 예술을 창조하는 활동이야말로 치유적인 효과를 가져온다는 것이다(Art as Therapy). 그래서 표현을 언어적인 것이 아니라 비언어적인 표현으로 분출시키며 지나친 불안감 없이 감정을 외부로 드러나게 해 주는 장점이 있다. 즉, 치료로서의 미술의 속성은 그림에 대한 대상 아동의 연상을 통해 자기표현과 승화작용을 함으로써 자아가 성숙하는 데 있다고 본다. 또 대상 아동은 미술작업 과정에서 자신의 원시적 충동이나 환상에 접근하면서 갈등을 재경험하고 자기훈련과 인내를 배우는 과정 속에서 그 갈등을 해결하고 통합한다는 것이다. 따라서 치료사의 역할은 미술작품을 해석하는 것이 아니라 승화와 통합과정을 도와주는 것이라고 하였다. 이 입장은 Kramer(1971)로 대표되며 예를 들면, 사춘기 다운증후군 청소년의 공격성이 미술 그리기 활동을 통해 감소되는 경우를 들 수 있다.

그러나 이러한 두 가지로 나뉜 접근만으로는 모든 경우의 접근이 어렵다고 보는 통합적 입장이 있다. Ulman(1971)은 이러한 통합적 입장을 대표하는데, 그녀는 미술심리치료와 치료로서의 미술은 같은 방에 있는 두 측면이거나 다른 시기에 같은 치료사가 일을 하는 것과 같다고 하였으며, 대상 아동의 작품이 예술이냐 아니냐를 논하는 것보다는 대상에 따라서 상동적인 표현이나 강박적 표현도 허용되어야 한다고 하였다.

제3절 미술교육과 미술치료

발달의 속도가 빠른 아동기에는 인지적, 발달적 접근이 아주 유용하게 쓰인다. 특히 장애아동들에게 많이 쓰이는 이러한 발달적 미술치료(Developmental Art therapy)라는 용어는 Williams와 Woods(1977)가 처음 만들어 인지능력과 운동능력은 정상이나 정서적으로 장애가 있는 아동에게 적용하고 효과를 거둔 바 있다. 그러나 현재는 정서장애아동뿐 아니라 지적장애, 학습장애, 지체장애 등 발달에 결함이 있는 사람들을 위한 미술치료에 그 용어가 적용되고 있다. 그러므로 발달적 미술치료는 발달이 지체된 사람들을 위한 미술치료로서 그 적용과 효과는 Lowenfeld(1957) 등에 의해 언급되고 있다. 이러한 면에서 발달적 미술치료는 전인적 성장을 목표로 하는 미술교육과 비슷하게 생각되기도 한다. 그러나 미술교육이 인격적 성장과 미적 성장 모두를 목표로 두는 것에 비해, 미술치료는 인격적 성장을 목표로 하며, 미술의 미적 요소나 제작 기법 습득과 같은 미적 성장은 치료목표에 종속시킨다는 점에서 조금 차이가 있다. 그러나 어린 아동들은 그 목표 차이를 구별하기 어려운 경우도 많다. 또한 많은 이론들이 각각의 장점을 갖지만 완벽한 것은 아니기 때문에, 이러한 여러 가지 미술치료 이론들의 절충적 접근도 있다. 따라서 모든 이론을 잘 알고 절충해야 하는 절충적 접근이론은 아주 어렵다.

최근에 1년 이상의 장기 미술치료를 받는 장애아동의 경우 모든 인지적 · 사회적 · 행동적 발달을 미술치료의 효과로 언급하는 경우가 있다. 이러한 접근은 매우 조심스러운 것이라 할 수 있겠다. 미술치료의 효과를 언급할 때는 연령에 따른 성숙이나 교육 등 다른 요인에 의한 영향을 고려해야 한다. 또한 앞으로 미술교육과 미술치료의 효과를 분리해서 비교해 보며, 미술교육과 치료의 공유영역과 경계선을 정의하고 진지하게 논의하는 것도 필요할 것이다. 그러나 발달적 미술치료와 같이 미술치료와 미술교육의 경계선을 나누기 어려운 경우도 많다.

제4절 장애아동과 미술치료

장애아동은 그들 자신이 가지고 있는 장애로 인해 일반아동보다 더 많은 갈등과 좌절을 겪으며 살게 된다. 자신감을 잃고 자신에 대한 신뢰가 부족하여 새로운 상황에서 자신을 표현하는 데 두려움을 가지고 있는 것이 일반적이다. 따라서 심리치료적 관점에서 본다면 우리나라 「장애인 등에 대한 특수교육법」에서 분류하고 있는 장애 영역별 아동 모두는 미술치료의 대상자라 할 수 있겠다.

이러한 장애아동을 위한 미술치료에는 크게 두 가지 방향을 설정할 수 있다. 첫 번째는 다양한 미술활동을 통해서 아동의 지체된 발달(인지적 · 사회적 기능)을 촉진시키는 데 있다. 따라서 교육적인 의미가 더 강하다고 할 수 있다. 두 번째는 장애특성으로 인한 다양한 심리적 정서적 문제를 갖게 되므로, 다양한 부적응 행동이 발생하게 된다. 이러한 부적응 행동 소거를 목표로 미술치료를 진행할 수 있다. 즉, 장애의 진행과 퇴행을 막기 위하여 또 약물치료나 정신치료에서 지치고 허약해질 수 있는 자아를 보살피고 성찰하게 하는 치료적 차원에서 미술치료가 필요하다. 이미 많은 이론들이 언급한 바와 같이 (Lowenfeld & Britain, 1987) 시각적 예술은 창의적 · 미적 · 정서적 · 지적인 성장을 가져온다. 그러므로 장애아동 미술치료에서는 장애 특성을 고려하여 각 장애 유형별 특성에 적합하게 미술치료 프로그램을 개별화하는 것이 우선적 과제라 볼 수 있다. 현재 미술치료의 인지적 · 발달적 · 행동적 접근방법을 통한 장애아동 대상의 치료가 많이 이루어지고 있고(이근매, 조용태, 2014), 이러한 장애아동 미술치료의 미술활동에 대한 이론 및 접근법은 일반 미술교육에서와 크게 다르지 않다. 즉, 미술은 아동의 발달을 돕고 전인격적 성장을 촉진하므로 오늘날에는 아동의 미술활동이 단지 교육으로서의 입장에서 벗어나 치료적인 입장과 양립된 상태로 그 중요성이 인식되고 있다(이근매, 최외선, 2004). 본 장에서는 미술활동의 실제 각 장에서 장애 유형별 특성과 미술교육에 대한 이론을 정리해 두어 참고하도록 하였다.

각 장애 유형별 특성과 미술치료

미술치료는 미술활동을 치료의 목적으로 응용하는 것이므로 장애 유형 및 개별 아동의 특성에 기초하여 이루어진다. 이를 장애 영역에 기초하여 살펴보면 다음과 같다.

첫째, 시각장애아동의 미술의 이해에서는 두 가지 견해가 있을 수 있다. 첫째는 미술 표현을 시각적 예술로 범위를 한정하여 시각장애아동의 경우는 시각적 표현이 무의미하거나 불필요하다고 보는 견해이고, 또 두 번째는 시각적 표현이라고 하더라도 독특한 방법이나 자료를 활용하여 자기가 표현하고자 하는 것을 나름대로 표현하는 그 자체에 의미를 두어 긍정적으로 보는 견해다. 앞의 견해는 촉각적 표현을 중시한 것이지만, 일반아동이나 시각장애아동의 흥미나 관심은 근본적으로 다를 바가 없다. 단지 미술활동 계획에서 점자로 물감을 표시하는 등의 여러 가지 응용이 필요하다(김동연, 최외선, 2002).

둘째, 청각장애아동은 청력의 손상으로 인해 말과 언어의 발달뿐만 아니라 사회적·정서적 적응에도 어려움을 겪는 경우가 많다. 이들의 사회-정서적 발달은 일반아동들과 유사하다. 따라서 장애아동들 중에 이들은 가장 일반아동과 비슷한 활동을 할 수 있는 아동들이다. 그러나 이들은 일반아동들보다 심리적으로 우울과 강박증이 높고 공포불안의 수준은 낮은 경향을 지닌다. 즉, 이들은 시각장애아동들보다 감정장애가 오기 쉬우며, 그림에서 고립감이 많이 나타난다. 따라서 청각장애아동은 경험을 제공하고 경험한 것을 다양한 미술활동으로 표현하는 기회를 제공해 주는 것(예: 운동감각, 촉각, 시각 활용기회를 강화하는 재료와 도구를 사용)이 하나의 중요한 방법이 되기도 한다. 언어로 나타내지 못하는 것을 미술활동으로 나타냄으로써 그들의 불안감과 긴장감을 발산시킬 수 있다.

셋째, 지적장애아동의 경우는 지능의 발달과 적응행동에 결함이 있어 시지각발달에도 장애를 가지고 있으므로 이들의 시지각 특성을 반드시 이해하고 아동의 수준에 맞는 프로그램을 계획하여 실천하는 것이 중요하다. 그러므로 미술치료 프로그램에 있어서 인지적·발달적·행동적 접근을 적용하는 것이 바람직하고, 기본적인 기능 배양에 역점을 두어야 한다(예: 사물 인식 능력 발달, 다양한 감각자극). 즉, 인지능력이나 적응력 발달을 위한 치료 프로그램을 적용하는 것이다. 따라서 피드백을 통한 격려와 긍정적 강화가 필요하고, 특히 경도 지적장애아동의 경우에서는 환경에 잘 적응할 수 있도록 사회적 적응력을 키우는 프로그램 실행이 중요하다.

넷째, 지체장애아동은 유형과 심한 정도가 다양하기 때문에 이들의 미술활동에 대하여 일반적으로 말하기는 어렵다. 미술치료사는 아동과 긴밀한 관계를 유지하여 개별화된 지도를 해야 하며, 이들의 운동장애에 맞게 작업환경이나 도구를 수정해 주는 것이 필요하다. 신체적으로 남에게 많이 의존하고 사회적 기준과 동떨어진 자신의 외모로 인해 사회-정서적 문제를 갖게 되므로, 미술활동에 의한 정서적 지지가 매우 필요한 아동들이다. 손을 사용하지 못하는 아동의 경우는 작품의 세밀한 내용보다는 성취동기 유발에 중점을 두도록 한다.

다섯째, 정서 · 행동장애아동들은 공격적이고 겉으로 드러나는 행동을 보이거나, 미성숙하면서도 내부적으로 위축된 행동을 보이는 등의 다양한 사회-정서적 특성을 보인다. 이들은 그 행동특성을 잘 파악하여 부적절한 행동은 감소시키고 바람직한 행동은 증가시키기 위한 치료프로그램을 계획하고 가정과 함께 실행하는 것이 중요하다. 특히 행동장애아동은 미술치료사의 치료가 필요한 적절한 대상 중의 하나다. 미술치료사는 정신역동적 방법이나 게슈탈트 요법과 같은 기법을 통해 특정 아동을 치료한다. 사실 미술학습의 과정 자체는 치료의 근원이 되며 이것은 미술활동이 이루어지는 곳은 어느 곳에서든지 일어난다고 할 수 있다. 교사는 치료사가 아니지만 미술의 치료적 측면을 인식하고 접근하는 것이 바람직하다(김동연, 2002). 특히 위축된 아동들은 색이 있는 종이를 주거나, 큰 종이에 큰 붓을 사용하거나 점토로 만들기 등이 좋으며, 강한 색상, 활동적인 매체를 제시하는 것은 아동을 당황하게 할 수 있다. 지나친 미술활동 강요와 치료사의 적극적 행동, 언어적 질문 등은 아동을 더욱 위축시킨다. 또한 공격적이나 과잉행동아동들은 지도할 때 먼저 그 원인을 찾아보고 도입에 있어서 점토 찍기, 뜯기, 자르기 등을 통하여 먼저 치료사와 친화관계를 형성하면서 착석유지와 모방행동을 형성시켜야 한다. 그다음 단계로 다양한 미술활동을 통하여 주의집중을 지속시키고 과제에 대한 흥미를 유발시킨다. 그리하여 다양한 작품을 형성하고 실천표 작성 등을 통하여 스스로 문제행동을 인식하고 수정해 나감으로써 자존감을 회복하고 현실에 적응하는 능력을 배양해 나가도록 한다(이근매, 최외선, 2002). 실제로 현재 발표된 장애아동에 대한 미술치료 사례의 많은 부분이 정서 · 행동장애아동과 자폐성장애아동을 대상으로 한 것이다.

여섯째, 의사소통장애를 가지고 있는 아동들의 경우다. 일반적으로 언어장애를 보이는 아동들은 의사소통기술의 부족으로 인하여 지적 능력이나 성취도 평가에서 낮은 성취를 보이며, 사회-정서적으로도 문제를 보인다. 그러나 의사소통장애를 지닌 많은 아동들이 지적장애, 학습장애, 또는 기타 장애를 복합적으로 지니고 있기 때문에 이러한 결과만을 가지고 순수하게 의사소통의 장애가 지능이나 학업성취에 영향을 미치기 때문이라고는 말하기 어렵다. 말이나 언어에 장애를 보이는 아동들은 흔히 상대방에게 거절당하거나, 창피를 당하거나, 열등감을 경험하게 되며, 심하게는 말을 제대로 하지 못한다는 이유로 벌을 받는 경험까지도 하게 된다. 이로 인해 이들은 낮은 자존감을 형성하게 되고, 좌절감과 분노를 경험하게 되고, 때로는 적대감이나 위축행동까지도 보이게 된다(이소현, 박은혜, 2011). 미술치료는 언어 이외의 차원에 대해 접근하므로 언어에 문제가 있는 대상자들에게 유용하고, 의사소통장애아동의 심리적, 인지적 발달에 도움을 줄수 있다. 즉, 직접적인 언어치료를 통해서 언어발달을 향상시킬 수도 있지만, 미술치료를 통해서 아동의 욕구불만을 발산시키고 자존감을 향상시키면서 동시에 언어치료를 실시하면 좋다는 것이다(이근매, 최외선, 2003; 정여주, 2014). 언어발달지체아동에게 많이 쓰는 미술치료 기법이나 이론적 배경은 정서 · 행동장애아동이나 학습장애아동에게 자존감 향상을 위해 사용하는 것과 같다.

일곱째, 학습장애아동의 경우다. 학습장애를 지닌 아동들 중에는 사회적으로 잘 적응하고 또래들에게 인기 있는 아동들도 있다. 그러나 대부분의 학습장애아동들은 또래들에게 거부당하는 경향이 있으며, 이로 인해 빈약한 자아개념을 형성하고 사회-정서적인 문제를 보이곤 한다. 그러므로 학습장애아동의 특성에 맞는 개별 능력을 고려한 미술활동은 이들의 문제해결에 도움을 준다. 즉, 운동발달이 열악하거나 지체된 위축증의 아동은 미술활동을 하기 전에 먼저 활동 내용에 대한 학습이 이루어져야 하고, 과잉행동아동은 교실환경을 수정하여 안정적, 체계적 활동이 될 수 있도록 한다. 또 사회성 발달에 문제가 있는 아동들은 부정적인 자아개념을 지니고 있어, 그들의 신체개념이 지체되거나 왜곡되고 있는 경우가 많아 미술활동에서 격려와 개인지도가 필요하다. 이러한 아동들은 미술치료 프로그램에 신체개념이나 자아개념 발달을 위한 활동, 예를 들면, 종이나 천을 이용한 포토몽타주나 인형 만들기 등을 포함하는 것이 필요하다. 이러한 미술활동들은 앞에서 언급한 다른 장애 유형 아동의 인지적 · 발달적 · 행동적 미술치료 활동들과 크게 다르지 않다.

제5절 장애아동 미술치료 사례

1. 뇌성마비아동의 사회성 발달을 위한 미술치료 사례[1]

지체장애를 가진 많은 뇌성마비아동들은 정서표현을 위해 자신의 신체를 효과적으로 사용할 수 없고, 미비한 언어발달은 사회–정서적 발달의 모든 측면뿐 아니라 인지 발달에 영향을 주어 지식습득이나 의사소통을 통한 감정과 생각의 표현이 적절히 이루어지지 못한다. 따라서 본 치료의 목적은 신체적 장애ㆍ지적장애로 사회적 경험이 부족한 뇌성마비아동에게 미술치료를 활용하여 그들의 생각과 감정을 표현하는 기회를 제공하고 사회성 발달에 도움을 주고자 하였다.

1) 대상 아동의 특성

각 대상 아동의 특성은 〈표 8-2〉와 같다.

표 8-2   대상 아동의 특성

대상 아동	햇님이	달님이
생활연령 및 성별	8세 남아	5세 여아
사회성숙도 검사	SQ 79, SA 7.17	SQ 87, SA 4.34
사회성 발달 기초선 점수	166(3.7)	143(3.2)
물리치료 상태	• 경련성 양측마비. 기어서 이동하며 왼쪽 기능이 떨어짐. 신체 정렬을 바르게 하지 못한다.	• 조산으로 인한 양 하지 마비로 걸어서 이동하며 오른쪽이 긴장도가 높다.
인지	• 수 개념—1,000단위 수의 읽기와 한 자리 수의 덧셈, 뺄셈이 가능하다. • 형태—6조각 이상 조합퍼즐 맞추기와 신체 4부분 그리기가 가능하며 다리는 생략한다.	• 수개념—1~50 읽기, 5까지 수와 양의 매치가 가능하다. • 형태—6조각 정도의 조합퍼즐 맞추기가 가능, 신체 6부분 그리기는 하나 형태가 완전하지 않다.

---

1) 위 사례는 김희정(2003). 뇌성마비아동의 사회성 발달을 위한 미술치료 사례. 영남대학교 환경대학원 석사학위논문의 내용을 저자의 동의를 얻어 축약 게재한 것임.

인지	• 문자—자음 ㄱ~ㅂ의 읽기가 가능하고, 친숙한 단어 10개 정도의 읽기가 가능하나, 아동의 문자암기력은 낮은 편이다.	• 문자—자음/모음 읽기 가능. 가~하까지 50개 단어 읽기가 가능하다.
언어	• 이해, 수용—일상생활에서 대부분의 성인의 언어를 이해하고 잘 따르는 편이나, 하기 싫은 것에는 반문을 많이 한다. 동화내용을 듣고 줄거리나 인과 관계에 대해 답할 수 있다. • 표현—접속사를 사용해 3어절 이상 다양한 언어표현을 한다.	• 이해, 수용—일상생활에서 어른의 언어를 이해하지만 질문과 상관없는 자기중심적인 말을 자주 한다. • 표현—3어절 이상의 다양한 언어표현을 한다. "근데요"라는 접속사를 자주 사용한다. 목소리가 작은 편이며 자신의 말이 수용되지 않을 때는 말을 반복하기도 한다.
사회정서	• 문제 해결 시 자율성이 떨어지는 편이나, 신변처리는 스스로 하려고 한다. • 적극적인 성격으로 또래와 주도적으로 놀이한다. 자기주장이 세며 목소리가 커서 조절을 필요로 한다. • 경쟁심과 우두머리 기질이 지나치게 강해서 지는 것에 대해 민감하게 반응한다.	• 어떤 사물이나 과제를 처음 대할 때는 시도하기를 꺼려 하며 소극적이다. • 평상시 "싫어요"라는 부정적인 언어표현을 자주 한다. • 연합놀이를 하지만 또래 사이에서 다툼이 잦고 잘 운다.

2) 미술활동 프로그램

이 프로그램은 박주연(1999)이 '자기표현 미술활동이 정서장애아동의 자아개념에 미치는 효과'에서 사용된 미술활동 프로그램을 뇌성마비아동의 사회성 발달에 도움을 주는 프로그램으로 재구성한 것이다.

이 자료에서 사용된 미술치료 프로그램은 〈표 8-3〉과 같다.

표 8-3   미술치료 프로그램의 내용

단계	목표	활동내용
친밀감 단계 (1~3회기)	• 친밀감 형성 • 심리적 긴장이완	1. 음악 들으며 자유화 그리기 2. 모래그림 그리기 3. 물감 불기, 인물화 그리기
신체 표현 단계 (4~7회기)	• 신체에 대한 객관적 인식 • 다양한 소근육 운동	4. 풀그림 그리기, 비눗방울 불기 5. 신체 본뜨기 　 신체상에 무늬 찍기 6. 소조활동—손도장 찍기 7. 손가락으로 물감그림 그리기 　 손톱에 물감 색칠하기

자기 표현 단계 (8~10회기)	• 비언어적 자기표현 • 감정표현을 통한 　내적 욕구 분출	8. 감정에 따른 악기 연주하기 　　음악 듣고 몸짓으로 나타내기 　　음악 듣고 그림 그리기 9. 얼굴표정 그리고 행동으로 표현하기 　　콜라주—웃는 표정 10. 동물사진 보고 흉내내기 　　콜라주—좋아하는 동물
상호작용 단계 (10~14회기)	• 언어적 자기표현 • 타인과의 상호작용 • 상호 간에 장점을 찾아 　자존감 향상	11. 감정표현하기 　　난화 이야기 나누기 12. 그림 상황 보고 옳은 행동 말하기 　　자기 장점에 대해 말하고 인물화 그리기 13. 난화 이야기 나누기 　　바꾸어 가며 그림 그리기 14. 콜라주—음식상 차리기 　　난화 이야기 나누기
마무리 단계 (15~16회기)	• 완성된 작품을 통한 자기 성취 　감 경험하기 • 마무리	15. 소원나무 만들기 16. 자유화, 인물화 그리기

3) 결과 및 해석

(1) 미술치료의 회기별/단계별 요약 및 해석

① 친밀감 단계(1~3회기)

이 단계는 치료자와 대상 아동의 신뢰감 형성 및 긴장이완을 목표로 한 단계로, 대상 아동의 성격과 심리상태를 파악하였다. 햇님이는 미술활동에 호기심을 보이며 참여하였으나, 자신감 부족으로 미술활동을 시작할 때 머뭇거리는 행동을 자주 보였다. 달님이는 치료시간에 집중하지 못하며 혼잣말을 많이 하였고, 미술과제를 끝까지 마무리하지 못하였으며, 그림 그리기가 "싫다."는 부정적인 말을 자주 하였다. 미술활동 시 치료사에게 "못하겠어요."라는 말과 도와달라는 부탁을 자주 하였다.

1회기: 음악 들으며 자유화 그리기

[그림 8-1] 햇님이의 자유화

[그림 8-2] 달님이의 자유화

달님이의 자유화 [그림 8-2]에서 첫 번째 난화를 그리는 동안 달님이는 힘없이 분홍색, 갈색을 사용하여 지그재그로 긁적이다가 "그림 그리기 싫어요." 하고 몇 번 말하였으나 다시 햇님이를 따라서 그렸다. 두 번째 난화는 분홍색, 갈색, 파랑색을 사용하여 둥근 형태의 선으로 그렸다. 달님이의 필압은 매우 약했는데, 이는 소심하고 자신감이 없는 아동의 성격을 말해 준다.

햇님이는 그림을 그리는 동안 적극적으로 먼저 주도를 하였다. 별님이랑 싸웠던 것이 마음에 걸렸던지 별님이 얘기를 꺼내며 억울하다고 이야기하였다. 햇님이의 자유화 [그림 8-1]을 그릴 때 햇님이는 별님이 이야기를 꺼내며 보라색, 남색으로 낙서를 하는데 힘 있게 그리며 검정색으로 덧칠하였다. 이어서 보라색, 주황색, 연두색, 남색을 사용하여 낙서하였다. 햇님이의 자유화에 나타난 주조색은 보라색, 남색인데, 이는 뇌성마비 아동이 많이 쓰는 색으로 고집스런 성격을 의미한다. 햇님이의 검은색의 덧칠은 친구와 다투고 난 후 부정적인 감정을 표출한 것 같다.

3회기: 물감 불기, 인물화 그리기

[그림 8-3] 햇님이의 인물화

[그림 8-4] 달님이의 인물화

햇님이의 인물화 [그림 8-3]은 보라색으로 그렸는데 선이 진하고 흔들려서 지저분해 보였다. 선이 난잡하게 칠해진 것은 유아적 감정에 머무르려는 퇴행적 욕구의 표현이거나, 반대로 적절한 적응이 결핍된 거친 행동의 반영일 수 있는데, 햇님이의 경우 후자가 그 이유일 것이다. 햇님이는 "어떻게 하면 되지?" 하고 망설이다가 "목도 그려야 될 텐데." 하며 목, 팔, 다리를 그렸다. 마지막으로 "머리카락도 그려 넣어야 돼." 하며 머리카락을 그렸다. 얼굴에 눈, 코, 입을 정확하게 그리지 못했으며 머리가 지나치게 크고 다리가 짧게 생략되었다. 이는 아동이 하체에 대한 인식과 경험이 부족하기 때문인 것 같다.

달님이의 인물화 [그림 8-4]는 분홍색으로 머리, 몸통, 다리를 그렸으며 팔이 생략되었다. 얼굴이 몸 전체의 3/2을 차지할 정도로 컸으며 선이 연하다. 그리는 동안 "나 못하는데." 하며 짜증스런 말투로 여러 번 말하였다. 머리카락은 햇님이를 모방하여 그렸다. 아직 신체상을 그리는 것에 대해 자신이 없어 하였다. 달님이의 인물화에서 팔의 생략은 수동적인 자세를 의미하며, 약한 필압은 자신감이 결여됨을 의미한다. 또한 전체적으로 지나치게 큰 머리는 신체상 인식의 부족으로 생각된다.

② 신체표현 단계(4~7회기)

이 단계는 긍정적인 자아상을 갖기 위해 자신의 신체를 객관적으로 탐색하는 것을 목표로 한 단계로, 신체를 사용한 다양한 소근육 활동을 하였다. 햇님이는 다양한 소근육 활동을 흥미로워하였으나 손이 더러워지는 것에 민감하게 반응하였다. 달님이는 신체표현 단계에서 호기심 갖고 적극적으로 참여하였다. 특히 신체 본뜨기 활동 시 10분 이상 집중해서 작업하며 "싫다."와 같은 부정적인 말을 사용하지 않았다.

5회기: 신체 본뜨기, 신체그림에 무늬 찍기

[그림 8-5] 햇님이의 신체 본뜨기

[그림 8-6] 달님이의 신체 본뜨기

이번 회기는 신체적 장애가 있는 왜곡된 자신의 신체상을 바르게 인식하도록 하기 위해 신체 본뜨기를 하였다.

달님이의 신체 본뜨기를 보면 [그림 8-6] 왼쪽 편마비로 한쪽 팔에만 롤러로 칠하고 양 하지는 연하게 무늬를 내었다. 햇님이의 신체 본뜨기 [그림 8-5]를 보면, 상체를 초록색으로 진하게 칠하였는데, 하지는 거의 꾸미지 않았다. 이것은 햇님이가 이동할 때 네 발기기를 하기 때문에 자신의 신체를 인식하는 면이 부족해서인데, 신체 그리기를 통해 햇님이의 신체에 대한 바른 인식을 줄 수 있을 것이다.

③ 자기표현 단계(8~10회기)

이 단계는 비언어적으로 자기를 표현하는 단계로, 행동으로 자신의 내적 욕구를 분출시켜 감정의 정화를 유도하였다. 두 아동 모두 스스로 기쁨, 슬픔, 즐거움, 화남 등의 다양한 감정을 잘 표현하지 못하였다. 그래서 연구자가 구체적인 상황을 설명하고 상황에 맞는 얼굴표정, 악기연주, 동물흉내 등등을 통하여 감정표현을 다양하게 하였다.

햇님이는 자신이 걷지 못하는 것에 대한 부정적 감정을 치타가 달리는 것으로 표현하였으며, 달님이는 엄마에 대한 무서움을 성난 얼굴, 화난 얼굴의 표정으로 표현할 수 있었다.

④ 상호작용 단계(11~14회기)

이 단계는 타인과의 상호작용단계로 타인을 존중하고 배려하고, 자신의 생각이나 느낌을 표현하는 것을 목표로 하였다. 햇님이는 작품을 보며 자신의 생각이나 느낌을 구체적으로 표현할 수 있었으며, 공동작업 시 아동이 먼저 시작하며 미술활동에 대한 자신감을 보였다.

달님이는 작품을 보며 구체적이지는 않으나 자신의 생각이나 느낌을 언어로 표현하였으며, 공동작업 시 타인활동을 보며 자신의 생각을 이야기하고 상호작용하였다. 특히 인물화 그리기 시 도움을 청하지 않고 그릴 수 있었으며, 의사표현 시 자신감을 갖고 말소리나 행동이 보다 커졌다.

14회기: 좋아하는 사람을 위해 음식상 차리기 콜라주, 난화 이야기 나누기

[그림 8-7] 공동 난화

[그림 8-7]은 공동 난화로, 이야기 나누기할 때 햇님이가 "한 사람씩 돌아가면서 하는 거지요." 하며 먼저 빨간색으로 낙서했고, 달님이는 초록색으로 낙서하였다. 햇님이가 먼저 찾기 놀이에서 '불'이란 소재를 찾았다. 두 아동과 같이 '사랑표, 나무, 거북이, 불'을 찾았다. 이야기 꾸미기 시 햇님이는 "거북이가 지나가는데 나무에 불이 붙어서 사랑표가 거북이랑 나무를 구해 주었어요." 한다. 달님이는 "나무에 불이 났는데요. 거북이랑 사랑표가 불 껐어요." 하였다. 두 아동 모두 소재를 연결시켜 이야기를 꾸밀 수 있었으며, 앞의 회기에서 자주 나오던 비행기, 제트기와 같은 탈것들에 국한되었던 소재들이 다양해졌다. 달님이는 햇님이의 이야기를 모방하였지만 처음으로 4개의 소재를 연결하여 이야기를 꾸밀 수 있었다.

⑤ 마무리 단계

이 단계는 치료의 마무리로 1~14회기에 걸친 두 아동의 여러 완성된 작품을 통해 아동들이 성취감을 맛보고 자기 자신을 정리하는 시간이다.

16회기: 자유화, 인물화 그리기

[그림 8-8] 햇님이의 자유화

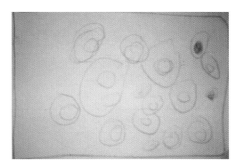

[그림 8-9] 달님이의 자유화

이번 회기는 치료의 마지막 시간으로 물감과 크레파스를 이용하여 자유화를 그린 후 인물화의 사후검사를 실시하였다.

두 아동 모두 첫 회기에 자유화를 그렸을 때보다 표현을 좀 더 다양하게 하는 것 같았다. 자유화 그리기 전에 무엇을 그릴지에 대한 망설임도 없었으며, 그림에서는 선이 진해지고 남는 여백이 적어졌다. 햇님이의 '불이 난 비행기' [그림 8-8]과 달님이의 '달걀 후라이' [그림 8-9]의 주제를 볼 때 자유화의 표현이 구체적으로 되었다.

[그림 8-10] 햇님이 인물화

[그림 8-11] 달님이 인물화

마지막으로 인물화 [그림 8-10], [그림 8-11]의 사후검사를 실시하였다. 햇님이는 보라색으로 인물화를 그렸는데 사전보다 선이 부드럽고 깨끗하게 표현되었다. 선의 부드럽고 깨끗한 표현은 미숙한 조잡함에서 다양한 경험을 통해 성숙되어 감을 의미한다. 또한, 자기 신체상에 대한 긍정적 인식으로 얼굴, 목, 몸통, 팔, 다리를 사전보다 균형 있게 그렸으며, 세밀하게 눈, 코, 입을 잘 표현하였고, 특히 눈을 남색으로 그려서 강조하였다. 사람을 비스듬하게 서 있는 모습으로 그렸는데, 아동의 신체 왼쪽기능이 떨어지는 이유와 보행경험이 없어서일 수 있다. 달님이는 남색으로 인물화를 그렸는데, 전체적으로 신체의 균형이 조화를 이루었고 웃는 얼굴을 그렸다. 몸통, 팔, 다리에 분홍색을 칠하였는데, 이는 적극적인 성격을 가지고 자유롭게 자기를 표현하려는 경향으로 생각된다.

4) 결론

이 사례에서는 뇌성마비아동을 대상으로 미술치료가 사회성 발달(또래와의 상호작용, 성취동기, 시설에서의 안정감, 호기심, 내적통제)에 미치는 영향을 알아보는 것을 목적으로 하였다. 미술치료의 적용 효과를 알아보기 위해 행동과학연구소(1978)가 개발한 사회성 발달 평가척도를 사용하여, 사회성의 하위 요인별 사전·사후검사의 점수 간 차이를 알아보기 위해 총점과 평균을 구하여 사전, 사후 점수를 비교하였다.

이 치료를 통해 미술치료가 뇌성마비아동의 사회성 발달 하위요인에 긍정적인 영향을 미치는 것으로 나타났다. 즉, 햇님이와 달님이의 총점이 크게 향상되었는데 이는 미술치료가 뇌성마비아동의 사회성 발달에 긍정적인 영향을 미치는 것을 의미한다. 햇님이의 경우, 사회성 발달의 총점을 보면 치료 전 166점에서 치료 후 191점으로 25점의 차이를 보였으며, 평균에서는 3.7점에서 4.2점으로 '중간정도(3점)'에서 '약간 그렇다(4점)'의 단계로 긍정적인 변화를 보였다. 달님이의 경우, 사회성 발달의 총점을 보면 치료 전 145점에서 171점으로 28점의 차이를 보였고, 평균에서는 3.2에서 3.8로 '중간정도(3점)'의 같은 수준 내에서 변화가 있었지만 '약간 그렇다(4점)'의 단계로 변화되어 가고 있다는 것을 의미한다.

사회성 발달에 따른 인물화의 변화는 다음 〈표 8-4〉와 같다.

| 표 8-4 | 미술치료 사전·사후 인물화의 변화 |

대상	사전	사후
햇님이	보라색으로 인물화를 그렸는데, 선이 지저분하고 난잡한 것은 적절한 적응이 결핍된 거친 행동의 반영일 수 있고 아동의 고집스런 성격을 의미한다. 얼굴에 눈, 코, 입을 정확하게 그리지 못했으며 머리가 지나치게 크고 다리가 짧게 생략되었는데, 이는 하체에 대한 인식과 보행 경험 부족인 것 같다.	보라색으로 인물화를 그렸다. 공간인식의 부족으로 선 자세를 비스듬하게 그렸지만, 사전보다 선이 부드럽고 깨끗하였으며 얼굴, 목, 몸통, 팔, 다리를 균형 있게 그렸다. 특히 다리를 세부 묘사할 수 있었다. 얼굴에 눈, 코, 입을 그려 넣어 세밀하게 잘 표현하였으며, 특히 눈을 남색으로 그려서 강조하였다. 이는 자신에 대한 자신감과 긍정적인 자아상을 의미한다.
달님이	분홍색으로 인물화를 그렸다. 전체 화면에서 머리를 지나치게 크게 그렸는데, 이는 자아상이 올바로 확립되어 있지 않음을 의미한다. 또한 팔의 생략은 수동적인 자세임을 보여 주며 약한 필압은 자신감의 결여를 의미한다. 얼굴에 눈, 코, 입을 그렸으나 무표정하고 머리카락은 햇님이를 모방하여 수동적으로 그렸다. 그리는 동안 "나 못하는데." 하며 짜증스런 말투로 여러 번 말하였다.	자신감 있게 인물화를 남색으로 진하게 그렸다. 또한, 자아상에 대한 긍정적 인식으로 전체적으로 신체의 균형이 조화를 이루었으며, 자신을 웃는 표정으로 묘사하였다. 몸통, 팔, 다리를 분홍색으로 색칠하였는데 이는 자기 자신을 적극적으로 표현하는 것으로 생각된다.

2. 다운증후군 아동의 부적응행동 및 대인관계 개선을 위한 미술치료 사례[2)]

1) 치료의 필요성 및 목적

대상 아동인 K군의 신체 병약과 잦은 병원 출입은 위축과 불안한 심리를 야기해 부정적인 자아개념과 나아가서는 대인관계의 회피행동에 많은 영향을 준 것으로 판단되고, K군의 미술적 표현능력이 현저히 떨어졌기 때문에, 기본적인 미술활동능력 배양 중심의 미술치료적 접근에서 부적응행동 통제, 대인관계 개선을 목표로 하였다.

---

2) 이 사례는 이근매, 박주연(1997). 미술치료 프로그램이 다운증후군 아동의 부적응 행동 및 대인관계 개선에 미치는 효과. 미술치료연구, 4(1), 107-122의 내용을 저자의 동의하에 축약 게재한 것임.

2) 중재 방법

(1) 대상 아동

6세 4개월이 된 다운증후군 K군(남아)이다.

(2) 대상 아동의 특성

표 8-5

영 역	행 동
부적응행동	• 날씨에 따라 기분변화가 심하여 불만이 쌓일 때는 바닥에 머리를 찧으면서 우는 행동을 한다. • 자신이 의도하는 일이 안 될 때나 물건을 빼앗겼을 때 몹시 화를 내며 머리를 부딪친다. 그리고 음식물에 침을 뱉거나 마당에 고집스레 앉아 있거나 고개를 바닥에 박은 채 있거나 누워 있으려는 행동이 나온다.
대인관계	사람과 시선 맞추기가 어렵지만 어머니와 간혹 시선 맞추기가 된다. • 어머니에게 의존적인 행동을 보일 뿐이고 다른 식구에게는 무관심하다. 특히 동생과의 관계가 원만하지 않다. • 이웃집 친구나 어른들이 놀러 왔을 때는 자기 방에 들어가 버리고 혼자서 차를 가지고 논다. • 시장이나 슈퍼마켓에 갈 때 항상 엄마 등에 업히려고 한다. • 집단에 무관심하다. • 지시에 잘 따르지 않는다.
놀이	• 모든 놀이 종류에 무관심하나 자동차에만 집착한다. • 다른 또래 아이들과의 놀이에 무관심하다. • TV, 책, 장난감, 인형에 무관심하다.

(3) 미술활동 프로그램

표 8-6 회기별 미술치료 프로그램

단계	회기	치료목표	과제
I	1회~3회기	• 친밀감 형성	• 인형을 통한 역할놀이법 • 그림대화법

단계 II (4회~10회기), 치료목표: • 기초적 미술능력 배양

그리기 1	그리기 2	만들기	색의분류	착 석
• 선긋기 • 도형 그리기 • 사물 그리기	• 붓 사용법 • 물감 사용법	• 풀 사용법 • 가위 사용법 • 컬러 흙 사용법	• 셀로판 종이를 이용하여 색인지 • 간단한 색 혼합	• 과제 수행 시 과제수행 완료까지 자리에 착석하기

단계 III (11~14회, 15~17회), 치료목표: • 정서적 안정 (위축, 불안감 해소) • 부정적 행동수정

과제:
• 붓으로 그리기
• 화이트보드에 그림 그리기
• 데칼코마니법
• 파스텔로 그리기
• 새총으로 물감 묻힌 휴지 쏘기
• 화이트보드에 그림 그리기
• 갉겨 그리기법
• 색채선택법
• Start sheet법
• 그림 완성법

단계	회기	치료목표	과제
IV	31~35회	• 표현활동의 향상	• 콜라주 • 종이로 만들기(강아지, 펭귄, 오리 등) • 수수깡으로 만들기(식탁, 어항)

단계 V (18~21회), 치료목표: • 자아개념 기르기

	신체 그리기			사람 그리고 색칠, 오려 붙이기 저고리, 바지 치마 색종이로 만들어 붙이고, 사람 그리기	사람 그리고 콩으로 붙이기	얼굴 분장 하기	손가락, 발가락 분장 하기
거울 보고 사진 찍기 사진 오려 붙이기		손바닥 발바닥 찍기 핑거 페인팅	손, 발 그리고 손가락, 발가락 찍기				

단계	회기	치료목표	과제
VI	22~24회	• 대인관계 개선 (동생)	• 동생과 번갈아 가며 손바닥 찍기 • 크레파스와 물감으로 그림 그리기 • 번갈아가며 고리 만들기 • 서로 얼굴에 분장해 주기

단계	회기	치료목표	과 제
VI	25~30회	• 대인관계 개선 (일반아동)	• 바닷속 풍경 함께 만들기 • 번갈아 가며 신체 그려 주기 • 서로 얼굴에 분장해 주기 • 퍼즐 그림 맞추기 • 공동 모자이크
		• 대인관계 개선 (다수의 장애아동)	• 물감 묻혀 구슬 굴리기 • 스프레이에 물감 넣어 뿌리기 • 공동 모자이크 • 핑거페인팅 • 소금파스텔 • 셀로판지 구성 • 각자 작업한 것 한 전지에 붙이기
VII	31~35회	• 표현활동의 향상	• 콜라주 • 종이로 만들기(강아지, 펭귄, 오리 등) • 수수깡으로 만들기(식탁, 어항)

3) 절차

미술치료 방법은 1단계에서 4단계까지는 치료사와 마주 앉아서 실시하였다. 그리고 5단계부터는 대인관계 개선을 목표로, 처음에는 동생과 함께, 그다음에는 일반아동 1명과 함께 실시하여 적응된 뒤에는 다수(5명)의 장애아동과 함께 집단미술치료 형태로 실시하였다.

4) 결과

대상 아동 K군에게 프로그램을 7단계로 나누어 실시하였다. 1단계는 친밀감 형성을, 2단계에서는 기초적 미술능력을 배양하며 3단계에서는 정서적 안정의 단계로 아동의 위축과 불안감을 해소시키고 부정적인 행동을 수정하는 데 역점을 두었다. 4단계에서 6단계는 대인관계형성의 향상을 목표로 다양한 미술치료 프로그램을 실시하였다.

(1) 각 단계별 진행과정 및 결과

① I단계: 3회 동안은 아동의 행동 관찰 및 교사와의 친밀감 형성에 주된 목표를 가지고 지도했다. "강아지와 고양이" 교사가 "멍멍" "야옹 야옹" 소리 내며 손가락 인형으로 대화를 하자 K는 주의를 집중했다. 강아지를 무척이나 좋아하였다. 인형 사용법을 알려 주고 시간마다 강화물로 사용하였다. 교사와 시선 맞추기가 가능하

게 되었다.

② II단계: 본 프로그램을 실시한 후 기초적 미술표현 능력 결과는 [그림 8-12], [그림 8-13]과 같다.

③ III단계: 손과 팔의 활동이 커졌으며 동그라미가 커지고 자유로워졌다. 교육실에 오는 것을 좋아한다고 어머니께서 귀띔해 주셨다. 미술과제 수행 시 호기심과 집중이 높아졌다. 간혹 싫증이 날 때는 고집을 부리며 버티기도 하고 화가 나면 자기 머리를 때리는 경우도 있다.

④ IV단계: 어머니의 상담으로 동생의 관계형성이 시급하여 동생과 함께 교육을 실시한 결과 동생이 하는 일에 관심이 높아져 실내에서는 동생과 씨름도 하고 의자에서 뛰어내리기, 공차기, 던지기, 달리기도 하고 두발 모아 뛰기도 되었다. 날씨가 춥지 않을 때는 자전거를 타고 동네 한 바퀴를 돌게 되었다. 동생도 "형은 아프니까 도와주어야 해요."라는 말을 하게 되었다. 엄마에게만 편중되었던 애정이 할아버지, 아버지, 이모, 삼촌에게 분산되었다. 동생과 교대로 미술활동에 참여함을 통하여 순서성과 질서를 습득하였다.

⑤ V단계: 작업(그리기, 만들기 포함)의 완성도(성취감)가 높아 활동을 끝까지 잘 해낸다. 교육실에 들어와서 재료를 선택한다. 대부분은 물감 종류다. 교사와 의사 교환이 원활하여 상호작용이 잘되며 자기표현을 잘한다. 놀이활동도 더욱 다양해졌으며 손 인형 놀이도 혼자 할 수 있게 되었고, 타 교육기관의 집단활동 시간에 "누가 먼저 할까?" 하는 교사의 말에 항상 먼저 손을 들며 적극적으로 활동에 임하게 되었다고 타 교사의 상담을 통해 알게 되었다.

⑥ VI단계: 친구를 잘 도와주지만 여자 친구의 머리를 잡아당긴다든지 꼭 껴안아 귀찮게 하는 것을 관심의 표현으로 사용한다고 한다. 시장이나 백화점 가는 것을 매우 좋아하며 예전에는 어머니가 업고 가야 했는데 요즘에는 시장에 가면 제일 먼저 가는 곳이 슈퍼마켓이며 먹을 것을 먼저 사고 나서 어머니를 잘 따라다닌다고 한다. 간단한 심부름도 곧잘 하며 어머니가 껴안아 주거나 등을 두드려 주면 무척 좋아한다고 하였다.

(2) 결과

이 아동은 그리기에 상당히 위축하는 행동을 나타내었을 뿐만 아니라 물감, 붓, 등의 그림도구에 대해서도 거부하는 행동을 나타내었다. 그러나 치료의 진행과 아울러 그리기뿐만 아니라 색깔 사용에 있어서도 현저한 변화를 나타내었다. E-CLAC 검사를 통하여 아동의 놀이, 대인관계, 행동 면에 있어서 현저한 차이를 나타내었으며, 사회성숙도 검사 결과도 치료 전(사회성 지수 31)보다 많이 상승하였다(사회성 지수 79).

인물화검사에서 다음과 같이 그림이 변화되어, 지능 및 정신연령 발달에 사전 사후 차이를 나타내었다.

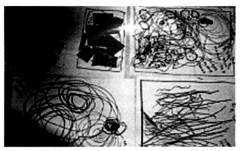

[그림 8-12] 사전검사

[그림 8-13] 7회기

[그림 8-14] 30회기

[그림 8-15] 사후검사: 여

[그림 8-16] 사후검사: 남

5) 결론

이 사례는 다운증후군 아동을 대상으로 미술치료 프로그램을 적용하여 표현활동을 변화시키고 부적응행동을 감소시켜서 나아가서 대인관계를 개선하고자 하는 데 그 목적이 있다.

이러한 목적에 따라 위축, 불안, 부적응행동, 대인관계회피 등의 정서적, 사회적 문제를 지닌 다운증후군 아동 1명을 대상으로 1년 동안 개별 및 집단미술치료 프로그램을 적용한 결과 얻은 결론은 다음과 같다.

첫째, 대상 아동은 미술표현활동에 있어서 다양한 변화를 가져왔다. 자유롭게 그리는 것조차도 거부하던 대상 아동이 그리기, 만들기 등에 적극적으로 참여하게 되었을 뿐 아니라 인물화 그리기, 색칠하기, 얼굴 만들기 등이 가능하게 되었으며 나아가서 다양한 색깔을 인지하고 사용하게 되었다.

둘째, 대상 아동은 미술치료 프로그램을 통하여 부적응행동이 감소되거나 소거되었다. 계속적인 여러 심리치료에도 불구하고 불만이 있으면 바닥에 머리를 찧는 등의 자해행동 및 남을 무는 공격행동 나아가 짜증행동, 고집 등이 심하여 치료사들이 많은 곤란을 겪어 왔다. 그런데 미술치료 프로그램의 실시와 아울러 부적응행동에 많은 개선을 보여 치료 종료 시에는 자해행동은 소거되었으며 공격행동은 스스로 자제할 줄 알게 되었다. 아울러 짜증행동과 고집성은 많이 감소된 것을 알 수 있었다. 따라서 미술치료 프로그램이 아동의 부적응행동에 효과적으로 작용하였음을 알 수 있다.

셋째, 대상 아동은 미술치료 프로그램을 통하여 가족 및 친구 등의 대인관계에 많은 개선을 가져왔다. 타인은 물론 어머니 이외의 다른 가족들에게 무관심하던 아동이 미술치료의 진행과 아울러 어른의 지시를 잘 따를 뿐 아니라 동생과 공놀이를 할 수 있게 되었으며 좋아하는 아동에게 머리를 당기거나 껴안는 등의 행동으로 관심을 갖게 되었다.

이상의 결과로 인하여 미술치료 프로그램이 다운증후군 아동의 표현활동을 향상시킴과 아울러 부적응행동의 감소 및 대인관계의 개선에 상당히 효과적이라는 것을 알 수 있다.

이와 같이 두 가지 미술치료 사례를 통해 미술치료의 과정과 효과를 살펴보았다. 그러나 이러한 장기간에 걸친 미술치료의 효과에서는 자연적 성숙에 의한 영향도 있을 수 있으며, 미술치료의 방법이 미술교육과 유사한 부분이 많은 점 등에서 알 수 있듯이 미술교육과 미술치료 효과의 한계를 짓기 어려운 점이 있을 수 있다. 따라서 미술치료를 필요로 하는 장애아동의 경우에도, 미술치료 이외의 전반적인 교육적 접근을 반드시 병행하며 총체적 발달을 이루도록 해야 하며, 미술치료의 개념과 장점 및 제한점들에 대해 잘 이해하고 치료와 그 외의 관련된 교육서비스들을 받는 것이 좋을 것이다.

참·고·문·헌

김동연(2002). 아동미술치료. 대구: 중문출판사.

김동연, 이재연, 홍은주 공역(2001). 아동미술심리 이해. 서울: 학지사.

김양순(2003). 자폐아동을 위한 표현예술치료. 서울: 학지사.

김진숙(1993). 예술심리치료의 이론과 실제. 서울: 중앙적성출판사.

김진숙(2001). 미술심리치료 총론. 서울: 한국표현예술치료협회.

김진숙(2003). 그림을 통한 예술치료: 미술치료-표현예술심리치료 초급과정 참고문헌. 서울. 한국
  표현예술치료협회.

김진숙(2013). 미술치료학 개론. 서울: 학지사.

김진숙, 김창대, 이지연 공역(2014). 대상관계 이론과 실제. 서울: 학지사.

김희정(2003). 뇌성마비아동의 사회성 발달을 위한 미술치료사례. 영남대학교 환경대학원 석사
  학위논문.

박주연, 백은희(1999). 자기표현 미술활동이 정서장애 아동의 자아개념에 미치는 효과. 미술치료
  연구, 6(1), 175-188.

이근매, 박주연(1998). 미술치료 활동 프로그램이 정신지체아동의 부적응 행동개선과 사회성에
  미치는 효과. 미술치료연구, 4(1), 107-122.

이근매, 최외선(2003). 유·아동의 발달을 돕는 미술치료의 실제. 서울: 교육과학사.

이근매, 조용태(2014). 장애아동 미술치료. 서울: 학지사.

이소현, 박은혜(2011). 특수아동교육. 서울: 학지사.

임호찬 역(2014). 미술치료 입문. 서울: 학지사.

전영신(2003). 그림 속에 있는 미술치료. 서울: 21세기사.

정명주, 전현주, 안태희(2002). 아동미술치료 이렇게 하세요. 서울. 형설출판사.

정여주(2002). 융의 분석심리학에 기초한 미술치료. 서울: 학지사.

정여주(2014). 미술치료의 이해. 서울: 학지사.

주리애(2000). 미술치료는 마술치료. 서울: 학지사.

최은영, 정명선, 박지순, 이진숙(2013). 청각장애인을 위한 미술치료. 서울: 학지사.

최재영, 김진연 공역(2000). 미술치료. 서울: (주)조형교육.

한국미술치료학회(2000). 미술치료의 이론과 실제. 대구: 동아문화사.

Kramer, E. (1971). *Art as therapy with children*. New York: Schocken Books.

Naumberg, M. (1953). *Psychoanalytic Art: Its Function in Psychotherapy*. New York: Grume
  & Stratton.

Malchiodi, C. A. (1997). *Breaking the Silence: Art Therapy with children from Violent Homes*.
  New York: Brunner/Mazel.

Lowenfeld, V. (1957). *Creative and Mental Growth* (3rd ed). New York: Macmillan.

Lowenfeld, V., & Brittain, W. L. (1975). *Creative and mental growth.* New York: Macmillan Publishing Co. Inc.

Rubin, J. A. (1999). *Art therapuy: An introduction.* Philadelphia: Brunner/Mazel.

Ulman, E. (1971). The power of art in therapy. In I. Jakab (Ed.), *Psychiartry and Art* (pp. 93–102). New York: S. Karder.

Williams, G., & Wood, M. (1977). *Developmental art.* Baltimore: University Park Press.

찾아보기

● 내용 ●

| 저 | 자 | 소 | 개 |

강혜경(Kang Hyekyung)

〈학력〉

이화여자대학교 사범대학 특수교육학과 졸업

이화여자대학교 교육대학원 유아교육전공 졸업(석사)

이화여자대학교 대학원 특수교육학과 졸업(박사)

〈주요 경력〉

성베드로학교 교사, 국립특수교육원 연구사

광성해맑음학교 교감

나사렛대학교 중등특수교육과 교수

김미선(Kim Misun)

〈학력〉

이화여자대학교 사범대학 특수교육학과 졸업

이화여자대학교 대학원 특수교육학과 졸업(석사)

이화여자대학교 대학원 특수교육학과 졸업(박사)

〈주요 경력〉

한국육영학교(정서장애) 교사, 서울 마천초등학교 교사

영동대학교 초등특수교육과 교수

김수진(Kim Soojin)

〈학력〉

이화여자대학교 사범대학 특수교육학과 졸업

하와이주립대학교 대학원 특수교육학과 졸업(석사)

이화여자대학교 대학원 특수교육학과 졸업(박사)

〈주요 경력〉

서울 삼성학교(청각장애 교육기관) 유치부 교사

서울 강동구 구립 곡교 어린이집 특수교사

연성대학교 유아특수재활과 교수

김은숙(Kim Eunsuk)

〈학력〉
이화여자대학교 사범대학 특수교육학과 졸업
이화여자대학교 교육대학원 특수교육전공 졸업(석사)
이화여자대학교 대학원 특수교육학과 졸업(박사)

〈주요 경력〉
연세재활학교 교사, 서울맹학교 교사
한국재활복지대학 교육연구사, 국립특수교육원 교육연구사
교육부 특수교육정책과 교육연구관
국립특수교육원 원장

김정연(Kim Jeongyoun)

〈학력〉
이화여자대학교 사범대학 특수교육학과 졸업
이화여자대학교 교육대학원 특수교육전공 졸업(석사)
이화여자대학교 대학원 특수교육학과 졸업(박사)

〈주요 경력〉
연세재활학교 교사, 한국우진학교 교사
조선대학교 특수교육과 교수

박은혜(Park Eunhye)

〈학력〉
이화여자대학교 사범대학 특수교육학과 졸업
미국 오레곤대학교 대학원 특수교육학과 졸업(석사)
미국 오레곤대학교 대학원 특수교육학과 졸업(박사)

〈주요 경력〉
미국 버지니아 대학교 visiting scholar
이화여자대학교 특수교육과 교수

이명희(Lee Myonghee)

〈학력〉
한양대학교 교육대학원 유아교육과 졸업(석사)
이화여자대학교 대학원 특수교육학과 졸업(박사)

〈주요 경력〉
서울 상도초등학교 교사
국공립 신흥제2어린이집(장애통합) 원장
중부대학교 유아특수교육과 교수

임장현(Lim Janghyun)

〈학력〉
이화여자대학교 사범대학 특수교육학과 졸업
한양대학교 교육대학원 교육공학전공 졸업(석사)
이화여자대학교 대학원 특수교육학과 졸업(박사)

〈주요 경력〉
연세재활학교 교사
이화여자대학교 특수교육과 초빙교수
위덕대학교 특수교육학부 교수

장애아동을 위한 미술교육 (2판)

Art education for students with disabilities

2004년 10월 20일 1판 1쇄 발행
2011년 10월 20일 1판 4쇄 발행
2015년 6월 20일 2판 1쇄 발행
2021년 2월 25일 2판 3쇄 발행

지은이 • 강혜경 · 김미선 · 김수진 · 김은숙
　　　　김정연 · 박은혜 · 이명희 · 임장현

펴낸이 • 김 진 환

펴낸곳 • (주) **학지사**

　　　　04031 서울특별시 마포구 양화로 15길 20 마인드월드빌딩 5층

대표전화 • 02) 330-5114　　팩스 • 02) 324-2345

등록번호 • 제313-2006-000265호

홈페이지 • http://www.hakjisa.co.kr
페이스북 • https://www.facebook.com/hakjisabook

ISBN 978-89-997-0697-4 93370

정가 20,000원

이 도서의 국립중앙도서관 출판시도서목록(CIP)은 서지정보유통지원시스템
홈페이지(http://seoji.nl.go.kr)와 국가자료공동목록시스템(http://www.nl.go.kr/kolisnet)
에서 이용하실 수 있습니다.
(CIP제어번호: CIP2015013333)

출판 · 교육 · 미디어기업 **학지사**

간호보건의학출판 **학지사메디컬** www.hakjisamd.co.kr
심리검사연구소 **인싸이트** www.inpsyt.co.kr
학술논문서비스 **뉴논문** www.newnonmun.com
원격교육연수원 **카운피아** www.counpia.com